2025
개정판 박문각 자격증

핵심이론 +
실전문제 +
모의고사
수록

SMAT

Module Ⓑ
서비스 마케팅·세일즈

김화연 편저

서비스 사례로
실무능력
UP

제12판

MAT
Management Ability Test
경영능력시험
공식교재

▶
유튜브
동영상 제공
저자 직강 핵심강의

박문각

Preface

이 책의 **머리말**

기업은 고객을 '대체 불가능한 기업의 자산'으로 인식하고 고객 중심 경영을 도입하여 서비스 품질을 높이기 위한 노력에 집중하고 있다. 하지만 현재 기업들이 수행하는 고객 만족 경영은 새로운 전환이 필요하다. 직원의 희생과 헌신을 기반으로 하여 기업과 고객의 혜택과 만족이 증가되는 고객 만족 경영은 절대 지속 가능하지 못하다. 올바른 고객 만족 경영은 '기업 − 고객 − 종업원' 모두가 본질적인 목표를 달성할 수 있는 구조를 만들어 지속적으로 진정한 성장을 유도하는 것이다. 올바른 고객 만족 경영으로의 새로운 전환을 위해서는 서비스 혁신이 필요하다.

현대의 거대 서비스 기업은 더 이상 소규모 점포의 운영 방식이나 한두 명의 영웅적인 서비스 수행자에 의한 서비스 향상을 기대할 수 없다. 이들은 서비스의 대량 생산 시스템을 통해 규모의 경제를 추구해야 한다. 이를 달성하기 위해서는 고객 만족 경영에 대한 올바른 방향을 인식하고 목표를 달성할 수 있는 지속 가능형 고객 만족 경영 체계와 전략을 수립해야 한다. 또한 서비스에 대한 과학적 접근 방법들을 이해하고 활용하여 서비스를 개선하고 지속적으로 혁신해야 한다.

SMAT(서비스경영자격)는 이러한 환경 변화에 대처하고, 고객 만족 경영에 대한 올바른 인식과 전문성을 가진 체계적인 서비스를 구축할 수 있도록 서비스 직무의 현업 지식 및 역량을 평가하는 서비스 실무형 자격시험이다. 서비스 현장에서 실무 경력과 직무에 걸맞은 역량을 측정하기 위하여 모듈 A 비즈니스 커뮤니케이션, 모듈 B 서비스 마케팅·세일즈, 모듈 C 서비스 운영전략으로 구분하여 시험을 실시한다.

모듈 A의 목표는 고객 접점에서 올바른 비즈니스 매너와 이미지를 바탕으로, 고객 심리를 이해하고 소통할 수 있는 현장 커뮤니케이션 실무자를 양성하는 것이다. 모듈 B는 서비스 현장에서 CRM 및 상담 역량을 바탕으로 서비스 유통 관리 및 코칭, 멘토링을 통해 세일즈를 높일 수 있는 서비스 마케팅 관리자를 양성하는 것이다. 모듈 C의 목표는 서비스 현장에서 CSM 및 HRM에 대한 이해를 바탕으로, 우수한 서비스 프로세스를 설계하고 공급·수요를 관리할 수 있는 서비스 운영전략 관리자를 양성하는 것이다.

자격은 1급(컨설턴트), 2급(관리자), 3급(실무자)으로 구분되어 있는데, 1급은 A, B, C 3개 모듈을 모두 취득하여야 하고, 2급은 A와 B 또는 A와 C 2개 모듈을 취득하여야 하며, 3급은 A 1개 모듈만 취득하면 된다. 1급은 전문가 수준의 서비스 경영 능력을 가지고 있으며, 고객 만족 및 서비스 경영 전략 책임자로서 필요한 능력을 갖춘 최고급 수준의 서비스 운영전략 관리자이다. 2급은 준전문가 수준의 서비스 경영 능력을 가지고 있으며, 각 사업 부문 및 사업장의 실무 책임자로서 필요한 능력을 갖춘 고급 수준의 서비스 마케팅 관리자이다. 3급은 해당 산업 종사자 수준의 서비스 경영 능력을 가지고 있으며, 실무자 범위 내에서 대고객 서비스 업무를 수행할 기본 능력을 갖춘 중상급 수준의 서비스 실무자이다.

본서는 SMAT(서비스경영자격) 시험을 주관하는 한국생산성본부의 인증을 받은 공식 교재로 가장 신뢰도 높은 교재이다. SMAT의 자격 종목별 출제 범위에 맞춰 수험생들의 이해를 높일 수 있도록 시험과 관련된 중요 내용을 명료하게 정리하였다. 또한 체계적인 서비스 전문가의 양성이라는 목적을 달성하기 위하여 서비스의 이론 체계와 실무를 함께 구성하였다. 이와 함께 다양한 예상 문제와 모의고사도 수록하여 수험생들의 실력을 객관적으로 평가하고 합격을 앞당길 수 있도록 하였다. SMAT 시험은 일반형, O/X형, 연결형, 사례형, 통합형의 다양한 유형이 출제된다. 따라서 이러한 출제 유형에 대비하기 위하여 여러 유형의 예상 문제를 수록하였다. 특히 사례형, 통합형 문제는 서비스 사례를 바탕으로 출제되어 현장에 적용할 수 있는 다양한 실무 능력을 검증할 수 있도록 하였다.

저자는 본 교재가 서비스경영자격시험을 준비하는 수험생에게 실질적인 학습의 길잡이가 될 수 있기를 기대하며, 고객 만족에 대한 새로운 인식을 갖고 저마다의 목표를 향해 발전해 나갈 수 있기를 기대한다. 끝으로 본 교재의 출판을 위하여 많은 도움을 주신 모든 분들께 감사의 마음을 전하며, 완성도 높은 교재가 될 수 있도록 도와주신 박문각과 한국생산성본부에 진심으로 감사드린다.

저자 김화연 드림

Guide
SMAT 시험 ①

 서비스 산업의 전문가를 양성하는
실무형 국가공인 자격시험입니다

국내 '최초' 서비스 경영 분야 **국가공인 자격**	국내 '최대' 자격 주관기관인 **한국생산성본부** 시행	국내 '최다' 서비스 자격분야 **응시인원**

- 산업계 및 교육계에서 서비스 산업의 핵심 인재 역량을 위한 실무형 국가공인 자격
- 학점 인정 및 고교생활기록부 등재 가능
- NCS에 의거하여 개발된 자격시험으로, 직무분야 중심의 출제를 통한 높은 실무 활용성

시험 안내

구분	정기 시험	상시 시험
접수 방법	KPC자격 홈페이지(https://license.kpc.or.kr)	전국의 각 지역센터(28개)
시행	연 8회 (짝수달 둘째 주 토요일 및 5월/11월 넷째 주 토요일)	월 1회
인원	개인 및 단체(2인 이상)	기관 및 학교 단위 단체(30인 이상)
응시료	1개 Module 20,000원　　2개 Module 36,000원　　3개 Module 50,000원 (인터넷 결제 수수료 1,000원 별도)	
시험 시간	• 모듈별 70분간 진행 • Module A: 09:00~10:10(70분)　Module B: 10:30~11:40(70분)　Module C: 12:00~13:10(70분)	
문제 형식	• PBT 방식 • 모듈별 50문항으로 5개 유형(일반형, O/X유형, 연결형, 사례형, 통합형)으로 객관식 • 각 문항당 2점	
합격 기준	100점 만점 총 70점 이상 합격	

2025년 정기 시험 일정

회차	시험일	온라인 원서 접수	방문 접수	수험표 공고	합격자공고
제1회	2. 8.	1. 2. ~ 1. 8.	1. 8. ~ 1. 8.	1. 24. ~ 2. 8.	2. 27. ~ 3. 6.
제2회	4. 12.	3. 6. ~ 3. 12.	3. 12. ~ 3. 12.	4. 2. ~ 4. 12.	5. 1. ~ 5. 8.
제3회	5. 24.	4. 17. ~ 4. 23.	4. 23. ~ 4. 23.	5. 14. ~ 5. 24.	6. 13. ~ 6. 20.
제4회	6. 14.	5. 8. ~ 5. 14.	5. 14. ~ 5. 14.	6. 3. ~ 6. 14.	7. 3. ~ 7. 10.
제5회	8. 9.	7. 3. ~ 7. 9.	7. 9. ~ 7. 9.	7. 30. ~ 8. 9.	8. 28. ~ 9. 4.
제6회	10. 18.	9. 11. ~ 9. 17.	9. 17. ~ 9. 17.	9. 30. ~ 10. 18.	11. 6. ~ 11. 13.
제7회	11. 22.	10. 16. ~ 10. 22.	10. 22. ~ 10. 22.	11. 12. ~ 11. 22.	12. 12. ~ 12. 19.
제8회	12. 13.	11. 6. ~ 11. 12.	11. 12. ~ 11. 12.	12. 3. ~ 12. 13.	26. 1. 1. ~ 26. 1. 8.

■ 위 일정은 사정에 따라 변경될 수 있으니, 사전에 반드시 KPC자격 홈페이지(https://license.kpc.or.kr/)에서 확인하시기 바랍니다.
■ 방문 접수는 온라인 원서 접수 기간 내 해당 지역센터에 문의 바랍니다.

학점 인정 및 고교생활기록부 등재

등급	학점	전공필수 학점으로 인정되는 전공	
		전문학사	학사
1급(컨설턴트)	10학점	경영, 관광경영	경영학, 관광경영학, 호텔경영학
2급(관리자)	6학점	경영, 관광경영	–
위에 언급된 전공 외에는 일반선택 학점으로 인정			

* 고등학교 재학 중 자격 취득 시, 고교생활기록부에 등재 가능

Guide
SMAT 시험 ②

시험 구조

Module A   비즈니스 커뮤니케이션

고객 접점에서 올바른 비즈니스 매너와 이미지를 바탕으로, 고객심리를 이해하고 고객과 소통할 수 있는 현장 커뮤니케이션 실무자 양성

Module B   서비스 마케팅·세일즈

서비스 현장에서 CRM 및 상담 역량을 바탕으로, 서비스 유통관리 및 코칭·멘토링을 통해 세일즈를 높일 수 있는 서비스 마케팅 관리자 양성

Module C   서비스 운영전략

서비스 현장에서 CSM 및 HRM에 대한 이해를 바탕으로, 우수한 서비스 프로세스를 설계하고 공급·수요를 관리할 수 있는 서비스 운영전략 관리자 양성

자격 등급 기준

3급 실무자

1개 Module 취득
"서비스 산업 신입사원"

2급 관리자

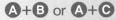

2개 Module 취득
"직무별 특성화 인재"

1급 컨설턴트

3개 Module 취득
"프로페셔널, 전문가"

출제 범위

모듈	과목	출제 범위
Module A 비즈니스 커뮤니케이션	**비즈니스 매너/에티켓*****	매너와 에티켓의 이해, 비즈니스 응대, 전화 응대 매너, 글로벌 매너 등
	이미지 메이킹***	이미지의 개념, 이미지 메이킹 주요 이론, 상황별 이미지 메이킹, 인상/표정 및 상황별 제스처, Voice 이미지 등
	고객 심리의 이해	고객에 대한 이해, 고객 분류 및 계층론, 고객 심리의 이해, 고객의 성격 유형에 대한 이해, 고객의 구매 의사 결정 과정 등
	고객 커뮤니케이션	커뮤니케이션의 이해, 효과적인 커뮤니케이션 기법/스킬, 감성 커뮤니케이션, 설득과 협상 등
	회의 기획/의전 실무	회의 운영 기획/실무, 의전 운영 기획/실무, 프레젠테이션, MICE의 이해 등
Module B 서비스 마케팅· 세일즈	**서비스 세일즈 및 고객 상담*****	서비스 세일즈의 이해, 서비스 세일즈 전략 분석, 고객 상담 전략, 고객 유형별 상담 기법, MOT 분석 및 관리 등
	고객관계관리(CRM)	고객 관계 이해, 고객 획득-유지-충성-이탈-회복 프로세스, CRM 시스템, 고객 접점 및 고객 경험 관리, 고객 포트폴리오 관리 등
	VOC 분석/관리 및 컴플레인 처리***	VOC 관리 시스템 이해, VOC 분석/관리법 습득, 컴플레인 개념 이해, 컴플레인 대응 원칙 숙지, 컴플레인 해결 방법 익히기 등
	서비스 유통 관리	서비스 구매 과정의 물리적 환경, 서비스 유통 채널 유형, 서비스 유통 시간/장소 관리, 전자적 유통 경로 관리, 서비스 채널 관리 전략 등
	코칭/교육 훈련 및 멘토링/동기 부여	성인 학습의 이해, 교육 훈련의 종류 및 방법, 서비스 코칭의 이해/실행, 정서적 노동의 이해 및 동기 부여, 서비스 멘토링 실행 등
Module C 서비스 운영전략	서비스 산업 개론	유형별 서비스의 이해, 서비스업의 특성 이해, 서비스 경제 시대 이해, 서비스 패러독스, 서비스 비즈니스 모델 이해 등
	서비스 프로세스 설계 및 품질 관리***	서비스 품질 측정 모형 이해, 서비스 GAP 진단, 서비스 R&D 분석, 서비스 프로세스 모델링, 서비스 프로세스 개선 방안 수립 등
	서비스 공급 및 수요 관리	서비스 수요 예측 기법 이해, 대기 행렬 모형, 서비스 가격/수율 관리, 서비스 고객 기대 관리, 서비스 공급 능력 계획 수립 등
	서비스 인적자원관리	인적자원관리의 이해, 서비스 인력 선발, 직무 분석/평가 및 보상, 노사 관계 관리, 서비스 인력 노동 생산성 제고 등
	고객만족경영 전략***	경영 전략 주요 이론, 서비스 지향 조직 이해, 고객 만족의 평가 지표 분석, 고객만족도 향상 전략 수립 등

* ★★★: 각 모듈별로 중요도가 높은 과목
* 과목별 10문항(10% 이내에서 변동 가능)으로 총 50문항

Guide
SMAT 시험 ③

문제 유형

5가지 유형   과목별 10문항
(±10% 내외 변동 가능)   총 50문항

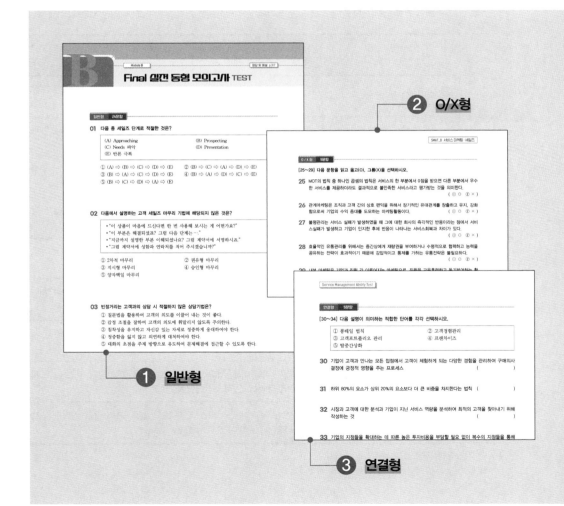

2 O/X형

1 일반형

3 연결형

① **일반형** 5지선다 객관식 유형

② **O/X형** 주어진 문장의 옳고 그름을 판단하는 유형

③ **연결형** 각 설명에 적절한 용어를 보기에서 찾는 유형

④ **사례형** 제시된 비즈니스 사례를 바탕으로 1개의 문제를 푸는 5지선다 객관식 유형

⑤ **통합형** 제시된 비즈니스 사례를 바탕으로 2개의 문제를 푸는 5지선다 객관식 유형

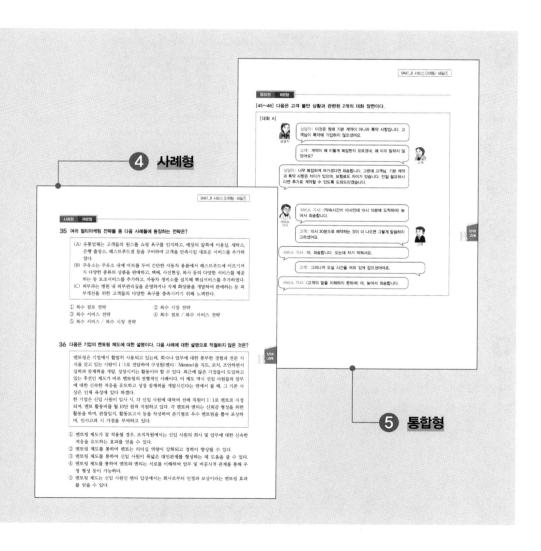

④ 사례형

⑤ 통합형

How to use
이 책의 **구성과 특징**

1

본격적인 학습에 앞서 수험의 강약을 조절하고 전략적인 학습을 할 수 있도록 출제포인트와 학습포인트를 제시하였습니다.

2

실제 시험에 빈번히 출제되는 내용을 분석하여 ★, ★★, ★★★로 중요도를 표시하였습니다.

3

본문과 관련된 내용을 알아두기로 정리하여 배경지식을 넓힐 수 있도록 구성하였습니다.

B CHAPTER **01**   Module B   Service Management Ability Test

서비스 세일즈의 이해

출제 & 학습 포인트   ★★★ 최빈출 ★★ 빈출 ★ 필수

출제포인트

1장 서비스 세일즈의 이해에서는 서비스의 특징과 서비스 세일즈와 관련한 다양한 용어의 개념에 대한 문제의 출제 빈도가 높습니다.

학습포인트

1 서비스의 4가지 특징의 의미를 정확히 이해하고, 서비스의 특징으로 인해 발생하는 문제점을 사례와 연관하여 학습합니다.

2 서비스 세일즈의 일반적인 특징과 서비스 세일즈와 관련한 다양한 용어의 개념을 학습합니다.

3 서비스 세일즈의 시장 환경의 이해를 위해 B2B시장과 B2C시장의 개념과 세일즈 특징을 그 차이를 구분하여 학습합니다.

1 서비스

(1) 서비스(Service)의 어원

① 라틴어의 노예를 뜻하는 '세르부스(Servus)'라는 단어에서 온 것으로 '시중들다'라는 의미에서 유래하였다.

② 오늘날 서비스는 다른 사람을 위해 도움을 주거나 배려를 해 주는 행위 또는 기술의 의미로 변화하였다.

| 협의의 서비스 | 고객... |
| 광의의 서비스 | ... |

(2) 서비스의 특징 ★★

무형성 (intangibility)	...
비분리성 (inseparability)	...
이질성 (heterogeneity)	...
소멸성 (perishability)	...

22 ● PART 01 서비스 세일즈 및 ...

Service Management Ability Test

공헌이익과 매출 규모의 기준으로 고객포트폴리오 분류

전략적 집중	공헌이익도 크고, 매출 규모가 큰 고객
효율적 유지	공헌이익은 크나, 매출 규모가 상대적으로 작은 고객
잠재성 개발	매출 규모는 크지만 공헌이익이 상대적으로 작은 고객
디마케팅	공헌이익도 작고, 매출 규모도 작은 고객

알아두기

디마케팅(Demarketing) ★★
• 정의 : 고객의 수요를 억제시키는 의도적 마케팅
• 발생원인
 - 브랜드 상징을 훼손시키는 고객층의 발생
 - 고객처리비용보다 수익이 낮은 고객층의 발생

디마케팅의 종류

일반적 디마케팅	• 전체적 수요를 감소시키고자 의도할 때 사용 • 수요 증가가 상품에 부정적 영향을 발생시키는 것을 방지하기 위한 목적으로 실시 ☞ 입장객 수를 제한하여 작품의 훼손을 방지하려는 미술관의 정책
선택적 디마케팅	특정 고객층의 수요를 감소 혹은 조정하여 전체적 소비를 높이기 위한 목적으로 실시 ☞ 여성전용살롱의 경우 남성고객의 수를 제한
표면적 디마케팅	수요의 감소가 아니지만 표면적으로 디마케팅을 함으로써 수요의 증가를 의도 ☞ "가까운 사람들과 대화를 위해 스마트폰은 잠시 꺼 두세요"라는 형식의 광고

2 고객가치 이해

(1) 고객자산

고객자산은 개별고객의 생애가치를 현재가치로 할인하여 전체 고객의 값을 합한 값이다.

가치자산	제공물의 비용 대비 혜택의 상대적 크기를 토대로 효용을 객관적으로 평가함 • 주요 원천 : 품질, 가격, 편의성 등 • 가치자산을 측정하기 위해서는 품질, 가격, 편의성 등의 핵심요소를 정의 • 제품의 평가가 복잡한 경우 가치자산이 고객자산 형성에 가장 크게 기여
브랜드자산	객관적으로 지각된 제품가치를 넘어서 브랜드에 대해 고객이 내린 주관적 평가 • 주요 원천 : 브랜드 인지도, 브랜드 태도, 브랜드 윤리에 대한 고객의 지각 • 제품성능의 차별화가 덜 되어 있거나 감정적 측면이 보다 중요한 경우, 브랜드자산의 중요성은 증가
관계자산	브랜드가치에 대해 고객이 평가한 정도, 즉 가치자산과 브랜드자산을 넘어서 그 브랜드에 애착을 보이는 성향 • 주요 원천 : 충성도 프로그램, 특별대우 프로그램, 공동체구축 프로그램, 지식구축 프로그램 등이 포함 • 고객과의 개인적 관계가 중요하고 고객이 습관적·관성적인 거래를 계속하는 경향이 있을 때 중요

98 ● PART 02 고객관계관리

④ 본문의 내용을 단순히 줄글로만 나열하지 않고 표로 정리하여 명료하게 정리할 수 있도록 하였습니다.

Service Management Ability Test

2 서비스 세일즈 단계별 상담 전략

고객 중심 세일즈 판매의 7단계 프로세스 ★★★

1단계	Prospecting	상품과 서비스가 필요한 잠재 고객 발굴하기
2단계	Approaching	타깃 고객에게 다가가 관계 형성하기
3단계	Needs 파악	무엇이 문제이고 어떤 요구사항이 있는지 니즈 파악하기
4단계	Presentation	추천 상품에 대해 설명하기
5단계	반론 극복	고객 이견을 효과적으로 극복하기
6단계	Closing	세일즈 상담을 원만하게 마무리하기
7단계	Follow-up	상담 및 구매 고객에 대한 지속적 관심과 연락을 통해 네트워크 및 고객과의 관계를 유지하기

(1) Prospecting(잠재 고객 발굴하기)

① 충성도에 따른 5단계 고객 분류 ★★★ : 고객의 충성도에 따라 그들의 현재 관심과 욕구에 귀를 기울이고, 기업과 고객의 관계를 지속적으로 유지하기 위해 분류

의심 고객	우리의 상품과 서비스에 대해 신뢰를 갖지 못하고 의심의 마음으로 바라보는 사람
잠재 고객	• 상품과 서비스에 대한 정보를 얻기 위해 여러 가지 루트를 통해 접촉하여 관심은 표명했지만 그 관심을 구매 행동으로 옮기지 않은 사람 • 우리의 상품과 서비스에 관심을 가지고 있는 사람
일반 고객	우리의 상품과 서비스를 적어도 한 번 이상 구입해 본 사람
단골 고객	우리의 상품과 서비스를 지속적으로 구입하는 사람
충호 고객	

② 고객 개발을 위한 5

전략 1	유지하지 말고
전략 2	좋은 소식을
전략 3	경험자와 중인
전략 4	고객의 니즈에
전략 5	미래의 결정

Service Management Ability Test

핵심 키워드 정리

서비스	• 고객 또는 이용자의 만족을 위한 노력이나 기능 • 물질적 재화 이외의 생산이나 소비에 관련한 모든 경제 활동
세일즈	설득력 있는 커뮤니케이션을 통해 상호 이익이 되는 계약을 성사시키는 일
서비스 세일즈	• 고객에게 유형의 상품뿐 아니라 무형의 상품인 친절, 관심, 정성 등의 서비스를 제공하면서 세일즈 토크를 통해 고객의 구매 의사 결정을 자극하는 일 • 고객이 상품을 사용하는 동안 지속적으로 만족감을 느끼게 하며, 고객충성도를 높이는 일
세일즈 엔지니어	판매 기술뿐 아니라, 상당한 수준의 전문적 상품 지식과 기술을 보유하고 있어, 고객에게 기술적 지도까지도 할 수 있는 판매원
세일즈 토크	서비스 세일즈맨이 상품을 팔기 위해 행하는 상담
세일즈 에이드	세일즈맨이나 점원이 행하는 판매 활동을 효과적으로 하기 위한 자료와 도구의 총칭
세일즈 포인트	판매 시 강조할 상품이나 서비스의 특징, 판매자 쪽에서 구매자 혹은 소비자에게 상품에 관해 강조하고 싶은 점
세일즈 프로모션	고객이 될 가능성이 있는 사람들에게 상품과 서비스에 대한 수요를 갖도록 하거나 그 욕구를 더욱 크고 강하게 부추기는 판매 촉진 활동
잠재 고객	• 상품과 서비스에 대한 정보를 얻기 위해 여러 가지 루트를 통해 접촉하여 관심은 표명했지만 그 관심을 구매 행동으로 옮기지 않은 사람 • 우리의 상품과 서비스에 관심을 가지고 있는 사람
충호 고객	해당 기업의 상품과 서비스에 대해 가장 충성도가 높은 사람들
반론 극복	서비스 세일즈 판매 7단계 프로세스에서 고객의 이견에 대해 설득하는 단계
Follow-up	서비스 세일즈 판매 7단계 프로세스에서 상담 및 구매 고객에 대한 지속적 관심과 연락을 통해 네트워크를 유지하고 고객과의 관계를 유지하는 단계
Rapport	• 친밀한 관계라는 뜻으로, 상호 간에 신뢰하며, 감정적으로 친근감을 느끼는 인간 관계 • 고객과의 첫 만남에서 친근감과 공감대를 형성하는 것
와우 팩터	고객을 흥분시키는 요소라는 뜻으로, 고객으로부터 "와우"라는 반응을 이끌어 낼 수 있는 요소
FABE 화법	고객에게 상품에 대한 설명을 할 때 상품의 특징, 장점, 이익, 증거를 들어 설명하는 기법

⑤ 출제 빈도가 높은 핵심 키워드를 다시 한 번 정리하고 주요 내용을 점검할 수 있도록 구성하였습니다.

How to use
이 책의 **구성과 특징**

6

핵심 내용을 제대로 이해했는지 스스로 점검할 수 있도록 파트별로 실제 시험과 동일하게 일반형, O/X형, 연결형, 사례형, 통합형 예상 문제를 수록하였습니다.

7

실전에 완벽 대비할 수 있도록 출제 가능성이 높은 문제들로 전 범위 모의고사를 구성하였습니다.

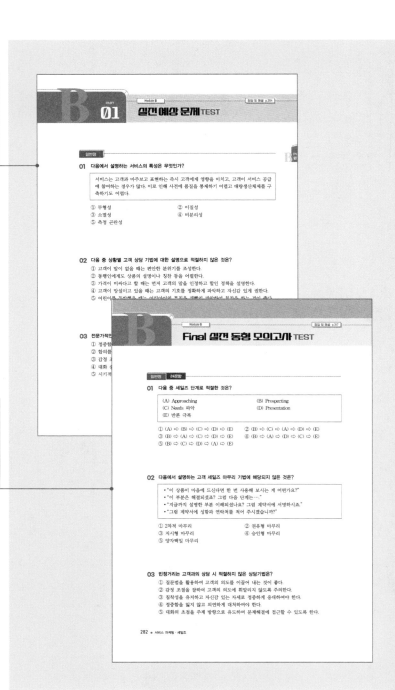

PART 01   Module B   실전 예상 문제 TEST   정답 및 해설 p.304

일반형

01 다음에서 설명하는 서비스의 특성은 무엇인가?

서비스는 고객과 마주보고 표현하는 즉시 고객에게 영향을 미치고, 고객이 서비스 공급에 참여하는 경우가 많다. 이로 인해 사전에 품질을 통제하기 어렵고 대량생산체제를 구축하기도 어렵다.

① 무형성   ② 이질성
③ 소멸성   ④ 비분리성
⑤ 측정 곤란성

02 다음 중 상황별 고객 상담 기법에 대한 설명으로 적절하지 않은 것은?
① 고객이 말이 없을 때는 편안한 분위기를 조성한다.
② 동행인에게도 상품의 설명이나 칭찬 등을 어필한다.
③ 가격이 비싸다고 할 때는 먼저 고객의 말을 인정하고 할인 정책을 설명한다.
④ 고객이 망설이고 있을 때는 고객의 기호를 정확하게 파악하고 자신감 있게 권한다.
⑤ 어린이를 동반했을 때는 어린아이의 특징을 개별적 칭찬하여 친절을 하는 것이 좋다.

03 전문가적인

Module B   Final 실전 동형 모의고사 TEST   정답 및 해설 p.317

일반형   24문항

01 다음 중 세일즈 단계로 적절한 것은?

(A) Approaching   (B) Prospecting
(C) Needs 파악   (D) Presentation
(E) 반론 극복

① (A) ⇒ (B) ⇒ (C) ⇒ (D) ⇒ (E)   ② (B) ⇒ (C) ⇒ (A) ⇒ (D) ⇒ (E)
③ (B) ⇒ (A) ⇒ (C) ⇒ (D) ⇒ (E)   ④ (B) ⇒ (A) ⇒ (D) ⇒ (C) ⇒ (E)
⑤ (B) ⇒ (C) ⇒ (D) ⇒ (A) ⇒ (E)

02 다음에서 설명하는 고객 세일즈 마무리 기법에 해당되지 않은 것은?

• "이 상품이 마음에 드신다면 한 번 사용해 보시는 게 어떤가요?"
• "이 부분은 해결되셨죠? 그럼 다음 단계는…"
• "지금까지 설명한 부분 이해되셨나요? 그럼 계약서에 서명하시죠"
• "그럼 계약서에 성함과 연락처를 적어 주시겠습니까?"

① 2차적 마무리   ② 권유형 마무리
③ 지시형 마무리   ④ 승인형 마무리
⑤ 양자택일 마무리

03 빈정거리는 고객과의 상담 시 적절하지 않은 상담기법은?
① 질문법을 활용하여 고객의 의도를 이끌어 내는 것이 좋다.
② 감정 조절을 잘하여 고객의 의도에 휘말리지 않도록 주의한다.
③ 침착성을 유지하고 자신감 있는 자세로 정중하게 응대하여야 한다.
④ 정중함을 잃지 않고 의연하게 대처하여야 한다.
⑤ 대화의 초점을 주제 방향으로 유도하여 문제해결에 접근할 수 있도록 한다.

282   ● 서비스 마케팅 · 세일즈

8

빠르게 정답을 확인할 수 있도록 정답을 한데 모았습니다.

9

각 문항이 정답이 되는 이유에 대해 간단명료하게 정리하여 쉽게 이해할 수 있도록 하였습니다.

Module B

정답 및 해설

SMAT_B 서비스 마케팅·세일즈

PART 01 실전 예상 문제

| p.55 |

01 ④	02 ③	03 ④	04 ①	05 ②	06 ⑤	07 ④	08 ①	09 ①	10 ②
11 ③	12 ④	13 ①	14 ①	16 ⑤	16 ③	17 ④	18 ④	19 ③	20 ④
21 ③	22 ③	23 ②	24 ④	25 ④	26 ③	27 ②	28 ②	29 ③	30 ①
31 ①	32 ①	33 ①	34 ②	35 ①	36 ④	37 ②	38 ①	39 ①	40 ④
41 ②	42 ④	43 ③	44 ④	45 ⑤	46 ②	47 ③	48 ③	49 ①	50 ⑤
51 ⑤	52 ④	53 ③							

01 ④ 서비스는 생산과 소비가 분리되지 않고 동시에 일어난다. 그래서 서비스품질은 서비스 현장에서 직접 고객을 대하는 접점 직원에 의해서 서비스가 실행되는 순간 평가된다.

02 ③ 가격이 비싸다고 할 때는 먼저 고객의 말을 인정하고 다른 제품과의 차이점을 설명하되 본 제품의 기능이 몸보이도록 한다.

03 ④ ① 빈정거리는 고객 상담 기법
③ 지나치게 사교적인 고객 상담 기법
⑤ 우유부단한 고객 상담 기법

04 ① 개방형 질문은 '네/아니오'로 대답할 수 없는 질문으로 상대로 하여금 자유롭게 생각이나 느낌을 표현하게 할 때 사용한다. 좀 더 다양한 정보를 얻을 수 있으며 상담 초기에 많이 활용할 만한 질문 유형이다.

05 ⑤ 서비스제공자와의 ... 선 대상이다.

06 ① 서비스 세일즈는 ... 지 모두 포함하는 ... 사후 활동이 모두 ...

07 ④ 주도형은 목표 달 ... 리더라 되는 것을 좋 ... 기결정하은 중요한 ... 형이라면 지나치게 ... 점을 하도록 시간을 ...

08 ① 세일즈 현장이 ... 법을 찾는다. 도움을 ... 을 돌려준다.

304 • 서비스 마케팅·세일즈

09 ① 적게 약속하고 많이 제공한다. 서비스 세일즈맨들이 범하는 가장 큰 실수 가운데 하나는 너무 많이 약속하고 제대로 이행하지 않는 것이다.
① 세일즈맨 스스로 고객 서비스 수준을 정한다. 자신의 기준을 정하고 자기 자신에 대한 기대 수준을 말아야 한다. 고객 서비스 수준을 정하는 것은 전적으로 서비스 세일즈맨의 선택에 달려 있다.

10 ② ① 전문가적인 고객 상담 기법
③ 빈정거리는 고객 상담 기법
⑤ 지나치게 사교적인 고객 상담 기법

11 ③ 감성의 법칙은 각 서비스 항목의 점수를 처음부터 우수하게 받았더라도, 어느 한 항목에서 0점을 받았다면 그 결과는 0으로 형편없는 서비스가 된다는 것이다. 즉, 처음부터 끝까지 각 단계마다 잘해야 한다는 뜻이다.

14 ① 서비스는 시간적인 소멸성을 가진 상품이다.
② 제품은 물건인 반면 서비스는 아이디어 혹은 개념이다.
③ 서비스는 경험하기 전에는 눈에 보이지 않는다.
④ 공장은 고객의 수요 변동을 흡수할 수 있는 재고를 가진 폐쇄 시스템인 반면에 서비스는 수요 변동이 시스템에 직접적으로 영향을 미치는 개방 시스템으로 운영된다.

15 ④ 세일즈 에이드(Sales Aids) : 세일즈맨이나 점원이 이행하는 판매 활동을 효과적으로 하기 위한 자료와 도구의 총칭

16 ① 고객은 흥감 가는 사람과 거래하기를 원한다.
② 판매와 성관없이 듣겠다는 의지를 보인다.
③ 고객은 서비스 세일즈맨이 자신보다 더 많이 알고 있을 것이라고 기대한다.
④ 말하는 양의 2배를 들어야 한다.

17 ④ 일정한 기간 동안 다수의 구매를 한 경우에 제공된다.
② 구매에 대해서 포인트를 누적하는 공식적인 수단이 있다.
③ 표준화된 보상 절차가 있다.
⑤ 단기적인 만족 수단의 부정적인 측면을 보완한다.

18 ④ 1단계 나의 인맥에게 도움 주기
② 4단계 나의 메시지를 전달해 줄 인맥 찾기
① 2단계 구매 대위성 개발
③ 3단계 세일즈 소구점 개발

19 ③ ① 사교형 고객
② 주도형 고객
④ 해당 고객 없음

20 ④ 고객이 중요하다고 말하는 기준은 바꾸기 어려우며, 이를 충족시키기 어려울 때 고객에게 그것이 중요하지 않다고 설득하려는 실수를 범해서는 안 된다. 그러한 시도는 대부분 실패로 끝나며, 오히려 그 기준을 더욱 강화하는 결과를 초래한다.

21 ③ 고객의 주장에 동조하면서 상대방의 입장을 파악하고 탐색한다.

22 ③ ① Prospecting : 잠재 고객 발굴하기
② Approaching : 타깃 고객에게 다가가기
④ Presentation : 상품에 대해 설명하기
⑤ Closing : 세일즈 상담을 마무리하기

23 ② MOT차트의 왼쪽 칸에 기록될 내용은 플러스 요인에 대한 설명으로, 담당자가 문제 예방 방법을 설명해 주면 담당자에 대한 신뢰가 더욱 생기는 쪽대가 된다.

24 ④ ① Feature(특징)에 대한 설명
② ③ Benefit(이득)에 대한 설명
③ Evidence(증거)에 대한 설명

25 ④ 사업을 시작하는 회사들이 '업계 선두주자'라는 식의 문구를 쓰는 경우에 효과도 없고 거짓/발을 하는 것으로 오해할 수 있다.

26 ③ 서비스접점에서만 고객 갈등이 발생되는 것은 아니다. 고객 갈등은 서비스접점 이외에 다양한 곳에서 발생된다.

27 ② 서비스접점은 상호적인 관계이다.

28 ② 기술/기반서비스접점에 대한 고객의 이해 부족은 서비스 패러독스의 발생 원인이 될 수 있다.

29 ③ 시민행동은 역할 외 행동이다. 고객이 자신이 수행해야 하는 고객역할 이외에도 다른 고객을 도와주거나 서비스제공자를 지원하는 등의 이타적인 행동도 포함된다.

30 ① 고객 역할 내(in-role)에서 역기능적 행동은 회피 행동이다.

31 ① 셀프서비스 기술이 다른 대안인 대인서비스보다 더 나은 경우 고객은 셀프서비스 기술의 사용에 대한 가치성을 인식하여 만족하게 된다.

32 ① 고객은 서비스의 수동적 수혜자라는 인식은 전통적 관점이며 고객관여를 인식하는 기업들은 고객에게 더 많은 역할과 책임 및 권한을 부여하려 한다.

33 ① 고객관여에 대해서는 효과적인 보상을 해야 하며, 관여수준에 따라 공정한 보상을 해야 한다. 고객이 수행한 역할수준에 합리적인 보상수준이 제공되어야 하며, 과도한 보상은 고객관여에 대한 동기를 변질시킬 수 있다.

34 ② 서비스의 전체 만족도는 MOT 각각의 만족도 합이 아니라 곱에 의해서 결정됨을 주지해야 한다.

35 ① 서비스 세일즈의 핵심은 서비스 직원이고, 서비스라는 상품의 가치를 향상시키기 위해서 직원에 투자하는 것이 상품 개발과 같은 것이다.

How to use
이 책의 **학습 방법**

PART 01
서비스 세일즈 및 고객 상담

1. 고객 유형별 특징 및 상담 기법
2. 충성도에 따른 고객 분류
3. 서비스의 특성
4. 서비스 세일즈의 기능
5. 고객 설득을 위한 FABE 화법
6. MOT의 개념
7. 고객 Needs 파악 단계의 질문 유형

'Part 1 서비스 세일즈 및 고객 상담'을 학습할 때는 먼저 서비스와 서비스 세일즈의 개념을 정확히 정리하고, 서비스 세일즈의 단계별 상담 전략을 학습합니다. 서비스 세일즈는 충성도에 따라 고객을 분류하고, 다양한 질문으로 고객의 Needs를 파악하여 그에 맞게 상품을 설명하는 기법과 서비스 세일즈를 성공시키는 다양한 법칙을 숙지합니다. 특히, 고객 유형별 특징과 그에 따른 상담 기법은 출제 빈도가 높으니 잘 숙지해야 합니다. 이 부분은 일반형과 사례형 등 여러 유형의 문제로 출제되니 서비스 응대 상황과 연관하여 학습하는 것이 효과적입니다.

PART 02
고객관계 관리

1. 장기적인 고객관계의 이점
2. 구매사이클에 따른 고객확보전략
3. CRM의 필요성
4. 고객경험관리의 필요성
5. 사회적 교환관계의 개념
6. 고객관계관리와 유사한 개념 정리(DB마케팅, 관계마케팅, 디마케팅)

'Part 2 고객관계관리'를 학습할 때는 장기적인 고객관계의 중요성과 기업, 직원, 고객에게 미치는 영향을 먼저 이해하고, 고객 구매사이클 단계에 따라 고객을 획득하고 충성고객으로 발전시키는 방법을 학습합니다. 장기적이고 유기적인 고객관리를 위해 CRM시스템이 성공할 수 있는 요소와 실패 원인을 파악하여 전략적인 CRM시스템 구축 방법을 숙지합니다. 그리고 획득된 고객을 충성고객으로 발전하기 위해서 고객만족을 충족시키는 경험의 중요성이 대두되고 있는데 이에 대한 이해와 효과적인 고객경험관리의 원리 및 실행 방법을 익힙니다.

PART 03

VOC 분석/관리 및 컴플레인 처리

1 고객 유형별 컴플레인 해결 방법
2 컴플레인의 의의
3 서비스 실패의 원인
4 서비스 회복과 불만관리의 차이
5 서비스 회복의 중요성
6 VOC 관리시스템의 이해
7 컴플레인 해결을 위한 5가지 기본 원칙
8 제이커스터머의 불량고객 유형

'Part 3 VOC 분석/관리 및 컴플레인 처리'를 학습할 때는 서비스 실패와 컴플레인의 개념과 차이를 정리하고 서비스 회복과 컴플레인 관리의 차이점을 학습합니다. 컴플레인관리는 서비스 실패로 인해 겉으로 드러난 불만의 해결이지만 서비스 회복은 겉으로 표현하지 않는 고객들의 서비스 불만까지 해결한다는 점에서 매우 능동적인 관리임을 숙지합니다. 컴플레인 발생 시 해결에 앞서 기본적으로 갖추어야 할 컴플레인 해결을 위한 5대 원칙을 숙지한 후 고객 유형별 컴플레인 응대 방법을 학습합니다. 고객 유형별 컴플레인 응대 방법은 중요도와 출제 빈도가 특히 높은 부분으로 서비스 응대 상황에 연결하여 학습하는 것이 효과적입니다.

PART 04

서비스 유통관리

1 전통적 서비스 유통경로(다이렉트 채널)의 장점과 단점
2 중간상을 이용한 서비스유통경로의 장점과 단점
3 전자채널의 장점과 단점
4 전자상거래와 전통상거래의 차이 비교
5 물리적 환경의 역할
6 에이전트 및 브로커의 개념
7 고객접촉도별 서비스 유통 장소 설치 시 고려 사항
8 유통경로의 흐름

'Part 4 서비스유통관리'를 학습할 때는 서비스 유통경로를 구축하기 위해 기본적인 경로와 구성원의 종류를 학습하고, 서비스 유통에서 발생되는 접촉의 유형과 고객접촉도별로 고려해야 할 사항을 익힙니다. 서비스 유통은 전통적 서비스유통경로와 중간상을 이용한 서비스유통경로로 구분되는데 각 장점과 단점을 잘 정리해서 학습합니다. 특히 중간상을 이용한 서비스유통경로 중 전자채널의 등장이 고객, 기업, 중간상에 미치는 영향을 이해하고 기존의 채널과의 차이점과 갈등 원인을 파악하여 효과적인 관리 방법을 익힙니다. 그리고 서비스 구매 과정에서 물리적 환경의 역할과 영향에 대해 학습합니다.

PART 05

코칭/교육훈련 및 멘토링/동기 부여

1 성인 학습자의 특성
2 직장 내 교육훈련과 직장 외 교육훈련의 장점과 단점
3 집단 특성에 따른 교수법
4 다양한 동기 부여의 이론
5 멘토링의 유형별 실행 방법
6 내부 마케팅의 개념과 성공 전략
7 GROW 코칭 모델의 개념과 질문

'Part 5 코칭/교육훈련 및 멘토링/동기 부여'를 학습할 때는 기업과 직원 간의 내부마케팅의 개념을 이해하고, 서비스직원의 성과를 극대화할 수 있는 다양한 관리에 대해 학습합니다. 그리고 내부마케팅을 성공시킬 수 있는 방안으로 직원들을 학습시키고, 동기 부여할 수 있는 방법에 대해 학습합니다. 성공적인 교육훈련을 위해서는 학습자의 특성과 각 집단에 적합한 교육훈련 프로그램을 설계해야 하며, 서비스직원이 개인 및 조직의 목적을 달성하기 위해서는 행동할 수 있는 동기를 끊임없이 부여해야 합니다. 이와 함께 서비스직원에게 요구되는 감정노동과 직무 스트레스를 관리하는 방법에 대해 학습합니다.

Contents

이 책의 **차례**

서비스유통관리

코칭/교육훈련 및 멘토링/동기 부여

실전 동형 모의고사

SMAT
Module B
서비스 마케팅·세일즈

서비스 세일즈 및
고객 상담

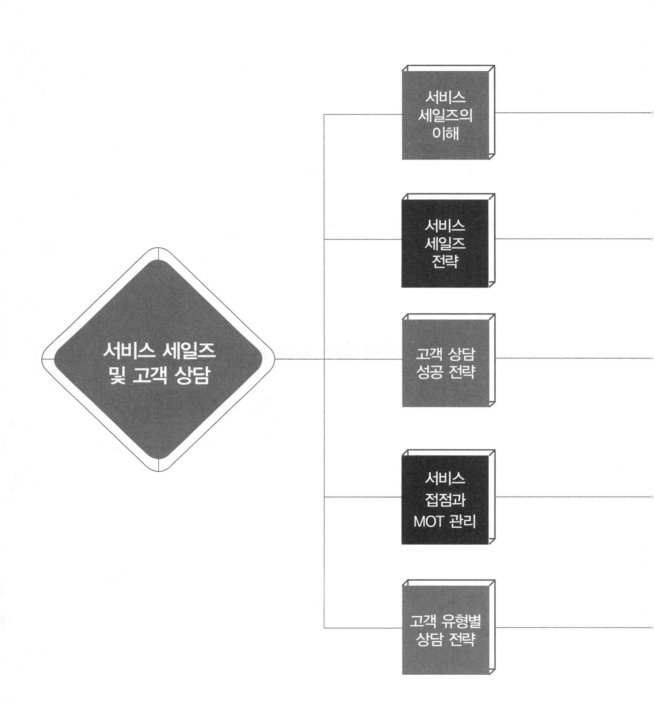

서비스 세일즈
및 고객 상담

서비스
세일즈의
이해

서비스
세일즈
전략

고객 상담
성공 전략

서비스
접점과
MOT 관리

고객 유형별
상담 전략

SMAT

서비스 ── 서비스의 특징 ★★★

서비스 세일즈의 개념 ── 서비스 세일즈의 특징 ★★
── 서비스 세일즈 관련 용어 ★

서비스 세일즈의 역할 ── 서비스 세일즈의 기능 ★
── B2B시장과 B2C시장의 특징 ★★

서비스 세일즈 단계별 상담 전략 ── 고객 중심 세일즈 판매의 7단계 프로세스 ★★★
── 충성도에 따른 5단계 고객 분류 ★★★
── 질문의 효과 ★
── 질문의 유형 ★★
── 고객 설득을 위한 FABE 화법 ★★★
── 세일즈 마무리 기법 ★★

고객의 구매 결정 과정에 따른 세일즈 전략 ── 불안 해결 단계 ★

관계세일즈 ── 관계세일즈의 개념 ★

서비스 세일즈 성공 전략 ── 10가지 올바른 고객상담원칙 ★★
── 입소문 나는 서비스 세일즈를 위한 6단계 ★
── 이메일 영업 전략 ★

서비스접점의 이해 ── 서비스접점의 분류 ★
── 기술기반서비스접점의 혜택과 문제점 ★★
── 서비스접점에서 고객의 행동 분류 ★

MOT에 대한 이해 ── MOT의 개념 ★★
── MOT의 법칙 ★★★
── MOT 사이클의 개념 ★

MOT에 대한 관리 ── MOT차트의 분석 5단계 ★

고객 유형별 특징 및 상담 기법 ── 빈정거리는 고객 ★★★
── 우유부단한 고객 ★★★
── 전문가적인 고객 ★★★
── 저돌적인 고객 ★★

DISC 유형별 상담 기법

고객 상황별 상담 기법 ── 어린이 동반 고객 ★★
── 동행이 있는 고객 ★★

고객 만족 화법 ★★

서비스 세일즈의 이해

출제 & 학습 포인트

★★★ 최빈출 ★★ 빈출 ★ 필수

출제포인트

1장 서비스 세일즈의 이해에서는 서비스의 특징과 서비스 세일즈와 관련된 다양한 용어의 개념에 대한 문제의 출제 빈도가 높습니다.

학습포인트

1 서비스의 4가지 특징의 의미를 정확히 이해하고, 서비스의 특징으로 인해 발생하는 문제점을 사례와 연관하여 학습합니다.

2 서비스 세일즈의 일반적인 특징과 서비스 세일즈와 관련한 다양한 용어의 개념을 학습합니다.

3 서비스 세일즈의 시장 환경의 이해를 위해 B2B시장과 B2C시장의 개념과 세일즈 특징을 그 차이를 구분하여 학습합니다.

1 서비스

(1) 서비스(Service)의 어원

① 라틴어의 노예를 뜻하는 '세르부스(Servus)'라는 단어에서 온 것으로 '시중들다'라는 의미에서 유래하였다.

② 오늘날 서비스는 다른 사람을 위해 도움을 주거나 배려를 해 주는 행위 또는 기술의 의미로 변화하였다.

협의의 서비스	고객 또는 이용자의 편익을 위한 노력이나 기능
광의의 서비스	물질적 재화 이외의 생산이나 소비에 관련한 모든 경제 활동

(2) 서비스의 특징 ★★★

무형성 (intangibility)	서비스는 제품과 달리 직접 경험하기 전에는 눈에 보이지 않기 때문에 품질 평가를 하기가 어렵다.
비분리성 (inseparability)	서비스는 생산과 소비의 분리가 안 된다. 서비스품질은 서비스 현장에서 직접 고객을 응대하는 접점 직원에 의해서 서비스가 실행되는 순간 평가되어, 사전에 품질을 통제하기 어렵고 대량생산체제 구축 역시 어렵다.
이질성 (heterogeneity)	서비스는 고객과 서비스 직원에 따라 항상 달라지기 때문에 품질이 균일하지 않고, 그 차이도 일정하지 않다. 따라서 서비스의 표준화를 달성하기 위하여 노력해야 한다.
소멸성 (perishability)	서비스는 공급과 동시에 소멸되어 재고로 보관할 수 없다. 수요 및 공급 능력의 동시 조절이 어렵기 때문에 비수기의 수요 변동에 대한 대비가 필요하다.

(3) 서비스의 3단계

사전서비스 (Before Service)	• 판매 전에 제공되는 서비스로, 판매의 가능성을 타진하고 촉진하는 단계 • 카탈로그나 광고지, DM, 주차 안내원, 특가 상품을 고지한 게시물 등이 해당
현장서비스 (On Service)	• 고객과 서비스제공자 사이에 직접적으로 상호 거래가 이루어지는 단계 • 서비스제공자의 태도나 시스템의 편리성, 제공 내용의 정확성, 신속성 등은 현장 서비스품질을 좌우하는 중요한 요소
사후서비스 (After Service)	• 현장서비스가 종료된 시점 이후의 서비스 단계 • 사후서비스의 처리 속도 및 정확성, 서비스 직원의 태도 등은 고객 유지 및 잠재 고객 확보에 매우 중요 • 서비스 보증 제도, 보상 제도, 유지 보수, 수선 등의 활동이 해당

2 서비스 세일즈의 개념

(1) 서비스 세일즈(Service Sales)의 의미

① 고객에게 유형의 상품뿐 아니라 무형의 상품인 친절, 관심, 정성 등의 서비스를 제공하면서 세일즈 토크를 통해 고객의 구매 의사 결정을 자극하는 것이다.

② 고객이 상품을 사용하는 동안 지속적으로 만족감을 느끼게 하며, 고객충성도를 높여 재구매를 원하는 경우 원래의 서비스 세일즈맨을 찾도록 열정적인 세일즈를 수행하는 것이다.

(2) 서비스 세일즈의 등장 배경

① 현재는 고객의 수요에 비해 공급이 초과하는 시대로 기업의 상품과 서비스를 고객의 소비와 구매로 이어지게 하려면 적극적인 세일즈 활동이 필요하게 되었다.

② 상품과 서비스는 평준화되었고, 자사의 상품과 서비스의 장점과 이점을 적극적으로 알리고 인지시킬 수 있는 서비스 세일즈 활동이 필요해졌다.

③ 고객의 욕구가 다양해짐에 따라 이를 파악하는 것이 매우 중요하게 되어 고객만족도 향상과 니즈 개발을 위한 활동이 중요하게 되었다.

④ 고객 욕구 수준의 상승으로 상품과 서비스를 통해 얻고자 하는 만족 수준이 높아져 구매 과정의 차별성이 필요하게 되었다.

(3) 서비스 세일즈의 특징 ★★

① **핵심은 서비스 직원**이다.
  ㉠ 서비스라는 상품을 고객에게 제공하는 데 있어서 접점 서비스 직원은 상품 그 자체가 될 수 있다.
  ㉡ 서비스라는 상품의 가치를 향상시키기 위해서 직원에 투자하는 것은 상품 개발과 같은 것이다.

② **마케팅의 주체가 서비스 직원**이다.
  ㉠ 서비스 직원은 스스로 걸어다니는 광고 게시판이 되어 고객의 판매촉진수단이 될 수도 있다.
  ㉡ 서비스 직원이 서비스라는 상품을 바로 생산해 내기도 한다.

③ **판매 전 활동과 판매 후 활동을 모두 포함**한다.
  ㉠ 고객 관리를 위한 사전, 사후 활동이 이루어지는 것이다.
  ㉡ 고객과의 관계를 창출하고 유지하기 위한 서비스를 제공하는 것은 기업의 경쟁력에 있어서 매우 중요한 활동이다.

(4) 서비스 세일즈 관련 용어 ★

세일즈 엔지니어 (Sales Engineer)	• 전문적 상품 지식과 기술, 협상 스킬 등을 보유하고 있어, 고객에게 기술적 지도까지도 할 수 있는 판매원 • 고객이 필요로 하는 제품이나 서비스 또는 솔루션을 제공하는 역할
세일즈 토크 (Sales Talk)	서비스 세일즈맨이 상품을 팔기 위해 행하는 상담
세일즈 에이드 (Sales Aids)	• 판매 활동을 효과적으로 하기 위한 자료와 도구의 총칭 • 세일즈 매뉴얼, 세일즈 수첩, 카탈로그, 팸플릿, 슬라이드, 영사기 등
세일즈 포인트 (Sales Point)	• 판매 시 강조할 상품이나 서비스의 특징 • 상품이 지니고 있는 효용 중 특히 고객이 원하는 부분
세일즈 프로모션 (Sales Promotion)	• 잠재고객에게 상품과 서비스에 대한 수요를 갖도록 하거나 그 욕구를 더욱 크고 강하게 부추기는 판매촉진활동 • 다양한 광고, 홍보, 이벤트, 세일즈맨 활동 등 변화하는 시대에 맞춘 마케팅 전략을 전부 포함 • 쿠폰, 경품 행사, 콘테스트, 샘플 제공, 가격 할인, 1+1, 보너스 포인트 제공 등

3 서비스 세일즈의 역할

(1) 서비스 세일즈 모델

① 서비스 세일즈 활동은 궁극적으로 생산 현장과 고객을 서비스로 연결하는 일
② 서비스 세일즈는 기업의 서비스 활동을 완결시켜 수익을 만들어 내는 근원적인 활동을 의미

🖐 서비스 세일즈 모델

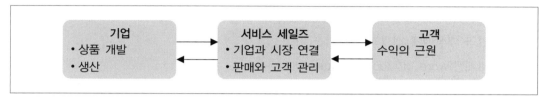

(2) 서비스 세일즈의 기능 ★

기업과 고객 연결	• 서비스 세일즈는 기업의 상품을 서비스로 좀 더 가치 있게 포장하여 상품을 제대로 고객에게 전달하는 것이다. • 상품 판매 전, 후에 발생하는 다양한 상황에서 적절한 서비스로 고객과 원활한 커뮤니케이션을 한다. • 문의 사항이나 불만 등에 대해서도 적절히 대응해야 한다.
고객 창조	상품에 대한 다양한 정보를 고객의 욕구에 맞춰 적절하게 제공하기 때문에 고객을 쉽게 창출해 낼 수 있다.
고객 관리	서비스 세일즈는 서비스 상품을 통해 고객과의 장기적인 유대 관계를 창출하고 유지, 강화함으로써 기업의 수익 증대를 도모할 수 있다.
기업 브랜드 향상	• 차별화된 기업의 서비스 상품이 고객에게 인지, 전달되는 과정에서 기업에 대한 브랜드가 새롭게 제고되고 향상될 수 있는 기회를 제공할 수 있다. • 차별화된 기업의 서비스 상품은 산업 내 다른 기업들과 경쟁적, 공생적 상호 의존성과 불확실성을 효과적으로 관리할 수 있다.
수익 증대	개별화된 서비스 상품의 제공은 고객 참여를 통해 고객에게 가치를 증대시킬 수 있으므로 기업의 상품 판매를 위한 촉진 비용을 절약할 수 있다.

(3) 서비스 세일즈의 활동 형태

직접 서비스 세일즈	기업의 제품과 서비스를 고객과 직접적으로 교류하며 판매까지 이루는 것
간접 서비스 세일즈	고객 창출 및 유지 관리 등 고객관리
관리 및 지원 서비스 세일즈	매출 분석, 서비스 세일즈 인력 관리, 매장 및 제품 관리, 세일즈 활동 비용 관리, 세일즈 활동 평가 및 분석 등 지원 형태

(4) 서비스 세일즈의 방법

① 인적 판매(대인판매)

  ㉠ 직접적으로 고객과 상호작용하여 세일즈하는 방법

  ㉡ 고객과의 깊은 관계 형성으로 신뢰를 쌓아 장기적인 관계 구축 가능

  ㉢ 고객의 요구를 명확히 이해하여 맞춤형 솔루션 제공

  ㉣ 고객 요구에 즉각적이며 유연한 피드백 가능

  ㉤ 유능한 서비스 세일즈맨의 선발, 교육, 훈련에 높은 비용 필요

  ㉥ 세일즈 대상에게 선별적으로 접근 가능

② 구전 마케팅(Word of Mouth Marketing)

  ㉠ 대중매체 대신 소비자들의 입소문을 광고의 매체로 이용하여 제품, 서비스, 기업이미지 등을 마케팅하는 방법

  ㉡ 광고보다 신뢰도가 높고 자연스러운 홍보 효과를 가질 수 있지만, 잘못된 정보가 확산될 경우 브랜드 이미지 손상 가능

③ 캐치 세일즈(Catch Sales)

  ㉠ 판매 목적을 숨기고 설문조사나 사은품 제공, 캠페인 참여 등을 빌미로 소비자를 유인하여 판매하는 방법

  ㉡ 소비자를 낚아챈다는 의미

📝 **알아두기**

B2B시장과 B2C시장의 특징 ★★

구분	B2B(Business to Business)	B2C(Business to Customer)
개념	기업과 기업 사이의 거래를 기반으로 한 비즈니스 모델을 의미	하나의 기업이 다수의 개인을 상대하는 비즈니스 모델을 의미
세일즈 특징	• 한 번에 대량 구매 • 구매 결정에 긴 시간 필요 • 구매 결정에 다양한 이해 관계자 참여 • 구매자와의 관계가 장기적이고 밀접 • 적은 고객의 수와 큰 규모의 고객 • 정형화된 구매 절차	• B2B 대비 소량 구매 • 감성적 접근 필요 • 구매 결정에 소수의 관계자 참여 • 단기적인 고객 관계 • 적은 규모의 고객

서비스 세일즈 전략

출제 & 학습 포인트

★★★ 최빈출 ★★ 빈출 ★ 필수

출제포인트

2장 서비스 세일즈 전략에서는 고객 중심 세일즈 판매의 7단계 프로세스의 순서와 각 단계별 주요 특성에 대한 문제의 출제 빈도가 높습니다.

학습포인트

1 1단계 Prospecting에서는 충성도에 따라 분류된 5단계 고객의 특성을 학습합니다.

2 3단계 Needs 파악에서는 고객의 니즈를 파악하기 위한 질문의 유형과 그 예를 함께 학습합니다.

3 4단계 Presentation에서는 고객을 설득하기 위해 상품을 설명하는 FABE기법을 이해하고, 실제 사례와 연관하여 학습합니다.

4 6단계 Closing에서는 세일즈를 마무리하는 다양한 기법의 개념을 이해하고, 각 기법의 커뮤니케이션 예시를 함께 학습합니다.

1 서비스 세일즈 전략의 이해

성공적 서비스 세일즈를 위한 단계별 중요도

고전적인 세일즈	상품 설명을 통해서 고객에게 판매 제안을 하는 것에 중점
21세기 세일즈	고객과 서비스 세일즈맨의 관계 형성 및 관계 강화에 중점

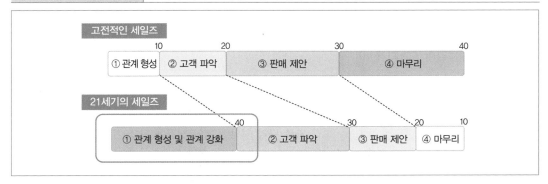

2 서비스 세일즈 단계별 상담 전략

고객 중심 세일즈 판매의 7단계 프로세스 ★★★

1단계	Prospecting	상품과 서비스가 필요한 잠재 고객 발굴하기
2단계	Approaching	타깃 고객에게 다가가 관계 형성하기
3단계	Needs 파악	무엇이 문제이고 어떤 요구사항이 있는지 니즈 파악하기
4단계	Presentation	추천 상품에 대해 설명하기
5단계	반론 극복	고객 이견을 효과적으로 극복하기
6단계	Closing	세일즈 상담을 원만하게 마무리하기
7단계	Follow-up	상담 및 구매 고객에 대한 지속적 관심과 연락을 통해 네트워크 및 고객과의 관계를 유지하기

(1) Prospecting(잠재 고객 발굴하기)

① 충성도에 따른 5단계 고객 분류 ★★★ : 고객의 충성도에 따라 그들의 현재 관심과 욕구에 귀를 기울이고, 기업과 고객의 관계를 지속적으로 유지하기 위해 분류

의심 고객	우리의 상품과 서비스에 대해 신뢰를 갖지 못하고 의심의 마음으로 바라보는 사람
잠재 고객	• 상품과 서비스에 대한 정보를 얻기 위해 여러 가지 루트를 통해 접촉하여 관심은 표명했지만 그 관심을 구매 행동으로 옮기지 않은 사람 • 우리의 상품과 서비스에 관심을 가지고 있는 사람
일반 고객	우리의 상품과 서비스를 적어도 한 번 이상 구입해 본 사람
단골 고객	우리의 상품과 서비스를 지속적으로 구입하는 사람
옹호 고객	• 우리의 상품과 서비스에 대해 가장 충성도가 높은 사람 • 옹호자들은 입소문을 퍼뜨릴 수 있도록 충분한 기회를 제공해 주어야 하며 다른 고객에게 추천을 장려할 수도 있다.

② 고객 개발을 위한 5가지 전략

전략 1	유지하지 말고 개발하라	• 고객 관리 차원의 관계를 비즈니스를 확장시키기 위한 세일즈 방문으로 전환 • 고객 유지가 아닌 고객 개발에 초점
전략 2	좋은 소식을 문서화하라	• 고객 자료 관리 시의 문제와 성공에 관한 기록 보관 • 거래에 만족한 고객과의 서신과 메모는 중요한 자료 • 고객에게 제품이 준 긍정적이고 성공적인 결과와 고객이 필요로 하는 도움과 지원의 제공에 대해 문서화
전략 3	경험자와 증인을 확보하라	• 만족한 고객에게 제품에 대한 증인으로 활동해 줄 것을 요청 • 고객이 알고 있는 다른 잠재 고객을 소개해 줄 것을 부탁
전략 4	고객의 니즈에 대한 자신의 이해를 재평가하라	간과한 고객의 니즈를 밝혀내고 개발
전략 5	미래의 결정 기준에 영향을 미쳐라	고객의 결정 기준을 개발하여 고객의 장래 니즈에 당신의 제품이나 서비스가 유리하게 평가받도록 노력

③ 잠재고객 발굴 방법

　　㉠ 만나고 싶은 사람들을 정한다.

　　㉡ 잠재고객의 관심이 무엇인지 각 포털이나 홈페이지에 들어가 정보를 입수한다.

　　㉢ 잠재고객으로부터 어떤 정보를 얻고 싶은지 리스트를 정한다.

　　㉣ 자신의 일에 관심을 갖게 하려면 어떻게 해야 하는지 고민하고 관심을 유도한다.

　　㉤ 네트워킹을 하면서 주고받는 명함을 받은 즉시 자신의 스타일로 분류한다.

　　㉥ 만남을 정리하고 추후 실행 과정을 준비한다.

　　㉦ 공통점을 찾아 친구가 되려고 노력한다.

　　㉧ 첫 만남 후 24시간 이전에 연락을 한다.

　　㉨ 다음 미팅 약속을 잡는다.

(2) Approaching(타깃 고객에게 다가가기)

① 라포(Rapport) 형성

　　㉠ 라포(Rapport)는 사람들 사이에서 형성되는 신뢰감, 친밀감, 유대감을 뜻하고, 긍정적인 관계를 구축하는 데 중요한 개념이다.

　　㉡ 고객과의 첫 만남에서 관계 형성을 시작하기 위해서 친밀감을 쌓을 수 있는 라포(Rapport) 형성을 위한 멘트를 준비하여 고객의 마음을 연다.

② 라포(Rapport) 형성 주제

　　거주지역이나 가족관계, 건강, 여가활동, 날씨, 식사, 의상, 최근 이슈 등 부담이 적은 주제로 대화를 시작하여 형성한다.

(3) Needs 파악

① 경청

　　㉠ 고객의 자발적인 이야기를 경청하면 고객의 마음을 쉽게 열고 얻을 수 있다.

　　㉡ 고객의 이야기를 들을 때는 성심성의껏 듣는다.

경청의 'FAMILY'기법

F	Friendly	친근하게
A	Attentive	주의 집중하여
M	Me too	맞장구치며
I	Interestedly	흥미를 갖고
L	Look	바라보며
Y	You-centered	상대방의 입장에서

② 질문의 효과 ★

답을 얻을 수 있다	대답하는 상대에게는 구체적으로 생각할 시간을 주고, 질문하는 사람은 행동할 수 있는 반경이 정해진다.
생각을 자극한다	현실적이고 대답 가능한 질문을 하게 되면 상대방의 생각을 자극할 수 있다.
정보를 얻는다	우리가 필요로 하는 핵심 정보를 얻는다.
통제가 된다	질문은 사람을 논리적으로 만들기 때문에 감정이 통제되고, 대화의 방향을 통제할 수 있다.
마음을 열게 한다	주의 깊은 질문을 통해 상대방과의 교감을 느끼고, 고객의 마음을 열게 한다.
귀를 기울이게 한다	상대방의 관심 분야에 대한 질문을 통해 상대방이 귀 기울이게 한다.
답하면서 설득이 된다	질문에 대해서 상대방이 답을 하면서 스스로 설득이 된다.

알아두기

개방형 질문(Open Question)
주로 대화 초반에 사용하며, 고객이 다양하고 자유롭게 표현할 수 있도록 질문
예 "이 제품에 대해 어떻게 생각하십니까?"

폐쇄형 질문(Close Question)
주로 대화 마지막에 결론을 이끌어내기 위해 사용하며, 네 또는 아니오 같은 이분법적 대답을 할 수 있도록 질문
예 "오늘 서비스 만족하셨나요?"

③ 전략적 목표들을 성취하는 데 도움이 되는 4가지 유형의 질문 ★★

상황 질문	• 배경 사실과 자료를 수집하는 질문으로 **필수적인 정보를 제공**한다. • 상황 질문을 남용할 경우 고객의 반감을 불러일으킬 수 있기 때문에 최대한 효율적으로 사용해야 한다. 예 •"가지고 계신 핸드폰은 언제 구입하셨고, 금액은 얼마였나요?" 　•"사용하시면서 효과는 보셨나요?"
문제 질문	• 고객의 문제나 **어려움 또는 불만을 밝혀내는 질문**이다. • 고객의 문제를 자신의 제품으로 해결할 수 있는지 이해하고 적절한 문제 질문을 던진다. 예 •"현재 사용하고 계신 핸드폰의 문제점은 무엇입니까?" 　•"사용하시면서 마음에 들지 않은 점은 무엇인가요?"
확대 질문	• 고객 **문제의 시사점이나 그것이 야기하는 결과를 탐색하는 질문**이다. • 고객의 불만을 개발하고, 가장 효과적인 해결책을 제공할 수 있는 영역에 대한 불만을 강화하는 데 유용하다. 예 •"그 문제로 인해 향후 예상되는 것들은 무엇이 있나요?" 　•"그 문제로 예상되는 손실은 얼마나 될까요?"
해결 질문	• **문제 해결의 가치나 유용성을 탐색하는 질문**이다. • 자신이 제공할 수 있는 해결책을 바탕으로 질문한다. 예 •"시스템을 업그레이드한다면 어떻게 될까요?" 　•"그 부분을 교체하면 어떤 점이 향상될까요?"

(4) Presentation(추천 상품에 대해 설명하기)

① Presentation의 기본원칙

Wow Factor 발굴 ★	고객으로부터 '와우'라는 반응을 이끌어 낼 자신의 와우팩터를 찾는다. 예 잠재 고객에게 줄 수 있는 특별한 느낌, 고객을 좀 더 편안하게 해 줄 안내 직원, 대기시간을 즐겁게 해 줄 다양한 잡지 등
전술과 전략 발굴	구매욕을 자극할 만한 연출을 활용한다. 예 고객과의 공통점, 감사를 전할 때는 기억에 남을 만한 방식, 이해와 존경을 드러내는 말 등
차별화 시도	상품 특성의 핵심을 전달하는 데 있어 자신만의 차별적 전략을 시도한다.
끈기로 설득	• 고객의 신뢰를 얻기 위해서는 약속은 적게, 실행은 많이 해야 한다. • 고객에게 가치를 제공한다는 판단이 서면 포기하지 않는다. • 정보를 제공하여 관심을 끌고 신뢰를 구축한다. • 질문을 하여 고객의 니즈를 지속적으로 심도 있게 파악한다.

② 고객 설득을 위한 FABE 화법 ★★★ : 고객에게 상품에 대해 설명을 할 때 막연하게 '좋아요'가
아닌 전략적 설명 기술을 사용한다.

Feature(특징)	그 상품이 가지고 있는 특징
Advantage(장점)	앞서 언급한 상품의 특징으로 인해 발생하는 상품의 좋은 점
Benefit(이익)	장점으로 인한 고객의 실질적 혜택 및 가치
Evidence(증거)	위 내용들을 인정하고 받아들일 수 있을 증거(예 언론, 시연 등)

Feature(특징)	Advantage(장점)
고객: "이 어려운 이름의 상품은 어떤 상품일까?" • **상품의 성격**: 적립식, 거치식, 모자형, 개방형 • **가입 대상**: 주식형 • **자산운용사**: 대표적 자산운용사 • **운용 상품 구성**: 국내 주식, 해외 주식, 선물, 채권 등 • **금리 조건**: 실적배당형 • **원금 보전**: 「예금자보호법」 적용 대상 아님.	**고객**: "다른 예금이나 보험이 좋지 않을까?" • 높은 목표, 실적, 보장 수익률(시장 초과 수익률 목표 등) • 수익성이 매우 높음(우량 주식 위주 운영). • 소득공제 혜택과 양도소득세 비과세 혜택 • 상품 가입 시 제공하는 부가적인 혜택
Benefit(이익)	**Evidence(증거)**
고객: "내가 이 상품에 가입하면 뭐가 좋다는 걸까?" • "투자 시점 분산이 이루어질 수 있도록 꾸준히 장기투자하시면 투자 위험을 줄이면서 높은 수익을 기대할 수 있습니다." • "실적이 좋은 실력 있는 자산운용사인 ○○가 운용하는 상품이라, 안심이 되실 겁니다." • "주식 매매 차익 및 평가 차익에 대한 비과세 혜택을 누리실 수 있어 같은 수익률을 내더라도 더 높은 수익 실현이 가능합니다."	**고객**: "이 상품에 가입하면 정말 이익이 있을까?" • "○○일보에 히트 상품으로 나온 기사를 보시죠."(○월 ○○일 신문 기사 스크랩 제시) • "이제까지 수익률이 높던 상품이고, 앞으로도 좋을 것으로 보입니다."(수익률표 제시) • "○○사모님도 얼마 전 가입하셨는데, 수익률이 꽤 좋아서 만족해하셨습니다."(사례 제시)

③ 고객 설득하기

㉠ 고객입장에서 고객의 핵심쟁점이 무엇인지 파악한다.

㉡ 정직한 정보 제공과 성실한 태도로 신뢰를 쌓아야 한다.

㉢ 고객의 요구를 정확히 이해하기 위하여 적절한 질문을 활용한다.

㉣ 고객의 관심이 부족하고 거부감이 있더라도 포기하지 않고 끈기를 갖고 수행한다.

(5) 반론 극복

서비스 세일즈맨이 당면하는 저항	저항에 대처하는 서비스 세일즈맨의 자세
• 새로운 아이디어에 저항 • 업무 패턴의 변화에 저항 • 불쾌한 피드백과 반응에 방어적으로 저항 • 가치를 이해할 수 없는 정책 변화에 저항 • 고객이 상품을 구매하지 않겠다고 저항	• 저항을 평가한다. • 저항을 사랑한다. • 저항을 예상한다. • 저항을 개인적으로 받아들이지 않는다. • 저항을 활용하여 스스로를 강화시킨다. • 저항을 인정하고 탐색한다.

① 효과적인 반론 극복 방법

긍정으로 시작한다	• 갑자기 반론을 시작하면 감정적 반발을 초래할 수 있다. • 상대방의 주장 가운데 동의할 수 있는 점과 일치점에 대해 말한다.
반론 내용을 명확히 한다	• 상대방 주장의 허점이나 모호한 점, 모순점 등을 질문의 형태로 지적한다. • 답변을 경청한 후 자신의 생각을 명확히 설명한다.
반대 이유를 설명한다	• 상대방의 주장과 자신의 의견을 대비시키면서 자신의 생각에서 상대방의 주장보다 우월한 점을 찾아 설명한다. • 더 나은 점 때문에 상대방의 주장을 받아들일 수 없다고 말한다.
반론을 요약해서 말한다	• 논증이 끝나면 다시 한 번 반론의 내용을 요약해서 말한다. • 반론의 내용을 되풀이함으로써 호소력이 커지게 된다.

② 고객의 생각을 바꾸기 위한 방법

   ⓐ 고객을 만족시킬 수 있는 창조적 대안을 제시한다.

   ⓑ 고객의 결정 기준을 파악하여 그 이면의 니즈를 알아낸다.

   ⓒ 고객의 중요 기준 충족 시 오는 제한이나 불이익을 설명한다.

   ⓓ 고객의 중요한 기준을 충족시키기 어려울 때는 중요하지 않다고 설득해서는 안된다.

   ⓔ 고객이 중요하게 생각하는 기준의 중요성을 부각시켜 가격보다 핵심적인 기준으로 만든다.

③ 다양한 거절 극복 방법

질문법	거절 이유에 대해 직접 물어본다. 예 • "왜 그렇게 생각하시는지요?" • "특별한 이유가 있으신가요?"
사례법	해결한 사례를 연결하여 설명한다. 예 "다른 고객/기업들도 …한 문제 해결을 위해 …하고, 이익을 더 높이기 위해 …하고 있습니다."
인정법	거절 이유는 인정하고 그로 인한 특징을 설명한다. 예 "가격이 비싸긴 하지만, 이 상품은 …한 특징과 …한 이익이 … 있습니다."
체면 자극법	고객이나 기업의 지위에 맞는 상품임을 설명한다. 예 • "이 정도의 기업이 …에 부담을 느낀다면 …." • "고객님께서 충분히 권한을 갖고 계시다고 알고 있는데 …."
근거 자료 제시법	근거 자료를 제시하며 설명한다. 예 "이 자료를 보시면 …."
부정법	거절 이유가 될 수 없음을 설명한다. 예 "이 상품이 비싸다고요? ○○와 비교해 보시면 …."
나열법	고객이 얻을 수 있는 이익을 바로 나열하면서 설명한다. 예 "…한 문제 해결과 …한 이익을 얻는 기회를 놓치시면 …."

(6) Closing(세일즈 상담 마무리하기)

① 세일즈 마무리 기법 ★★

권유형 마무리 **(invitational close)**	간단하고 감정 조절이 쉬우며 멋지고 강력한 방법으로 세일즈 상담 막바지에 거래를 마무리하는 방식이다. 예 • "고객님, 제가 아직 다루지 않은 것 중에 걱정되시거나 궁금하신 점은 없습니까?" • "고객님, 모두 이해가 되셨나요? 그렇다면 구입하시는 것이 어떠세요?" • "오늘 같은 기회는 다시 오지 않습니다!"
지시형 마무리 **(directive close)**	추정 승낙 마무리(assumption close) 또는 마무리 후 기법(post-closing technique)이라고도 불린다. 계속해서 실행 계획 또는 앞으로 일어날 일 등에 대해 설명한다. 예 "지금까지 어떠셨어요? 이해되셨나요? 그럼 계약서에 서명하시죠."
양자택일 마무리 **(alternative close)**	선택 마무리(preference close)라고도 하며 사람들이 선택의 여지가 있는 것을 선호한다는 사실에 근거를 둔 방식이다. 예 "A와 B 중 어떤 것이 좋으세요?"
2차적 마무리 **(secondary close)**	매우 인기 있는 방식으로 고객이 먼저 작은 결정들을 차근차근 해 나감으로써 비교적 큰 결정을 쉽게 내릴 수 있도록 돕는 방식이다. 예 "이 부분은 해결되셨죠? 그럼 다음 단계는 …."
승인형 마무리 **(authorization** **close)**	주문서 마무리(order sheet close)라고도 한다. 매우 간단한 방법으로 세일즈 상담 막바지에 주문서나 판매 계약서를 꺼내고 그것을 작성하기 시작하는 방식이다. 예 "그럼 계약서를 작성하겠습니다. 여기 성함과 연락처를 적어주시겠습니까?"
긍정 암시 마무리	'No'라고 대답하기 어려운 질문을 하여 자신도 모르게 결정하게 하는 방식이다. 예 "지금까지 여러 조건을 말씀드렸는데 조건에 대해서는 만족하십니까?"
최종어 제출법	고객의 거절을 다시 반려할 수 있도록 마지막으로 선택의 기회를 제공한다. 예 "그렇게 생각하신다니 유감이고 안타깝습니다만, 좋은 기회를 놓치지 않으셨으면 좋겠습니다."

② 세일즈 마무리를 위한 전제 조건

고객	• 고객이 구매 결정을 하기 전에 충분히 구매 욕구가 유발되어야 한다. • 고객이 서비스 세일즈맨과 기업을 신뢰해야 한다. • 고객이 상품이나 서비스를 필요로 해야 한다. • 고객이 제품을 활용할 수 있어야 한다. 서비스 세일즈맨은 고객이 제품의 이점을 최대한 활용할 수 있도록 해야 한다. • 고객이 상품과 서비스를 구매할 수 있는 금전적 능력이 있어야 한다.
서비스 세일즈맨	• 서비스 세일즈맨이 열정적이어야 한다. • 긍정적인 생각과 자신감을 가지고 고객에게 혜택을 드린다는 확신을 가져야 한다. • 서비스 세일즈맨은 고객 상담 및 마무리 기법을 알고 있어야 한다. • 고객이 이의를 제기하더라도 기꺼이 받아들일 준비를 해야 한다.

(7) Follow-up(네트워크 및 고객과의 관계 유지하기)

① 로열티 프로그램

쿠폰	서비스제공자가 고객과 직접 효과적으로 소통할 수 있는 방법
포인트 제도	단순 적립에서 고객 정보와 연계한 적립까지 다양한 형태의 방법
자사 카드	개별 고객들의 거래 내역 및 관련 정보를 수집하여 데이터베이스 마케팅의 기초 자료로 활용할 수 있는 방법
SMS (Short Message Service)	고객의 성향을 분석해 그에 맞는 다양한 정보를 문자메시지로 제공하는 방법

② 존 굿맨의 법칙

    ㉠ 1970년대에 마케팅 조사 회사인 TARP의 사장 존 굿맨(John Goodman)은 20개국의 많은 산업을 조사한 결과, 불만 고객이 직원의 대응에 충분히 만족했을 경우에 오히려 불만이 나타나지 않았던 때보다 재방문율 또는 재구매율이 올라간다는 것을 밝혔다. 이 현상을 존 굿맨의 법칙이라 한다.

    ㉡ 서비스 세일즈 상황에서 긍정적인 결과를 이루지 못했다 하더라도 끝까지 긍정적으로 고객과 관계를 유지하려는 노력은 추후 상품과 서비스를 구매하려는 고객을 증가시킬 수 있다.

✎ 알아두기

항공사 상용고객 우대 프로그램(Frequent Flyer Program)
- 상용고객에게 항공사 및 제휴사 이용에 대한 사은의 뜻으로 무상으로 마일리지를 적립하고, 항공기의 여유 좌석을 이용하여 보너스 항공권 및 좌석 승급 등의 혜택을 제공하는 프로그램이다.
- 마일리지는 전통적으로 기업이 고객을 지속적으로 유지하기 위해 지급하는 인센티브의 성격을 가지고 있다.
- 무형 자산으로서의 가치가 있는 상용고객의 유지와 신규상용고객의 증대를 위하여 고안되었다.

3 고객의 구매 결정 과정에 따른 세일즈 전략

(1) 고객의 구매 결정 과정

니즈 인식 단계	자신의 불편과 필요를 느끼는 단계
정보 탐색	고객의 욕구를 충족시킬 수 있는 제품이나 서비스의 정보를 탐색하는 단계
선택안 비교 평가 단계	다양한 방법의 시장 조사를 통해 상품 및 서비스를 비교하는 단계
불안 해결 단계	구매 결정을 하였지만 결정에 대한 확신이 없는 단계
도입 단계(구매 후 행동)	상품을 구입하여 사용하는 단계

(2) 고객의 구매 결정 단계별 서비스 세일즈맨의 전략

① 니즈 인식 단계의 3가지 전략적 목표

목표 1	불만을 밝혀낸다	불만이 없다면 고객이 제품을 구입해야 할 이유가 없다.
목표 2	불만을 개발한다	밝혀낸 불만을 세일즈 토크를 통해 심각한 수준으로 증가시켜 고객의 행동을 유발한다.
목표 3	불만을 선택적으로 강화한다	당신의 제품이나 서비스가 최선의 해결책을 제공해 줄 수 있는 영역에서 더욱 강한 불만을 느끼도록 유도한다.

② 선택안 비교 평가 단계 : 당신의 제품과 서비스가 가장 강한 영역에서 니즈를 개발한 후 고객에게 그 니즈가 구매 결정의 기준이 되어야 한다고 확신시키는 것이다.

③ 불안 해결 단계 ★

ㄱ 결과에 대한 불안을 다루는 기본 원칙

ⓐ 고객이 생각하는 결과에 대한 불안을 무시하지 않는다.

ⓑ 고객과 서비스 세일즈맨이 초기에 신뢰 관계를 쌓는다.

ⓒ 고객에게 스스로 두려움을 해결할 수 있도록 조건을 마련해 준다.

ⓓ 고객의 입장에서 고객의 불만을 해결한다.

ㄴ 결과에 대한 불안을 다룰 때의 3가지 치명적 실수

최소화하기	고객이 느끼는 불안의 중요성을 부인하거나 근거 없는 보장을 제공함으로써 고객의 불안을 소홀히 다루는 것이다.
처방하기	서비스 세일즈맨이 결과에 대한 불안을 해결하는 방법에 대한 자신의 아이디어와 해결책 그리고 조언을 강하게 촉구하는 것이다. 예 •"그런 불안을 다루는 방법은 …" •"제가 당신이라면, …식으로 하겠습니다." •"제 권고는 …하는 것입니다."
압력 가하기	고객에게 정보나 결정을 강요하는 것이다.

④ 도입 단계

ㄱ 최근에 상품이나 서비스를 구매한 고객은 즉각적인 비즈니스 가능성을 갖고 있지 않다.

ㄴ 막연한 대기 전략(waiting strategy)보다 더 효과적인 접근 방법은 기존고객으로부터 극대의 비즈니스 효과를 낳게 하는 것이다.

고객 상담 성공 전략

출제 & 학습 포인트

★★★ 최빈출 ★★ 빈출 ★ 필수

출제포인트

3장 고객 상담 성공 전략은 **파트1 서비스 세일즈 및 고객 상담 중 출제 빈도가 상대적으로 낮지만 관계세일즈의 개념과 다양한 서비스 세일즈 전략이 주로 출제됩니다.**

학습포인트

1️⃣ 관계세일즈의 개념에서는 고객과 좋은 관계를 장기적으로 유지하는 세일즈 방식의 중요성을 중심으로 학습합니다.

2️⃣ 입소문 나는 서비스 세일즈를 위한 6단계에서는 각 단계별 특성과 서비스 세일즈맨의 수행방향을 학습합니다.

3️⃣ 이메일 영업이 증가함에 따라 일반적인 영업 전략과 이메일 영업 시 차이점을 중심으로 학습합니다.

1️⃣ 관계세일즈(Relationship Sales)

(1) 관계세일즈의 개념 ★

① 가망고객을 발굴하여 고객의 문제를 해결함으로써 고객과 좋은 관계를 장기적으로 유지하는 것에 초점을 맞추는 새로운 세일즈 방식이다.

② 고객에게 차별화된 가치를 제공하여 고객의 이익과 기업의 이익을 함께 달성하는 데 목적이 있다.

③ 기존고객에 대한 마케팅 활동이 신규고객 창출보다 더 효율성이 있어 기존고객의 이탈 방지 및 재구매가 더 중요하게 됨으로써 관계를 판매와 연결하는 것이 중요하다.

④ 신규고객의 창출도 기존고객과의 연고를 통해 활성화되므로 체계적이고 효율적인 신규고객 창출을 위해서 기존고객과의 관계는 매우 중요하다.

(2) 관계세일즈의 성공 방법

① 관계의 씨앗을 뿌리는 기술을 쉽고 당연하게 받아들이지 않는다. 사람들이 전부 관계 맺는 법을 아는 것은 아니다.

② 접촉을 이용해 관계의 씨앗을 뿌리는 데 초점을 맞춘다. 이때 비즈니스 접촉이 아닌 개인적이고 인간적인 측면을 노린다. 진지한 관계는 여기서 시작된다.

③ 시간을 들여 동료들과 함께 고객과의 관계를 개선하는 법에 대해 진지하게 논의한다. 일반적인 방법을 논한 다음 구체적인 사례를 분석한다.

④ 관계의 씨앗을 뿌리는 최고의 실전 기술을 찾아낸다. 그것을 실행해 다른 서비스 세일즈맨들의 멘토가 된다.

⑤ 세일즈 현장이 아닌 다른 곳에서 고객을 돕는 방법을 찾는다. 도움을 받은 사람들은 그만큼의 도움을 돌려준다.

2 서비스 세일즈 성공 전략

(1) 10가지 올바른 고객상담원칙 ★★

① 고객의 말을 끝까지 경청하라.

② 항상 미소를 지으며 공감하고 칭찬하여 고객을 신명나게 만들어라.

③ 고객과의 눈맞춤을 편하게 유지하고 시선을 놓치지 말라.

④ 중요 포인트마다 간단하게 메모하라.

⑤ 고객의 주장에 동조하면서 상대방의 입장을 파악하며 탐색한다.

⑥ 잡념을 없애고 고객이 말하는 의도나 니즈를 파악하며 듣기에 집중하라.

⑦ 고객의 유형과 상황에 맞는 의사소통을 하고 눈높이를 맞추라.

⑧ 고객의 반대의견이나 저항에 대처하고 극복하라.

⑨ 주관적인 감정이나 편견을 버리고 객관적이고 합리적인 사고를 가지고 대화하라.

⑩ 고객의 감성을 자극하는 언어를 사용하라.

(2) 입소문 나는 서비스 세일즈를 위한 6단계 ★

1단계	고객 파악	당신의 상품이나 서비스를 사고자 하는 **사람을 구체적으로 파악**해야 한다. 당신의 타깃은 구매할 의향이 있지만 당신을 알지 못하는 사람들이다.
2단계	구매 당위성 개발	주요 추천 인맥들이 당신의 **강점을 잘 알고 있는지** 확인해야 한다.
3단계	세일즈 소구점 개발	긍정적인 세일즈 메시지를 적절한 타이밍에 잠재 고객들에게 **성공적으로 전달할 수 있도록 메시지를 준비**한다.
4단계	나의 메시지를 퍼뜨려 줄 사람 찾기	나의 메시지를 전달해 줄 사람은 타인에게 관심이 있는 사람, 당신이 도움을 주었던 사람, 당신의 성공을 통해 이익을 얻을 수 있는 사람이다. 그들의 말에 귀를 기울인다.
5단계	인맥이 나를 도울 수 있는 방법 준비	당신의 인맥은 주변의 아는 사람들에게 당신을 보증하거나 추천하는 방식으로 당신의 세일즈를 확대해 준다. 그들이 지인들에게 던질 만한 핵심 질문 몇 가지를 준비한다.
6단계	나의 인맥에게 도움 주기	성공적인 입소문 판매의 원동력은 서로 돕는 것이다. 결국 입소문 판매의 본질은 상호 간의 이익이다.

⑶ 고객 존중을 통한 서비스 세일즈 전략

① 고객의 회사에 관한 지식을 쌓는다.

② 호감 가는 사람이 된다.

③ 지식은 당신의 명성에 꼭 필요한 요소다.

④ 말하는 양의 2배로 들어야 한다.

⑤ 판매와 상관없이 돕겠다는 의지를 보인다.

⑥ 자신의 상품이나 서비스에 자부심을 가진다.

⑷ 서비스 세일즈맨의 이메일(E-mail) 영업 전략 ★

① 이메일과 고객의 '관련성'을 고민한다.

② 정보와 링크를 활용하여 고객에게 '도움'을 제공한다.

③ 자화자찬보다 '정보'를 제공한다. 내용의 80%는 업계의 동향, 분석 자료, 백서 등으로 채우고, 나머지는 자기 회사에 관한 언론 보도나 새로운 제품 소개, 새 고객에 관한 뉴스로 구성한다.

④ '개인적인' 느낌을 주는 메일이 되도록 한다.

⑤ '정직'이 최상의 정책이다. 사업을 시작한 회사들이 '업계 선두주자'라는 식의 문구를 쓰는 경우에 효과도 없고 거짓말을 한다고 오해를 하기 쉽다.

⑸ 서비스 상품 설명 및 소개 전략

① 고객이 제공받는 서비스의 특징 및 정보를 사실적 측면 위주로 제시한다.

② 지나치게 과한 사실의 나열은 오히려 부정적 결과를 초래할 수 있으므로 정확한 내용을 전달한다.

③ 각각의 서비스가 고객에게 어떻게 사용되고 도움이 되는지 설명한다.

④ 서비스 상품을 구매함으로써 고객이 얻을 수 있는 효용과 이익에 대해 설명한다.

⑹ 최고의 서비스를 실천하게 해주는 8가지 방법

① 고객 서비스 수준을 정한다.

② 서비스의 기준을 공식 문서로 만든다.

③ 준비되지 않았다면 시작하지 않는다.

④ 거래 전, 도중, 이후까지 항상 고객을 탐색한다.

⑤ 적게 약속하고 많이 제공한다.

⑥ 고객이 중요하게 생각하는 시점을 파악한다.

⑦ 고객관계 회복 방법을 터득한다.

⑧ "할 수 없다."는 말을 쉽게 하지 않는다.

서비스접점과 MOT 관리

출제 & 학습 포인트

출제포인트

4장 서비스접점과 MOT 관리에서는 MOT와 MOT사이클의 개념, MOT의 법칙이 주로 출제됩니다.

학습포인트

1 서비스접점을 분류하고, 각 접점의 특성을 구분하여 학습합니다.

2 최근 증가하는 기술기반서비스접점의 혜택을 기업과 고객 측면으로 구분하여 학습하고, 그 문제점을 학습합니다.

3 MOT의 개념에 대한 문제는 MOT의 기본적인 정의와 MOT를 서비스품질 경영에 적용 시 고려해야 하는 사항이 복합적으로 구성되어 출제되니 함께 학습합니다.

4 MOT의 법칙은 4장 서비스접점과 MOT 관리에서 가장 출제 빈도가 높은 내용으로 MOT의 주요 개념을 이해하고 학습합니다.

5 MOT차트를 구성하는 5단계의 순서와 각 단계별 수행업무를 학습합니다.

1 서비스접점의 이해

(1) 서비스접점의 정의

① 서비스접점(인카운터, encounter)은 고객과 특정 서비스가 직접적으로 상호작용하는 시간을 의미한다.

② 광의의 관점에서 서비스접점은 대인접점과 비대인접점을 모두 포함한다. 서비스접점에서 고객경험은 대인적 요소도 중요하지만 비인적 요소들이 미치는 영향도 매우 중요하다.

③ 협의의 관점에서 서비스접점을 고객과 서비스직원의 접촉으로 제한하고 있다.

🖉 알아두기

서비스접점의 중요성이 증가하는 이유
- 서비스기업의 거대화로 서비스접점에 대한 효과성이 경영 성과에 많은 영향을 준다.
- 서비스접점의 복잡성이 높아졌다.
- 고객요구의 다양화로 서비스접점의 기능적 다양화가 요구된다.
- 서비스접점이 고객인식과 경험에 미치는 영향이 크다.
- 서비스접점은 서비스혁신을 추구하기에 이상적인 지점(POINT)이다.

👆 전통적 조직구조와 서비스 지향적인 조직구조

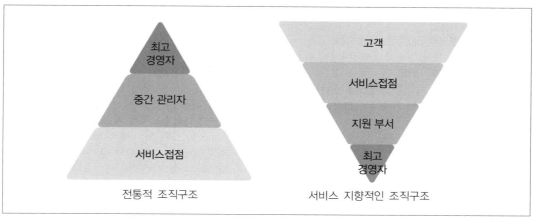

전통적 조직구조 · 서비스 지향적인 조직구조

(2) 서비스접점의 특징

① 서비스접점은 다양한 목적을 지니고 있다.
② 서비스접점은 상호적 관계이다.
③ 서비스접점은 역할 성과이다.
④ 서비스접점은 이타주의가 아니다.
⑤ 서비스접점은 매번 다르며, 사전 지식이 절대적이지 않다.
⑥ 서비스접점은 범위가 제한적이다.
⑦ 서비스접점은 역할과 관련된 정보 교환이 필요하다.
⑧ 서비스접점에서는 일시적으로 현저한 지위 차이가 발생할 수 있다.
⑨ 서비스접점은 단일 차원의 제시가 아닌 통합적 인식에 의해 성과가 결정된다.

(3) 서비스접점의 분류 ★

대인서비스 접점	• 서비스직원과 고객의 직접 접촉이 발생하는 접점 • 서비스생산과 제공과정에서 직접 대면 접촉이 발생 • 서비스운용에서 대인서비스접점의 관리에 많은 노력을 기울임. • ICT의 발달로 대인서비스접점의 빈도와 양은 줄었지만 질적으로 더 중요한 기회를 제공하며 경험인식에 집중하는 방향으로 진화됨.
음성서비스 접점	• 고객과 서비스직원이 **전화나 통신을 매개로 음성 접촉** 예 콜센터 • 대면서비스에 비해 많은 제한을 지니고 있으며 음성만으로 커뮤니케이션을 함으로 인해 오해를 유발할 수 있는 여지가 많음. • 따라서 음성서비스접점은 대인서비스접점 관리와 다른 차원을 고려해야 함.
기술기반 서비스접점	• 고객과 서비스제공자의 상호작용에 **인적요소가 배제된 형태의 접촉** • 제공자 측의 인적요소 배제 : ATM 등 • **고객 측의 인적요소 배제** : 고객 소유물의 가공 예 PC의 원격수리 등 • 최근에 급속한 발전을 이루고 있음.

👆 기술기반서비스접점의 혜택과 문제점 ★★

구분	혜택	해결해야 할 문제
기업	• 대면고객 서비스비용의 감소 • 최신 기술 적용에 따른 이미지 향상 • 인건비의 감소 • 감정노동, 이직 등 인적 고용에 따른 문제의 해결 • 직원숙련도에 따른 서비스의 비일관성 문제의 해결 • 24시간 서비스 제공 능력 • 새로운 사업 기회로의 확장 • 서비스 지점의 확충을 위한 투자 비용 감소	• 최신 기술 활용을 위한 투자 • 기술기반서비스접점에 대한 이해 부족으로 서비스 패러독스의 발생 • 기업이 원하는 서비스와 고객이 원하는 서비스의 인식 차이 극복 • 기술에 대한 UX, UI(UX : User Experience, UI : User Interface)의 이해 부족으로 인한 불만 증가 • ROI(투자자본수익률)의 문제 • 가격과 가치의 산정에 따른 문제
고객	• 물리적 이동의 감소로 인한 편리성 증가 • 시간/공간적 접근성의 향상 • 금전적/비금전적 비용의 감소 • 서비스의 새로운 제공 방식으로 가치 증가	• 새로운 기술을 학습해야 하는 문제 • 불필요하거나 불편한 UI에 대한 불이익 • 고객 자원 사용에 대한 문제 • 개인정보보호 차원의 문제

📝 **알아두기**

서비스 패러독스
서비스경제의 발달, 경제적 풍요, 기술의 발달로 양적으로나 질적으로 더 높은 수준의 서비스를 대량으로 공급받음에도 불구하고 소비자들이 체감하는 서비스품질은 하락하는 현상을 의미한다.

(4) 서비스접점에서 고객의 역할

① 서비스접점에서 고객의 참여방식 : 고객은 서비스의 생산과 전달과정에 노출되거나 부분적으로 관여하게 된다. 기업은 서비스를 기획할 때 고객관여에 대한 유형을 고려해야 한다.

구분	고객참여방식		
	낮음(존재)	중간(개입)	높음(공동생산)
특징	서비스전달상에 고객이 존재함.	서비스전달을 위해 고객의 개입이 필요	서비스의 공동생산
서비스 종류	표준화 서비스	표준화-고객화	개인화 서비스
고객욕구	동질적 욕구	이질적 욕구	개별적 욕구
서비스성공	제공자>>>고객	제공자>고객	제공자=고객
접점 분위기	환대받는 분위기	편안한 의사소통	파트너로 인식
예	공연관람 등	금융서비스	다이어트 프로그램

② 서비스접점에서 고객의 행동 분류 ★

구분	역할 내(in-role)	역할 외(extra-role)
순기능	협력행동	시민행동
역기능	회피행동	반생산행동

협력행동	• 서비스 생산과 전달에 요구되는 고객역할에 대한 능동적 협력 의지와 태도, 행동 • 올바른 정보의 제공과 서비스제공자의 지시와 요구에 대한 경청, 이해를 통한 올바른 대응, 고객요구에 대한 명확한 전달 등 서비스 성공을 위해 고객이 보여 주어야 할 책임과 행동에 대해 올바른 수행을 보이는 것
회피행동	• 서비스 생산과 전달에 필요한 고객역할과 책임행동에 대해 비협조, 태만, 회피의 모습을 보이는 것 • 서비스제공자의 지시와 요구에 대해 경청하지 않고, 올바른 반응을 하지 못하며, 고객요구에 대한 불명확한 전달 등을 통해 서비스성공에 자발적 기여를 보이지 않고, 수동적인 태도를 보이거나 서비스제공자에게 책임을 전가 • 서비스 실패의 가능성을 높여 고객과 서비스제공자 모두에게 비효율 발생
시민행동	• 고객은 자신의 역할을 성실히 수행할 뿐만 아니라 서비스제공자의 발전과 성장을 위해 긍정적 기여 • 시민행동에는 타 고객에 대한 긍정적인 구전, 타 고객의 서비스 역할 수행의 지원 등과 같이 이타적 행동도 포함됨. • 시민행동은 고객역할 외의 행동이기 때문에 협력 행동과 차이

반생산행동	서비스제공자에 대한 욕설, 폭행 등과 같은 폭력적이고 불법적 행동	
	대물적 반생산행동	기업의 물건을 파손, 훼손, 낭비적 사용 등
	대인적 반생산행동	서비스직원에 대한 폭언, 욕설, 폭행 등과 타 고객에 대한 위협, 혐오 유발 등의 행동이 있음.

③ 서비스접점에서 고객역할에 대한 인식 변화 : 전통적 관점에서 고객은 서비스의 수동적 수혜자로 인식되었지만 현대적 관점에서는 고객을 서비스 생산의 한 요소로 인식하여 고객에게 더 많은 책임과 권한을 부여하려고 한다. 고객역할의 증가가 기업에게 주는 이점이 많이 있기 때문이다.

준직원	• 직원과 마찬가지로 일정 역할을 수행하고 있으므로 준직원으로 인식 • 서비스의 성공에 공동의 책임과 역할을 수행한다고 인식 • 일정 수준의 역량과 학습이 요구된다고 인식
인적자원	• 고객을 서비스생산성의 원천으로 인식 • 품질과 가치의 공헌자로 인식 • 고객의 적극적인 참여가 비용절감이나 생산성 증가에 기여 예 IKEA
혁신촉진자	• 혁신의 원천으로 인식 • 내부적인 혁신의 한계점을 고객으로부터 찾으려 노력 • 대표적으로 고객의 불만은 혁신의 중요한 원천 • 고객의 제안, 아이디어 등을 적극적으로 촉진하고 수용

④ 셀프서비스 기술

셀프서비스 기술의 만족요인	긴급성	급한 상황에서 접근성이 높은 셀프서비스 기술을 활용하여 문제를 해결 예 24시간 ATM
	가치성	• 셀프서비스 기술이 다른 대안보다 나은 경우 • 셀프서비스 기술을 사용하는 것이 더 편리 • 셀프서비스 기술을 활용하는 것으로 시간을 절약 • 24시간 연속적인 시간 접근성과 다지점의 장소접근성 • 셀프서비스 기술을 활용하여 비용을 절감 • 고객이 원하는 속도로 서비스를 진행
	기능성	셀프서비스 기술이 충실하게 준비되어 기능적으로 훌륭한 경우
셀프서비스 기술의 불만족요인	기술의 실패	약속한 대로 작동하지 않는 경우
	과정의 실패	셀프서비스는 효과적으로 작동하는 것처럼 보이나, 지원부서나 일련의 절차가 올바르게 작동하지 않음을 나중에 발견하는 경우 예 인터넷쇼핑으로 주문을 성공적으로 했으나, 배송은 다른 상품으로 전달
	설계의 실패	기술이 혼란스럽거나 메뉴옵션이 명확하지 않는 경우 예 서비스를 변경할 수 없거나, 배송시간이 너무 오래 걸리는 것
	고객의 실패	고객이 기술을 잘못 사용하였거나 사용할 능력이 없어서 발생하는 실패

⑤ 고객관여의 증대 방안

고객의 역할 정의	• 고객이 수행해야 할 역할과 필요한 기술을 명확히 확인 • 고객역할을 파악하기 위한 역할 분석이 필요
고객세분화	• 서비스에 적합한 고객을 확보 • 고객세분화와 서비스세분화를 실시
학습의 제공	• 고객역할을 수행할 수 있는 역량에 대해 학습을 지원 • 인적, 비인적 학습시스템을 제공
효과적인 보상	• 고객관여에 대한 금전적 혹은 비금전적 보상 • 관여수준에 따른 공정한 보상

2 MOT에 대한 이해

(1) MOT의 개념 ★★

① MOT(Moment Of Truth : 진실의 순간) : 스페인의 투우 용어인 'Momento De LaVerdad'를 영어로 옮긴 것으로 스페인의 마케팅 학자인 리차드 노먼(R. Norman)이 서비스 질의 관리에 처음 사용하였다. 이 말은 투우사가 소의 급소를 찌르는 짧은 순간을 말하는데 '피하려 해도 피할 수 없는 순간' 또는 '실패가 허용되지 않는 매우 중요한 순간'을 의미한다.

② 스칸디나비안 항공사(SAS)의 얀 칼슨(Jan Carlzon) 사장은 고객 접점에서 15초 동안의 짧은 순간이 SAS의 전체 이미지와 사업의 성공을 좌우한다고 하면서 학계와 기업에 확산되었다.

③ MOT는 고객이 조직이나 직원과 접촉하는 접점으로서 서비스를 제공하는 조직과 직원의 품질에 대해 어떤 인상을 받는 순간이나 사건을 말한다.

(2) MOT의 3요소

하드웨어 (hardware)	제품의 품질과 성능, 디자인, 점포 분위기와 시설 및 설비의 사용 편리성 등이 포함된다.
소프트웨어 (software)	서비스 운영 시스템, 서비스 직원의 업무 처리 프로세스 등이 포함된다.
휴먼웨어 (humanware)	서비스제공자의 태도, 표정과 언어 및 억양, 자세 등이 포함된다.

(3) MOT 적용 시 고려 사항

① MOT사이클 전체를 관리해야 한다.
  ㉠ MOT는 고객이 직원과 접촉하는 순간에 발생하지만, 이 결정적 순간들이 하나하나 쌓여 서비스 전체의 품질이 결정된다.
  ㉡ 여러 번의 MOT 중 어느 하나라도 불량이 발생할 경우 한순간에 고객을 잃어버릴 수 있기 때문에 MOT사이클 전체를 관리해야 한다.

② MOT도 고객의 관점에서 관리해야 한다.
  ㉠ 서비스제공자는 고객의 기대와 요구를 고객 이상으로 잘 알고 있다고 생각하기 쉽다. 그러나 서비스제공자와 고객의 시각이 일치하지 않는 경우가 종종 발생하게 된다.
  ㉡ MOT를 효과적으로 관리하기 위해서는 항상 고객의 목소리에 귀를 기울여야 한다.

(4) MOT의 법칙 ★★★

곱셈의 법칙	서비스 전체의 만족도는 MOT 각각의 만족도의 합이 아니라 곱에 의해 결정된다는 것이다. 각 서비스 항목의 점수를 처음부터 우수하게 받았더라도, 어느 한 항목에서 0점을 받았다면 그 결과는 0으로 형편없는 서비스가 된다는 것이다.
통나무 물통의 법칙	통나무 조각으로 만든 통나무 물통은 여러 개의 나뭇조각을 묶어서 만들었기 때문에 어느 한 조각이 깨지거나 낮으면 그 낮은 높이만큼밖에 물이 담기지 않는 최소율의 법칙이 적용된 것이다. 고객 서비스 역시 여러 가지 서비스 중에서 가장 나빴던 서비스를 유독 잘 기억하고 그 서비스를 기준으로 서비스의 질을 평가하게 된다.
'100−1=0'의 법칙	깨진 유리창의 법칙을 설명해 주는 수학식으로, 100가지 서비스접점 중 어느 한 접점에서 느끼는 불만족이 그 서비스 전체에 커다란 영향을 미칠 수 있다.
깨진 유리창의 법칙	깨진 유리창 하나를 방치하면, 더 큰 사회적 문제로 이어질 수 있다는 이론이다. 직원의 작은 실수 하나가 큰 문제를 가져올 수 있으며 고객은 작은 실수 하나를 보고 전체를 판단할 수 있다.

(5) MOT사이클의 개념 ★

① MOT사이클은 고객이 서비스를 받는 과정에서 경험하는 사건의 연속적인 연결로, 서비스 프로세스상에 나타나는 일련의 MOT들을 보여 주는 시계 모양의 도표를 '서비스 사이클 차트'라고 한다.

② MOT사이클은 서비스전달시스템을 고객의 입장에서 이해하기 위한 방법이다. 고객이 경험하는 MOT들을 원형 차트의 1시 방향에서 시작하여 시계 방향으로 순서대로 기입한다.

③ 일반적으로 직원들은 자신이 맡고 있는 업무에만 관심을 두고 일하는 경향이 있으나, 고객은 서비스 과정에서 경험하는 일련의 순간 전체를 가지고 품질을 평가한다.

🖐 호텔 체크아웃 서비스의 MOT사이클

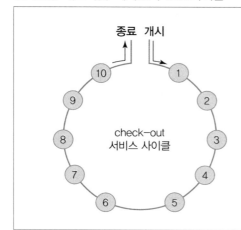

1. 체크아웃 담당자를 부른다.
2. 짐을 내려 달라고 부탁한다.
3. 프런트에 열쇠를 반납하고 청구서를 받는다.
4. 청구서를 확인하고 돈을 지불한다.
5. 영수증을 받고 확인한다.
6. 현관에 나가서 차를 부른다.
7. 주차장에서 차를 가져온다.
8. 짐을 싣고 차에 탄다.
9. 환송을 받는다.
10. 출발한다.

3 MOT에 대한 관리

(1) MOT 평가

① MOT차트는 표준 기대, 플러스 요인, 마이너스 요인으로 이루어진 차트이다.

② 중앙에 MOT에 대한 고객의 표준적인 기대를 기록하고, 오른쪽 칸에는 MOT를 불만족스럽게 만드는 마이너스 요인을, 왼쪽 칸에는 고객의 마음에 가치를 부가할 수 있는 플러스 요인을 기록한다.

③ MOT차트는 직원들이 각각의 중요한 MOT들을 성공적으로 수행하기 위한 방법을 찾는 데 도움이 된다.

👆 A/S센터 고객들에 대한 MOT차트 예시

플러스 요인	고객의 표준적인 기대치	마이너스 요인
• 담당자가 이야기를 잘 들어준다. • 담당자가 책임감을 갖고 대해 준다. • 담당자는 내가 처한 상황을 잘 이해하고, 무엇을 해야 할지 알고 있다.	• 한 번의 전화로 해결된다. • 전화로도 쉽게 이야기할 수 있다. • 담당자가 자세하게 설명해 준다. • 전화가 잘 연결된다. • 담당자가 오래 기다리게 하지 않고 대답해 준다.	• 담당자의 설명이 난해하다. • 전화가 잘 연결되지 않는다. • 녹음된 기계음만 듣게 되어 인간적인 기분을 느낄 수 없다. • 상대방의 전화 목소리가 잘 들리지 않는다.

(2) MOT차트의 분석 5단계 ★

1단계	서비스접점(MOT) 진단하기	고객이 처음 방문해서 나가는 순간까지의 모든 과정을 고객의 입장에서 생각해 본다.
2단계	서비스접점(MOT) 설계하기	고객 접점의 단위를 구분한다.
3단계	고객 접점 사이클 세분화하기	고객이 기업과 처음 접촉해서 서비스가 끝날 때까지 서비스 흐름에 따라 전체 과정을 그려 보는 방법이다.
4단계	나의 고객 접점 시나리오 만들기	MOT차트를 활용하여 각 접점마다 문제점과 개선점을 찾아 시나리오 차트를 구성한다.
5단계	일반적인 표준안에서 구체적인 서비스 표준안으로 행동하기	각 접점 단위별로 새로운 고객 접점 표준안을 만들고, 접점별 표준안대로 훈련하고 행동한다.

고객 유형별 상담 전략

★★★ 최빈출 ★★ 빈출 ★ 필수

출제 & 학습 포인트

출제포인트

5장 고객 유형별 상담 전략은 **파트1 서비스 세일즈 및 고객 상담 중 출제 빈도가 가장 높은 부분**으로 고객 유형별 특징과 그에 따른 상담 기법이 주로 출제됩니다.

학습포인트

1 고객 유형을 분류하고 각 고객의 특징을 바탕으로 유형별 상담 기법을 혼동되지 않도록 잘 구분하여 학습합니다.

2 고객 상담에 활용될 수 있는 다양한 화법의 의미와 특징을 잘 구분하여 학습합니다.

3 최근 DICS 유형별 상담 기법의 출제 빈도가 증가하므로 4개 유형의 특징을 구분하여 그에 따른 상담 기법을 학습합니다.

1 고객 유형별 특징 및 상담 기법

빈정거리는 고객 ★★★	특징	• 문제 자체에 집중하지 않고 **특정한 문구나 단어를 가지고 항의**하며, 국소적인 문제에 집착한다. • 강한 추궁이나 면박을 받으면 대답을 피한다.
	상담 기법	• 정중함을 잃지 않고 **의연하게 대처하는 것이 중요**하다. • 대화의 초점을 주제 방향으로 유도하여 해결에 접근할 수 있도록 한다. • 질문법을 활용하여 고객의 의도를 이끌어 내는 것이 좋다. • 감정 조절을 잘하여 고객의 의도에 휘말리지 않도록 주의한다.
우유부단한 고객 ★★★	특징	• 본인이 바라는 내용을 정확히 표현하지 않는다. • 자신을 위해 의사결정을 내려 주기 바란다.
	상담 기법	• **인내심을 가지고 천천히 응대**한다. • 고객의 의도를 표면화하기 위하여 적절한 질문을 하고 주의 깊게 들어 의도를 파악한다. • 보상 기준과 이점을 성실하게 설명하여 신뢰를 느낄 수 있도록 한다. • 몇 가지 선택 사항을 전달하고, 의사결정 과정을 잘 안내한다.
전문가적인 고객 ★★★	특징	자신이 가진 생각에 대한 고집을 꺾지 않으며 좀처럼 설득되지 않는다.
	상담 기법	• 고객의 말을 **경청하고 상대의 의견을 존중**한다. • 상대를 높여 주고 친밀감을 조성한다. • 대화 중 자존심을 건드리는 언행을 삼가야 한다. • 상담원의 전문성을 너무 강조하지 말고 문제 해결에 초점을 맞춘다. • 고객을 가르쳐 주는 식의 상담은 금물이다.

저돌적인 고객 ★★	특징	• 본인의 생각만이 유일한 답이라 믿고 계속 관철시키려고 한다. • 상대방의 말을 자르고 자신의 생각을 주장하며 분위기를 압도하려는 경향이 있다.
	상담 기법	• 침착함을 유지하고 자신감 있는 자세로 정중하게 응대한다. • 부드러운 분위기를 유지하며 정성스럽게 응대하되 음성에 웃음이 섞이지 않도록 유의한다. • 고객에게 흥분 상태를 인정하고 진정할 것을 요청하기보다는 고객 스스로 감정 조절을 하도록 유도한다. • 말하는 도중에 고객이 말을 끊으면 양보하고 고객이 충분히 말할 수 있도록 한다.
지나치게 사교적인 고객	특징	• 사교적이며 협조적인 고객이다. • 자신이 원하지 않는 상황에도 약속을 하여 상대방을 실망시키는 경우가 있다.
	상담 기법	• 맞장구를 잘 치는 사교적인 고객을 대할 때는 상대의 의도에 말려들 위험이 있으므로 기분에 사로잡히지 않도록 말을 절제한다. • 고객의 진의를 파악할 수 있도록 질문을 활용하고 고객의 다른 의도를 경계하여야 한다. • 남의 말을 잘 받아들이는 고객은 자기방어를 위한 말을 준비하고 있는 경우가 많으므로 내용을 잘 이해하고 있는지를 확인하며 대화한다. • 합의를 지연하고자 하는 고객의 의도를 경계한다.
같은 말을 장시간 되풀이하는 고객	특징	자아가 강하고 끈질긴 성격의 고객이다.
	상담 기법	• 고객의 말에 지나치게 동조하지 마라. • 고객의 항의 내용을 요약, 확인한 후 문제를 충분히 이해하였다는 것을 알리고 문제 해결에 확실한 결론을 내어 확신을 준다. • 회피하려는 인상을 주게 되면 부담이 가중될 수 있으므로 가능한 신속한 결단을 하는 것이 좋다.
불평을 늘어놓는 고객	특징	사사건건 트집과 불평을 늘어놓는 것을 즐기는 고객이다.
	상담 기법	• "옳습니다. 고객님께서는 예리하시군요.", "저도 그렇게 생각하고 있습니다." 라고 설득해 나가는 것이 좋다. • 인정한 후 차근차근 설명하여 이해를 시켜야 한다. • 회피를 하거나 즉각적인 반론으로 고객을 자극하지 말아야 한다.

2 DISC 유형별 상담 기법

주도형	• 명료하고 구체적으로 간략히 핵심만 제시한다. • 시간을 효율적으로 사용하여 목표와 결과를 먼저 언급함으로써 설득한다. • 의사 결정을 하기 위한 핵심적인 대안과 선택안을 제공한다.
사교형	• 친근감과 관계 형성의 시간을 확보하고, 흥미를 돋우는 의견을 나눈다. • 사람들에 관한 의견과 아이디어를 질문하고, 지나치게 세부 사항을 이야기하지 않는다. • 그들이 중요하고, 유명한 사람이라고 느끼게 계속적으로 관계를 유지하고, 격의 없이 친근하게 행동한다.
안정형	• 사적인 이야기는 간단히 언급하고 서로에게 관심을 가질 수 있는 시간을 충분히 갖는다. • 인간적으로 진정한 관심을 보이고, 진솔하고 개방적으로 공통점을 찾아 나간다. • 부드럽고 비위협적으로 이야기하면서 참을성 있게 개인적인 목표를 수립하고 성취하도록 한다.
신중형	• 미리 잘 준비하고 시간을 정확히 지키도록 한다. • 직접적, 직선적으로 접근하며, 일에 집중한다. • 논리적, 체계적으로 접근을 한다. • 구체적인 것들을 제시하고, 할 수 있다고 말한 것은 반드시 하도록 한다. • 고객이 정보를 처리할 시간을 충분히 갖게 한다.

3 고객 상황별 상담 기법

고객이 말이 없을 때	• 편안한 분위기를 조성한다. • 말수가 적어 고객의 의중을 파악하기가 어려우므로 바로 대답할 수 있는 선택형 질문으로 고객의 기호를 파악한다.
어린이를 동반했을 때 ★★	• 어린아이의 특징을 재빨리 파악하여 찬사를 보내는 것이 좋다. • 살짝 안아주거나 다독거리는 등의 재치가 필요하며 사탕이나 껌을 준비하는 것도 좋은 방법이다.
가격이 비싸다고 할 때	먼저 고객의 말을 인정하고 다른 제품과의 차이점을 설명하되 본 제품의 기능이 돋보이도록 한다.
동행이 있을 때 ★★	• 동행인도 응대의 범위로 포함하여 분위기를 살핀다. • 동행인에게도 상품의 설명이나 칭찬 등을 어필한다.
고객이 망설이고 있을 때	• 고의는 아니지만 계속 마음이 바뀌어 결정을 내리지 못하는 경우이므로 고객의 기호를 정확하게 파악하고 자신감 있게 권한다. • 선택할 때까지 침착하게 기다리는 것도 좋지만 고객의 기호를 파악해서 상품을 권하는 것도 효과적인 방법이다.
큰소리로 말할 때	• 자신의 목소리를 작게 낮추고 말을 천천히 이어감으로써 상대방이 자신의 목소리가 크다는 사실을 깨닫게 한다. • 계속 언성을 높일 경우, 장소를 바꾸면 대화가 잠시 중단되어 기분을 전환시키고 대화가 새롭게 시작되면서 목소리를 낮추는 효과를 거둘 수 있다.

4 고객 만족 화법 ★★

쿠션 화법	꺼내기 어려운 말을 하기에 앞서 미안함을 먼저 표현하는 화법 예 "죄송합니다만", "괜찮으시다면", "공교롭게도"
신뢰 화법	고객에게 신뢰감을 줄 수 있는 표현을 사용하는 화법으로 부드러운 화법을 30%, 정중한 화법을 70% 정도 사용
레이어드 화법	전하고자 하는 말을 의뢰나 질문 형식으로 바꾸어 전달하는 화법 예 "이렇게 하세요." ⇨ "이렇게 하시면 어떨까요?"
아론슨 화법	부정과 긍정의 내용 중 부정적 내용을 먼저 말하고 긍정적 언어로 마감하는 화법 예 "가격은 인상되었지만, 품질은 더 좋아졌습니다."
맞장구 화법	고객의 이야기를 관심 있게 들으면서 이야기에 반응해 주는 화법 예 "그렇습니까?", "정말 그렇군요.", 고개 끄덕이기 등
보상 화법	고객의 서비스 저항 요인을 다른 서비스 강점으로 보완하여 해소하는 화법 예 "가격이 비싼만큼 튼튼하고 재질이 좋죠?"
후광 화법	유명 인사나 긍정적인 자료를 제시하여 고객의 저항을 감소시키는 화법 예 "최근 ○○프로그램에서 ○○○박사가 효능에 대해서 …."
부메랑 화법	고객에게 지적받은 특성을 오히려 서비스의 장점 또는 특징이라고 주장하는 화법 예 "절차가 까다롭지만 그만큼 안전하게 관리할 수 있는 것이 장점입니다."
YA 화법 **(Yes-And 화법)**	상대방의 거절을 역이용하는 방식으로, 고객이 거절한 이유 때문에 이렇게 하셔야 한다고 반증하는 화법 예 고객 : "요즘은 안정된 수익이 나오는 상품이 별로 없는 것 같아요." 　　직원 : "바로 그렇기 때문에 이 상품을 권해 드리는 겁니다. 이 상품은 국내 우량주식에 …."
YB 화법 **(Yes-But 화법)**	일단 긍정하고 난 뒤 반대 의견을 제시하는 방법으로 고객의 의견을 경청하고 공감한 후 다른 의견을 제시하는 방식 예 고객 : "치료비가 비싸네요." 　　직원 : "네, 맞는 말씀입니다. 하지만 치료는 일반 제품과 달리 병원마다 많은 차이가 있습니다. 가격만 보시는 것보다 치료의 품질을 고려하시는 것이 …."

알아두기

소셜스타일(Social Style)
- 1960년대 초 산업심리학자인 데이비드 메릴과 로저 리드에 의해 밝혀진 개념
- 사람을 사회적 태도 경향에 따라 유형화하고 그 차이를 인식하는 것에 의해 대인관계의 향상을 꾀하고자 하는 사고방식
- 주도형, 표출형, 우호형, 분석형으로 분류

주도형	• 사고를 단언하는 경향이 강하고, 감정을 억제하는 경향이 강하다. • 자기결정권을 중요하게 생각하므로 스스로 의사결정할 수 있도록 시간을 준다.
표출형	• 사고를 단언하는 경향이 강하고, 감정을 표현하는 경향이 강하다. • 인정받는 욕구가 강하므로 자기표현 욕구를 충족시키고, 함께 아이디어를 개발한다.
우호형	• 사고를 질문하는 형태로 표현하는 경향이 강하고, 감정을 표현하는 경향이 강하다. • 안정성 있고 신뢰성 깊은 관계를 구축하므로 시간을 갖고 설득한다.
분석형	• 사고를 질문하는 형태로 표현하는 경향이 강하고, 감정을 억제하는 경향이 강하다. • 객관적인 자료를 선호하므로 분석적이고 구체적인 대안을 제시한다.

핵심 키워드 정리

서비스	• 고객 또는 이용자의 편익을 위한 노력이나 기능 • 물질적 재화 이외의 생산이나 소비에 관련한 모든 경제 활동
세일즈	설득력 있는 커뮤니케이션을 통해 상호 이익이 되는 계약을 성사시키는 일
서비스 세일즈	• 고객에게 유형의 상품뿐 아니라 무형의 상품인 친절, 관심, 정성 등의 서비스를 제공하면서 세일즈 토크를 통해 고객의 구매 의사 결정을 자극하는 것 • 고객이 상품을 사용하는 동안 지속적으로 만족감을 느끼게 하며, 고객충성도를 높이는 일
세일즈 엔지니어	판매 기술뿐 아니라, 상당한 수준의 전문적 상품 지식과 기술을 보유하고 있어, 고객에게 기술적 지도까지도 할 수 있는 판매원
세일즈 토크	서비스 세일즈맨이 상품을 팔기 위해 행하는 상담
세일즈 에이드	세일즈맨이나 점원이 행하는 판매 활동을 효과적으로 하기 위한 자료와 도구의 총칭
세일즈 포인트	판매 시 강조할 상품이나 서비스의 특징, 판매자 쪽에서 구매자 혹은 소비자에게 상품에 관해 강조하고 싶은 점
세일즈 프로모션	고객이 될 가능성이 있는 사람들에게 상품과 서비스에 대한 수요를 갖도록 하거나 그 욕구를 더욱 크고 강하게 부추기는 판매 촉진 활동
잠재 고객	• 상품과 서비스에 대한 정보를 얻기 위해 여러 가지 루트를 통해 접촉하여 관심은 표명했지만 그 관심을 구매 행동으로 옮기지 않은 사람 • 우리의 상품과 서비스에 관심을 가지고 있는 사람
옹호 고객	해당 기업의 상품과 서비스에 대해 가장 충성도가 높은 사람들
반론 극복	서비스 세일즈 판매 7단계 프로세스에서 고객의 이견에 대해 설득하는 단계
Follow-up	서비스 세일즈 판매 7단계 프로세스에서 상담 및 구매 고객에 대한 지속적 관심과 연락을 통해 네트워크를 유지하고 고객과의 관계를 유지하는 단계
Rapport	• 친밀한 관계라는 뜻으로, 상호 간에 신뢰하며, 감정적으로 친근감을 느끼는 인간 관계 • 고객과의 첫 만남에서 친근감과 공감대를 형성하는 것
와우 팩터	고객을 흥분시키는 요소라는 뜻으로, 고객으로부터 "와우"라는 반응을 이끌어 낼 수 있는 요소
FABE 화법	고객에게 상품에 대한 설명을 할 때 상품의 특징, 장점, 이익, 증거를 들어 설명하는 기법

존 굿맨의 제3법칙	불만 고객이 직원의 대응에 대해 충분히 만족했을 경우에는 오히려 불만이 나타나지 않았던 때보다 재방문율 또는 재구매율이 올라간다는 법칙
파레토 법칙	• 핵심적인 20%의 요소가 원인의 80%를 차지한다는 법칙 • 전체 서비스의 20%에 해당하는 서비스 상품이 총 매출의 80%를 차지한다는 법칙
롱테일 법칙	• 하위 80%의 요소가 상위 20%의 요소보다 더 큰 비중을 차지한다는 법칙 • 매력적이지 않은 80%의 서비스 상품이 총 매출의 50%를 넘게 차지한다는 법칙 • 역파레토 법칙이라고도 불림.
항공사 상용고객 우대 프로그램	상용고객에게 항공사 및 제휴사 이용에 대한 사은의 뜻으로 무상으로 마일리지를 적립하고, 항공기의 여유 좌석을 이용하여 보너스 항공권 및 좌석 승급 등의 혜택을 제공하는 프로그램
관계세일즈	가망 고객을 발굴하여 고객의 문제를 해결함으로써 고객과 좋은 관계를 장기적으로 유지하는 것에 초점을 맞추는 새로운 세일즈 방식
서비스접점에서 고객의 행동	서비스 성공을 위해서는 고객관여행동이 중요함. 고객의 행동은 협력행동, 회피행동, 시민행동, 반생산행동으로 나뉘어짐.
고객역할에 대한 인식변화	고객을 수동적 수혜자로 인식하던 전통적 관점에서 인식이 변화되어 고객을 생산의 한 요소로 인식하여 준직원, 인적자원, 혁신촉진자로 보고 있음.
MOT	기업의 운명을 결정짓는 가장 소중한 순간이며 고객의 불만을 초래해서는 안 되는 순간으로, 현장에서 고객과 접하는 최초의 15초를 의미
MOT사이클	고객이 서비스를 받는 과정에서 경험하는 사건의 연속적인 연결로, 서비스 프로세스상에 나타나는 일련의 MOT들을 보여 주는 시계 모양의 도표
곱셈의 법칙	• MOT법칙 중에 하나로, 서비스의 전체 만족도는 MOT 각각의 만족도의 합이 아니라 곱에 의해 결정됨. • 각 서비스 항목의 점수를 처음부터 우수하게 받았더라도, 어느 한 항목에서 0점을 받았다면 그 결과는 0으로 형편없는 서비스가 됨.
통나무 물통의 법칙	통나무 조각으로 만든 통나무 물통은 여러 조각의 나뭇조각을 묶어서 만들었기 때문에 어느 한 조각이 깨지거나 낮으면 그 낮은 높이만큼만 물이 담기는 최소율의 법칙이 적용됨. 다시 말해, 고객은 가장 나빴던 서비스를 유독 잘 기억함.
깨진 유리창 이론	고객이 겪은 한 번의 불쾌한 경험, 한 명의 불친절한 직원, 정리가 되지 않은 매장, 말뿐인 약속 등 기업의 사소한 실수가 결국은 기업의 앞날을 뒤흔든다는 개념의 법칙
쿠션 화법	꺼내기 어려운 말을 하기에 앞서 미안함을 먼저 표현하는 화법
신뢰 화법	고객에게 신뢰감을 줄 수 있는 표현을 사용하는 화법으로 부드러운 화법을 30%, 정중한 화법을 70% 정도 사용

레이어드 화법	전하고자 하는 말을 의뢰나 질문 형식으로 바꾸어 전달하는 화법
아론슨 화법	부정과 긍정의 내용 중 부정적 내용을 먼저 말하고 긍정적 언어로 마감하는 화법
맞장구 화법	고객의 이야기를 관심 있게 들으면서 이야기에 반응해 주는 화법
보상 화법	고객의 서비스 저항 요인을 다른 서비스 강점으로 보완하여 해소하는 화법
후광 화법	유명 인사나 긍정적인 자료를 제시하여 고객의 저항을 감소시키는 화법
부메랑 화법	고객에게 지적받은 특성을 오히려 서비스의 장점 또는 특징이라고 주장하는 화법
YA 화법	상대방의 거절을 역이용하는 방식으로, 고객이 거절한 이유 때문에 이렇게 하셔야 한다고 반증하는 화법
YB 화법	일단 긍정하고 난 뒤 반대 의견을 제시하는 방법으로 고객의 의견을 경청하고 공감한 후 다른 의견을 제시하는 방식

실전 예상 문제 TEST

일반형

01 다음에서 설명하는 서비스의 특성은 무엇인가?

> 서비스는 고객과 마주보고 표현하는 즉시 고객에게 영향을 미치고, 고객이 서비스 공급
> 에 참여하는 경우가 많다. 이로 인해 사전에 품질을 통제하기 어렵고 대량생산체제를 구
> 축하기도 어렵다.

① 무형성　　　　　　　　　　　② 이질성
③ 소멸성　　　　　　　　　　　④ 비분리성
⑤ 측정 곤란성

02 다음 중 상황별 고객 상담 기법에 대한 설명으로 적절하지 않은 것은?

① 고객이 말이 없을 때는 편안한 분위기를 조성한다.
② 동행인에게도 상품의 설명이나 칭찬 등을 어필한다.
③ 가격이 비싸다고 할 때는 먼저 고객의 말을 인정하고 할인 정책을 설명한다.
④ 고객이 망설이고 있을 때는 고객의 기호를 정확하게 파악하고 자신감 있게 권한다.
⑤ 어린이를 동반했을 때는 어린아이의 특징을 재빨리 파악하여 칭찬을 하는 것이 좋다.

03 전문가적인 고객과의 상담 시 가장 적절한 기법은?

① 정중함을 잃지 않고 냉정하고 의연하게 대처한다.
② 합의를 지연하고자 하는 고객의 의도를 경계한다.
③ 감정 조절을 잘하여 고객의 의도에 휘말리지 않도록 주의한다.
④ 대화 중에 반론을 제기하거나 자존심을 건드리는 행위는 금기 사항이다.
⑤ 시기적절한 질문을 해 고객이 자신의 생각을 솔직히 드러낼 수 있도록 도와준다.

04 영업 상담에 있어서 고객에게 적절한 질문을 하는 것이 중요한데, 고객이 의견이나 느낌을 좀 더 자유롭게 말하게 하기에 적합하며 상담 초기에 많이 사용할 만한 질문 유형은?

① 개방형 질문
② 폐쇄형 질문
③ 양극단 테스트
④ 정성적 질문
⑤ 정량적 질문

05 MOT를 개선하기 위하여 서비스직원이 인지하고 있어야 하는 상황으로 적절하지 않은 것은?

① 서비스제공 과정에 존재하는 고객과의 서비스접점을 이해한다.
② 서비스제공자와의 접점 이후만이 MOT프로세스 개선 대상이다.
③ 서비스전달시스템이나 내용을 고객의 입장에서 이해해야 한다.
④ 최대한 고객의 요구와 특성에 맞추어 맞춤 서비스를 제공한다.
⑤ 재방문 고객의 경우 확보된 고객 정보를 공유하고 활용한다.

06 서비스 세일즈의 특징으로 적절하지 않은 것은?

① 서비스 세일즈의 핵심은 서비스 직원이다.
② 직원에 투자하는 것이 상품 개발과 같은 것이다.
③ 서비스 직원은 고객의 판매 촉진 수단이 될 수도 있다.
④ 서비스 직원은 서비스라는 상품을 바로 생산해 내기도 한다.
⑤ 서비스 세일즈는 판매 전 활동과 판매 시의 활동까지만 포함한다.

07 다양한 소셜스타일(Social Style)의 고객 유형 중에서 주도형 고객을 대상으로 영업을 할 때 특별히 염두에 두면 좋은 것은?

① 독특한 서비스를 제안한다.
② 검증된 서비스를 제안한다.
③ 다양한 근거 자료를 제시한다.
④ 다른 사람들의 구매 사례를 소개한다.
⑤ 의사 결정을 할 수 있도록 시간을 준다.

08 다음 중 관계세일즈에 성공하는 방법으로 가장 적절하지 않은 것은?

① 관계의 씨앗을 뿌리는 기술을 쉽고 당연하게 받아들이지 않는다.
② 세일즈 현장이 아닌 다른 곳에서까지 나서서 고객을 도우려 하지 않는다.
③ 시간을 들여 동료들과 함께 고객관계를 개선하는 법에 대해 진지하게 논의한다.
④ 관계의 씨앗을 뿌리는 최고의 실전 기술을 찾아내고 그것을 실행해 다른 서비스 세일즈맨들의 멘토가 된다.
⑤ 접촉을 이용해 관계를 형성할 때 비즈니스 접촉이 아닌 개인적이고 인간적으로 접촉한다.

09 최고의 서비스를 실천하게 해 주는 방법으로 가장 적절하지 않은 것은?

① 세일즈맨 스스로 고객 서비스 수준을 정한다.
② 거래 전, 도중, 이후까지 항상 고객을 탐색한다.
③ 고객의 기대 이상으로 많이 약속하고 많이 제공한다.
④ 서비스의 기준을 공식 문서로 작성하여 고객과 공유한다.
⑤ 고객에게 정당한 서비스를 제공할 수 없다면 그 고객과의 비즈니스를 포기한다.

10 다음 중 우유부단한 고객일 경우 상담 기법으로 가장 적절한 것은?

① 상담원의 전문성을 너무 강조하지 말고 문제 해결에 초점을 맞춘다.
② 인내심을 가지고 천천히 응대한다.
③ 감정 조절을 잘하여 고객의 의도에 휘말리지 않도록 주의한다.
④ 질문법을 사용하여 고객으로 하여금 사실을 말하도록 유도한다.
⑤ 내용을 잘 이해하고 있는지 확인하며 대화한다.

11 다음은 MOT의 중요성에 대한 설명이다. (   ) 안에 들어갈 법칙은 무엇인가?

> 진실의 순간은 서비스 전체에서 고객과 만나는 모든 순간순간들을 의미하며, 어느 한순간이 나빠도 고객을 잃게 되는 (   )이 적용된다.

① 덧셈의 법칙　　　　　　　　② 뺄셈의 법칙
③ 곱셈의 법칙　　　　　　　　④ 나눗셈의 법칙
⑤ 제로섬의 법칙

12 MOT 사이클 차트 분석의 5단계에서 제3단계에 해당하는 것은?

① 서비스접점(MOT) 설계하기
② 서비스접점(MOT) 진단하기
③ 일반적인 표준안에서 구체적인 서비스 표준안으로 행동하기
④ 고객 접점 사이클 세분화하기
⑤ 나의 고객 접점 시나리오 만들기

13 다음은 서비스 세일즈의 기능에 대한 설명이다. 가장 적절하지 않은 것은?

① 기업의 상품을 서비스로 포장하여 고객에게 전달하는 것이다.
② 다양한 정보를 고객의 욕구에 맞춰 제공하기 때문에 고객을 쉽게 창출해 낼 수 있다.
③ 기존고객과의 신뢰 관계보다는 신규고객을 개척하는 판매 활동이 중요하다.
④ 기업에 대한 브랜드가 새롭게 제고되고 향상될 수 있는 기회를 제공할 수 있다.
⑤ 개별화된 서비스 상품의 제공은 고객에게 가치를 증대시켜 기업의 상품 판매를 위한 촉진 비용을 절약할 수 있다.

14 서비스 세일즈 관점에서 바라봤을 때 '제품'과 구별되는 '서비스'의 특질로서 가장 적절한 것은?

① 서비스는 시간적인 비소멸성을 갖는다.
② 서비스는 제품과 다르게 소유권의 이전을 한다.
③ 서비스는 경험 전에 확인하여 품질을 평가할 수 있다.
④ 서비스는 생산과 소비가 같은 시기에 이루어진다.
⑤ 서비스는 수요변동이 시스템에 직접적으로 영향을 미치지 않는 폐쇄 시스템으로 운영된다.

15 서비스 세일즈와 관련된 용어의 설명으로 맞지 않는 것은?

① 세일즈(Sales) : 설득력 있는 커뮤니케이션을 통해 상호 이익이 되는 계약을 성사시키는 일
② 서비스(Service) : 다른 사람을 위해 도움을 주거나 배려를 해 주는 행위
③ 세일즈 토크(Sales Talk) : 서비스 세일즈맨이 상품을 팔기 위해 행하는 상담
④ 세일즈 에이드(Sales Aids) : 세일즈맨의 판매 활동에 도움을 주는 지원 부서
⑤ 세일즈맨(Salesman) : 물품 또는 용역을 고객에게 직접 판매하는 판매원

16 고객을 진심으로 이해하고 존중하기 위해 필요한 서비스 세일즈 기법으로 가장 적절한 것은?

① 서비스 세일즈 시 호감 가는 이미지는 중요하지 않다.
② 판매를 보장받지 못할 때는 서비스 세일즈를 종료한다.
③ 고객이 서비스 세일즈맨보다 더 많이 알고 있다고 생각한다.
④ 듣는 것보다 말을 많이 하여 설득하도록 한다.
⑤ 자신의 상품이나 서비스에 믿음을 갖고 자신 있게 말해야 한다.

17 브랜드 로열티를 형성하거나 기업의 긍정적인 이미지를 형성하기 위해 개발된 단골 고객 프로그램(frequent customer programs)의 특징으로 가장 적절한 것은?

① 일정한 기간 동안 소수의 구매를 한 경우에 제공된다.
② 구매에 대해서 포인트를 누적하는 공식적인 수단은 불필요하다.
③ 표준화된 보상 절차가 없다.
④ 보상은 일정 포인트가 누적되었을 때 추가적 서비스제공, 가격 할인, 현금 보상 등으로 제공된다.
⑤ 단기적인 판촉 수단에 불과하다.

18 다음 중 서비스 세일즈 6단계에서 '고객 파악' 단계에서 해야 할 서비스 세일즈에 대한 내용으로 가장 적절한 것은?

① 성공적인 입소문 판매의 원동력은 직원과 인맥이 서로 돕는 것이다.
② 나의 메시지를 전달해 줄 인맥을 찾는다.
③ 인맥들이 우리의 강점을 알고 있는지 확인한다.
④ 구매할 의향은 있지만 우리를 알지 못하는 사람들을 먼저 정의한다.
⑤ 긍정적인 세일즈 메시지를 적절한 타이밍에 잠재 고객에게 전달한다.

19 고객을 결과 지향의 '주도형', 인간 지향의 '사교형', 수용 지향의 '안정형', 사실 지향의 '신중형'으로 나눈다고 하자. 이 중 신중형 고객과의 상담에 임하는 커뮤니케이션 관계 형성 전략으로 가장 적절한 것은?

① 사적(私的)인 이야기를 자주 하는 시간을 확보한다.
② 고객이 원하는 결과에 초점을 맞춘다.
③ 고객이 정보를 처리할 시간을 충분히 갖게 한다.
④ 감정이 섞인 호의적인 어투를 사용하는 것에 주력한다.
⑤ 결론부터 말하고 고객의 빠른 답변을 요구한다.

20 고객의 생각을 바꾸기 위한 방법으로 적절하지 않은 것은?

① 고객을 만족시킬 수 있는 창조적 대안을 제시한다.
② 고객의 결정 기준을 조사해 그 이면에 있는 것을 밝혀낸다.
③ 고객의 중요 기준 충족 시 오는 제한이나 불이익을 설명한다.
④ 고객의 중요한 기준을 충족시키기 어려울 때는 그 기준이 중요하지 않다고 설득한다.
⑤ 고객이 중요하게 생각하는 기준의 중요성을 부각시켜 가격보다 핵심적인 기준으로 만든다.

21 고객과의 올바른 상담 원칙에 해당하지 않는 것은?

① 고객의 말을 끝까지 듣고 경청한다.
② 중요 포인트마다 간단히 메모하고 반복하여 확인한다.
③ 고객의 주장에 자신의 입장을 논리적으로 설명하면서 명확히 한다.
④ 상담 중에 수시로 칭찬과 공감을 함으로써 고객을 신명나게 만든다.
⑤ 감정적인 말에도 미소로 응대하며 고객이 원하는 것이 무엇인지 파악한다.

22 다음은 서비스 세일즈 단계에 대한 설명이다. 7단계 프로세스 중 어떤 단계에 해당하는가?

> 고객의 말씀에 귀 기울여 경청하고, 고객에 대한 정보와 마음을 알기 위해 최적화된 질문을 해야 한다.

① Prospecting　　② Approaching　　③ Needs 파악
④ Presentation　　⑤ Closing

23 MOT차트는 표준 기대와 플러스 요인, 마이너스 요인으로 이루어진다. 다음과 같은 표준 기대에 따라 MOT차트의 왼쪽 칸에 기록할 내용으로 맞는 것은?

> • 한 번의 전화로 해결된다.
> • 담당자가 친절하게 응대한다.
> • 전화가 잘 연결된다.

① 담당자가 정형화된 질문 목록을 그대로 읽는다.
② 담당자가 문제 예방 방법을 설명해 준다.
③ 담당자가 누구인지 모르겠다.
④ 담당자가 급하게 서두르면서 들으려고 하지 않는다.
⑤ 담당자가 전문 용어를 사용하여 전문성을 드러낸다.

24 고객 설득을 위한 FABE 화법에서 Advantage에 대한 설명으로 적절한 것은?

① 고객님, 이 상품은 대표적인 자산운용사에서 운용하는 실적배당형 상품입니다.

② 고객님, 이 상품은 실적이 좋은 실력 있는 자산운용사의 상품이라, 안심이 되실 겁니다.

③ 고객님, 이제까지 수익률이 보시는 바와 같이(수익률 표 제시) 높은 상품입니다.

④ 고객님, 이 상품은 우량 주식 위주로 운용되어 수익성이 높고, 소득공제 혜택이 있습니다.

⑤ 고객님, 매월 장기 투자하시면 투자 위험은 줄이면서 높은 수익을 기대할 수 있습니다.

25 다음 중 서비스 세일즈의 이메일 영업 전략을 설명한 것으로 적절하지 않은 것은?

① 정보와 링크를 활용하여 고객에게 도움을 제공한다.

② 사업을 시작하는 회사라면 '업계 선두주자'라는 식의 문구를 자주 사용해야 한다.

③ 자화자찬보다 정보를 제공한다.

④ 내용의 80%는 업계 동향, 분석 자료, 백서 등으로 채운다.

⑤ 개인적인 느낌을 주는 메일이 되도록 한다.

26 서비스접점 관리의 중요성에 대한 설명으로 적합하지 않은 것은?

① 서비스기업의 거대화로 서비스접점에 대한 효과성이 경영 성과에 많은 영향을 준다.

② 서비스접점의 복잡성이 높아졌다.

③ 고객 요구의 다양화로 서비스접점의 기능적 다양화가 요구된다.

④ 서비스접점이 고객 인식과 경험에 미치는 영향이 크다.

⑤ 서비스접점은 고객 갈등이 일어나는 곳이다.

27 서비스접점의 특징에 대한 설명으로 적합하지 않은 것은?

① 서비스접점은 다양한 목적을 지니고 있다.

② 서비스접점은 일방적 관계이다.

③ 서비스접점은 역할 성과이다.

④ 서비스접점은 이타주의가 아니다.

⑤ 서비스접점은 범위가 제한적이다.

28 기술기반서비스접점이 기업과 고객에게 주는 혜택(장점)과 해결해야 할 문제에 대한 설명으로 적합하지 않은 것은?

① 직원숙련도에 따른 서비스의 비일관성 문제를 해결할 수 있다.
② 최신 기술의 적용에 따른 기업 이미지 향상의 효과가 있다.
③ 기술기반서비스접점에 대한 고객들의 반응이 서비스 패러독스를 해결해 준다.
④ 고객들의 시간적 · 공간적 접근성이 향상된다.
⑤ 고객이 새로운 기술을 학습해야 하는 문제가 발생한다.

29 고객관여행동에 대한 설명으로 적합하지 못한 것은?

① 협력행동 − 서비스성공을 위해 고객이 수행해야 할 역할을 적극적이고 능동적으로 수행함.
② 회피행동 − 서비스성공에 필요한 고객역할과 책임행동에 대해 태만
③ 시민행동 − 고객역할에 충실한 행동만 수행하고 다른 고객에게는 관심을 두지 않음.
④ 반생산행동 − 서비스제공자에게 욕설, 폭행 등과 같은 불법적 행동
⑤ 반생산행동 − 반생산행동은 역할 외 행동으로 대인적, 대물적 반생산이 있음.

30 서비스의 성공을 위해서 고객관여행동은 중요하다. 고객은 서비스 생산과 전달과정에서 자신이 수행해야 할 역할에 대해 인지하고 있어야 한다. 다음 중 고객 역할 내에서의 역기능적 행동은?

① 회피행동   ② 협력행동
③ 시민행동   ④ 반생산행동
⑤ 관여행동

31 셀프서비스 기술에 대한 불만족 요인에 대한 설명으로 적합하지 못한 것은?

① 셀프서비스 기술이 대인서비스보다 더 나은 대안으로 인식될 경우 불쾌감을 느낌.
② 약속한 대로 작동하지 않는 경우
③ 과정의 실패
④ 조잡한 설계
⑤ 고객의 실패

32 서비스접점 관리에서 고객의 역할 변화에 대한 인식 변화로 적합하지 않은 설명은?

① 고객은 기업의 준직원으로 간주된다.
② 고객은 서비스 혁신의 촉진자이다.
③ 서비스에서 고객 측의 실패 요인은 고객학습지원시스템으로 극복할 필요가 있다.
④ 고객은 서비스 생산의 한 요소이며 생산성의 원천이다.
⑤ 고객은 서비스의 수동적 수혜자이다.

33 고객관여를 증대시키는 방안으로 적합하지 못한 것은?

① 고객의 역할과 필요한 기술을 명확히 한다.
② 고객세분화와 서비스세분화를 한다.
③ 고객역할을 파악하기 위한 역할 분석을 한다.
④ 고객역할을 수행할 수 있는 역량에 대한 학습을 지원한다.
⑤ 고객관여에 대한 과도한 보상을 한다.

O / X 형

[34~41] 다음 문항을 읽고 옳고(O), 그름(X)을 선택하시오.

34 서비스의 가장 민감한 현장인 MOT에서는 곱셈의 법칙이 적용되지 않는다. (① ○　② ×)

35 서비스 세일즈는 생산 현장과 고객을 서비스로 연결하는 일로, 접점의 서비스 직원이 상품 그 자체가 될 수 있다. (① ○　② ×)

36 21세기 3차 산업 중심의 현대 사회에서는 상품 설명을 통해서 판매 제안을 하는 것에 중점을 두고 있다. (① ○　② ×)

37 고객을 설득하는 FABE 화법은 고객에게 상품을 설명할 때 상품의 특징, 장점, 단점, 이익을 들어 설명하는 기법이다. (① ○　② ×)

38 상담 시 동행이 있는 경우 동행인도 응대의 범위로 포함하여 상품의 설명이나 칭찬 등을 어필 한다. (① ○　② ×)

39 서비스접점에서 인적요소는 기능적 요소와 인간관계적 요소를 포함한다. (① ○ ② ×)

40 고객은 서비스의 성공에 공동의 책임과 역할을 수행한다고 인식하며, 직원과 마찬가지로 일정 역할을 수행하므로 준직원으로 인식된다. (① ○ ② ×)

41 서비스접점에서 고객이 서비스제공자의 지시와 요구에 올바른 반응을 하지 않고 수동적인 태도를 보이거나 자발적 기여를 하지 않는 등의 행동을 반생산행동이라 한다. (① ○ ② ×)

연결형

[42~46] 다음 보기 중에서 각각의 설명과 같은 응대를 해야 하는 고객의 유형을 골라 넣으시오.

① 빈정거리는 고객	② 우유부단한 고객
③ 전문가적인 고객	④ 같은 말을 되풀이하는 고객
⑤ 저돌적인 고객	

42 정중함을 잃지 않고 냉정하고 의연하게 대처해야 하며, 질문을 활용하여 고객의 의도를 이끌어 내야 한다. (   )

43 대화 중에 자존심을 건드리는 언행을 조심하고 상대를 높여 줘야 한다. (   )

44 고객의 말에 지나치게 동조하지 말고, 고객의 말을 요약, 확인한 후 문제를 충분히 이해했다는 것을 알린다. (   )

45 부드러운 분위기를 유지하며 정성스럽게 응대하되 음성에 웃음이 섞이지 않도록 조심한다. (   )

46 인내심을 갖고 천천히 응대하고, 고객이 신뢰감을 느낄 수 있도록 성실하게 응대한다. (   )

사례형

47 다음 대화는 세일즈맨이 고객에게 전화를 걸어 방문 약속을 잡으려 했으나 실패한 대표적인 사례이다. 다음 보기 중 실패할 가능성이 높은 직원의 응대는 무엇인가?

세일즈맨 : 김 대리님, 안녕하십니까? 전화로 인사드려 죄송합니다. 저는 ○○엔지니어링 박춘식 대리라고 합니다. 신제품을 가지고 귀사를 방문하려는데 오늘 시간이 되시겠습니까?

고객 : 죄송합니다만, 오늘은 시간이 안 되겠는데요.

세일즈맨 : 그래도 꼭 찾아 뵙고 저희 제품을 소개하고 싶은데요.

고객 : 오늘 선약도 있고 회의도 있어서 도저히 불가능합니다.

세일즈맨 : 그럼 언제 찾아뵙는 것이 좋겠습니까?

고객 : 쉽게 시간이 나지 않아 약속하기가 어렵겠습니다. 귀사 제품을 소개하길 원하신다면 카탈로그나 제안서를 우편으로 보내주시기 바랍니다.

세일즈맨 : 아, 알겠습니다. 그렇게 하겠습니다. 감사합니다.

① 세일즈맨이 분명하고 자신에 찬 어조로 고객을 주도하고 이끌어야 한다.
② 약속 시간은 세일즈맨이 정하되 시간 단위보다 분 단위로 제안해야 한다.
③ 신제품이 고객사에 어떤 이익과 혜택을 줄 수 있는지 간단히 소개해야 한다.
④ 정확한 설명을 위해 직접 찾아뵙고 카탈로그나 제안서를 전하는 것이 좋다고 설득한다.
⑤ 고객이 편한 시간에 약속을 정하고 고객의 입장에 무조건 따라야 한다.

48 다음은 컴퓨터 세일즈맨이 신규 거래처를 공략하기 위하여 노력한 사례다. 이 사례는 서비스 세일즈 단계별 상담 전략의 어느 단계에 해당되는가?

> 대기업 A사에서 사용 중인 컴퓨터를 1년 후에 대대적으로 교체할 것이라는 첩보를 입수한 컴퓨터 세일즈맨인 김 과장은 가슴이 뛰기 시작했다. 예상 물량을 대략 추정해 보니 자신의 연간 판매 목표량에 이르는 엄청난 양이었다. 그는 A사의 구매팀장이 어떤 사람이고, 특히 그가 가장 좋아하는 운동이 무엇인가를 파악했다. 구매팀장은 학생 때부터 볼링을 쳤고 지금도 시간만 나면 볼링을 즐기고 있었다. 김 과장은 초보 수준의 볼링 실력을 가지고 있었지만 몇 주간 틈틈이 노력하여 실력을 키웠다. 컴퓨터 제안 상담을 본격적으로 하기 전에 구매팀장에게 넌지시 즐기시는 운동이 있는지 여쭤보니 예상대로 볼링이라는 답변이 돌아왔다. 김 과장은 "저도 볼링을 무척 즐기는데 시간 되시면 언제 저와 게임 한 번 하시죠?"라고 말했다. 이렇게 해서 첫 게임이 시작되었고, 그날 이후 두 사람의 관계는 돈독해졌다.

① Needs 파악
② Closing(상담 마무리)
③ Approaching(고객 접근)
④ Presentation(상품 설명)
⑤ Prospecting(잠재 고객 발굴)

49 다음 질문 사례를 통하여 적합한 질문 유형을 고르면?

> (가) 상품 특징에 대한 효과는 어느 정도입니까?
> 저희 제품의 성능이 어떠했는지 말씀해 주시겠어요?
> (나) 현재 마음에 들지 않으시는 부분은 어떤 것입니까?
> 현재 사용하고 계신 컴퓨터에 대한 문제점을 질문해도 되겠습니까?
> (다) 그 문제로 인해 향후 예상되는 손실은 얼마나 될까요?
> 시스템 안정이 품질 상승뿐만 아니라 원가 절감에도 도움이 되겠지요?
> (라) 시스템 효율을 증가시킨다면 생산과 품질에는 어떤 영향을 줄까요?

	(가)	(나)	(다)	(라)
①	상황 질문	문제 질문	해결 질문	확대 질문
②	문제 질문	상황 질문	확대 질문	해결 질문
③	상황 질문	문제 질문	확대 질문	해결 질문
④	확대 질문	해결 질문	문제 질문	상황 질문
⑤	해결 질문	확대 질문	상황 질문	문제 질문

[50~51] 다음은 '저돌적인 고객'이 변호사 사무실에 전화하여 사무장과 통화하는 상황이다. 다음을 읽고 문제에 답하시오.

고객 : 변호사님과 상담하고 싶습니다.

사무장 : 죄송합니다만, 변호사님은 재판 준비 때문에 바쁘셔서 전화 상담까지 일일이 하실 수가 없습니다.

고객 : (짜증나는 말투로) 그럼 누구와 상담해야 합니까?

사무장 : 사무장인 저와 상담하시면 됩니다. 고객님께서 알고 싶으신 법률적인 정보를 저도 얼마든지 제공해 드릴 수 있습니다.

고객 : 그래도 저는 사무장님이 아니라 변호사님과 직접 상담하고 싶은데요. 사무장님을 못 믿어서가 아니라, 제가 전에 변호사가 아닌 다른 분하고 상담하고 소송을 진행하다가 낭패를 본 경험이 있어서 그렇습니다.

사무장 : 그렇다면 저희 사무실을 한 번 방문해 주시겠습니까?

고객 : (약간 흥분된 어조로) 기분이 좀 나쁘네요. 변호사 사무실이 여기만 있는 것도 아닌데, 왜 그렇게 까다롭습니까?

50 다음 중 위 상황에서 사무장의 고객 응대 방법으로 적절하지 않은 것은?

① 고객이 충분히 말할 수 있도록 기회를 준다.
② 부드러운 분위기를 유지하며 정성스럽게 응대한다.
③ 침착함을 유지하고 자신감 있는 자세로 정중하게 응대한다.
④ 고객이 흥분된 감정 상태를 스스로 조절할 수 있도록 유도한다.
⑤ 자신의 법률적 지식이 부족하지 않다는 사례를 선보이며 고객이 신뢰할 수 있도록 유도한다.

51 고객의 행동 유형을 파악하여 응대하는 것이 효과적인 커뮤니케이션이다. 다음 중 위 사례에서 고객의 행동 유형 파악에 대한 설명으로 적절하지 않은 것은?

① 고객의 다양한 표정과 목소리로 감정의 표현 정도를 알 수 있고 고객의 표현 정도에 맞게 응대한다.

② 말씨가 거칠고 말하는 경향이 강한 고객은 자기주장의 표현이 강한 유형으로 고객이 충분히 말할 수 있도록 한다.

③ 말이 적고 천천히 말하는 고객은 자기주장의 표현이 약한 유형으로 적절한 질문으로 고객의 의도를 이끌어 내야 한다.

④ 목소리가 일정하고 얼굴에 감정이 잘 나타나지 않는 고객은 여유를 갖고 고객의 말을 주의 깊게 들어 의도를 파악해야 한다.

⑤ 행동이 민첩하고 빨리 말하는 고객은 정확한 업무 처리를 위해 좀 더 천천히 여러 번 설명하고 확인한다.

[52~53] 다음 사례를 읽고 문제에 답하시오.

> 서비스는 (A) _____이라는 특성 때문에 고객들이 서비스 과정(Process)에 참여하게 되며, 동시에 독특한 역할을 하게 된다. 즉, 제조업을 예로 들면 고객이 '공장' 안에서 종업원이나 다른 고객들과 접촉하며 자신이나 다른 고객들을 위한 서비스 생산에 기여하는 것이다.
>
> 서비스 전달과정에서 고객의 중요성은 연극 공연이나 가수들의 콘서트, 스포츠 경기에서 잘 나타난다. 관객은 희곡, 배우와 함께 연극을 구성하는 3대 요소이다. 아무리 멋진 희곡과 배우가 있더라도 관객이 없으면 연극은 존재할 수 없는 것이다. 연극배우들은 자신과 같이 생각하고 느끼는 관객들과 함께 호흡할 때 연기에 더욱 몰입할 수 있으며, 그렇게 함으로써 관객들은 카타르시스를 느낄 수 있다.
>
> (B) 만일 진지하고 엄숙한 연극 상황에서 아이가 울거나 누군가는 휴대전화를 받는다면 다른 관객은 물론이거니와 연기를 하는 배우들도 흥이 깨져버릴 것이다.

52 다음 다양한 서비스의 특성들 중 밑줄 친 (A) 부분에 들어갈 특성은?

① 무형성　　　　　　　　　　② 이질성
③ 소멸성　　　　　　　　　　④ 다양성
⑤ 비분리성

53 밑줄 친 (B)는 아래에 제시된 고객 참여에 대한 여러 가지 관리방안들 중 어떤 방안에서 오류가 발생하였나?

① 효과적인 방안
② 고객 믹스 관리
③ 고객의 과업 정의
④ 올바른 고객의 유치
⑤ 고객에 대한 적절한 교육

고객관계관리

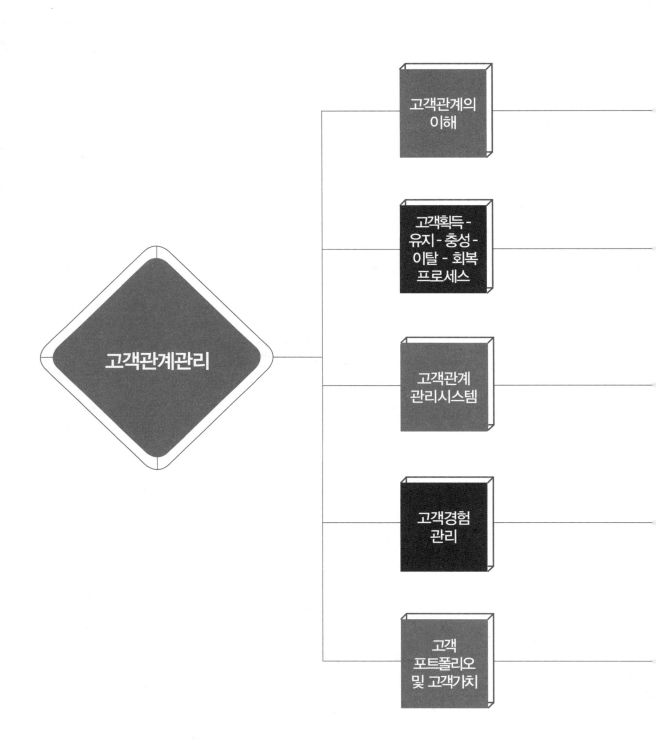

고객관계의 이해

장기적이고 지속적인 고객관계의 이해 ——— 장기적이고 밀접한 고객관계의 이점 ★★★

서비스접점에서 교환관계 ——— 경제적 교환관계 ★
——— 사회적 교환관계 ★

서비스접점에서의 파워관계 ——— 파워의 유형 ★

고객획득 ——— 구매사이클 ★★

고객유지 ——— 고객유지 전략 ★

충성고객 ——— 고객관계에 따른 충성고객 분류 ★
——— 브랜드 충성도에 따른 고객 분류 ★★

CRM의 핵심 개념 ★★
마케팅의 변화 ★★
고객관계관리의 개념 ——— CRM의 필요성 ★★
성공적인 CRM 전략 ★★★
e-CRM ——— CRM 실행의 성공요인과 실패요인 ★★★

서비스경제에서 경험경제로의 진화

고객경험관리의 목적 ★★
고객경험관리 ——— 고객경험관리의 필요성 ★
슈미트의 5가지 경험 요인 ★★

고객포트폴리오 ——— 고객포트폴리오 관리 방법 ★
——— 디마케팅 ★★

고객가치의 이해 ——— 고객가치의 특성 ★

고객가치의 측정 ★

고객가치평가의 전략적 활용

고객관계의 이해

출제 & 학습 포인트

출제포인트

1장 고객관계의 이해에서는 고객관계의 이점과 서비스접점에서 교환관계가 주로 출제됩니다.

학습포인트

1 고객과 기업의 관계에서 발생하는 다양한 효익에 대해 학습합니다.

2 장기적이고 밀접한 고객관계의 이점은 1장에서 가장 중요한 부분으로 기업과 직원, 고객별로 구분하여 이익을 학습합니다.

3 사회적 접점에서 교환관계를 경제적 교환관계와 사회적 교환관계로 구분하여 그 개념과 차이를 학습합니다.

1 고객관계의 이해

인간관계는 크게 공적 관계와 사적 관계로 구분할 수 있다. 사적 관계는 개인적 친분관계를 말하며 공적 관계는 계약에 의한 관계로 볼 수 있다.

공적 관계와 사적 관계의 분류기준

분류기준	사적 관계	공적 관계
관계상대의 대체가능성	대체가능성이 낮음.	대체가능성이 높음.
상호의존도	상호의존적	자율적 혹은 독립적
상대방에 대한 정보수준	구체적	피상적
행위규칙	개별규칙	사회규범
관계의 성격	감정적	실용적
관계의 목적	내적 보상	외적 보상

고객관계는 공적계약에 의해 시작된 공적 관계이다. 고객은 원하는 서비스를 원하는 조건에 계약할 수 있다면 어떤 제공자이건 간에 크게 개의치 않을 것이다. 따라서 상호의존도는 낮고, 매우 실용적이며, 관계의 목적은 외적 보상에 중심을 두고 있다.

(1) 공적 관계에서 사적 관계로의 친밀도 향상 방법

기업은 고객과 공적 관계로 시작하지만 장기적이고 대체불가능한 제공자로 남기를 원하기 때문에 고객과의 사적 관계 발전을 위해 노력하고 있다.

🖐 고객과의 사적 관계 발전을 위한 방안

구분	사적 관계 발전 방안
대체가능성	대체가능성을 낮추기 위해서는 • 제공되는 서비스의 희귀성 • 제공되는 서비스의 과정과 결과 품질 향상
상호의존도	상호의존적 고객관계로의 발전을 위해서는 • 고객의 라이프스타일을 지배하는 서비스 제공관계 • 고객화 및 개인화 서비스 제공 • 서비스의 생산과 전달에서 고객참여의 증가 • 고객의 역할에 대한 학습지원
정보의 구체성	고객이 구체적이고 명확한 정보를 제공하기 위해서는 • 고객이 서비스에 필요한 정보를 제공할 의지와 행동 • 정보제공에 대한 안전성 확보(개인정보 보호 등) • 고객이 제공한 정보가 어떻게 활용되어 고객가치 향상에 도움이 되는지에 대한 설명
행위규칙	사회규범이 아닌 개별규칙으로 친밀한 사적 관계로 발전하기 위해서 • 비매뉴얼적 행동에 대한 재인식 • 서비스접점에서 비매뉴얼적 행동에 대한 자율권한의 정도 • 서비스접점의 유연하고 역동적인 문화 • 접점관리자의 유연하고 융통성 있는 관리 방침
관계의 성격	기능적 관계에서 감정적 관계로의 발전을 위해서 • 서비스접점의 경험요소 강화 • 서비스접점의 스토리텔링 전략
관계의 목적	외적 보상에서 내적 보상으로의 발전을 위해서 • 윤리적 가치의 보상 • 자부심과 성취감의 고취

(2) 관계효익

고객과 기업의 관계에서 어느 한쪽 또는 양쪽 모두 얻게 되는 효익을 관계효익이라 한다.

🖑 관계효익의 유형

경제적 효익	• 장기적 관계로 인해 얻는 추가 혜택이나 쿠폰, 할인 등 금전적 혜택 • 구매 시에 소요되는 탐색비용과 시간을 절약 • 기업 입장에서 제공단계의 편리성과 단축으로 얻게 되는 효익
사회적 효익	• 고객과 제공자의 상호작용, 고객과 고객 간의 상호작용에서 발생되는 친목, 우정, 개인적 인지 등의 효익 • 서비스직원과 고객 사이에 우정을 느끼는 현상을 서비스 커뮤널리티라 함.
심리적 효익	• 고객과 기업의 밀접한 관계에서 나오는 심리적 편안함과 같은 혜택 • 고객이 종업원에게 편안함을 느끼므로 심리적 불안감이 감소되고, 서비스결과에 대한 확신과 신뢰를 갖게 되는 효익
특별대우 효익	• 장기적인 유대관계로 받게 되는 특별한 대우 또는 우선적 대우를 의미 • 고객의 개별화된 구체적인 요구를 처리해 줌으로써 고객화 서비스를 받음. • 부가적 서비스의 제공이나 배려

2 장기적이고 지속적인 고객관계의 이해

고객관계를 협의로 본다면 서비스를 제공받는 시점에서 고객과 서비스제공자 간의 상호관계로 볼 수 있다. 고객관계의 범위를 확장하여 광의로 본다면 고객이 서비스를 이용하기 전, 이용 중, 이용 후의 시점으로 볼 수 있다.

협의의 관점에서 고객관계는 단기적, 일회적인 성향이 있는 반면, 광의의 관점에서 고객관계는 장기적, 지속적인 성향을 띠고 있다.

(1) 일시적 관계와 장기적 관계의 구분

고객관계에서 일시적 관계와 장기적 관계를 구분하는 것은 접촉의 빈도와 접촉직원의 수를 파악하는 것이다.

구분	일시적 관계	장기적 관계
접촉의 빈도	다회의 접촉으로 서비스 받음.	적은 접촉으로 서비스 받음.
접촉직원의 수	다수의 직원과 접촉	1명 혹은 소수의 직원과 접촉

(2) 장기적이고 밀접한 고객관계의 이점 ★★★

구분	이익의 내용
기업	• 신규고객 확보를 위한 마케팅 비용의 감소 • 고객에 대한 이해 증가로 추가적 서비스 제공 기회 증가 • 교차판매나 Up-Sales로 거래관계의 확대 • 서비스 제공 단계의 간소화로 서비스 효율성 증가 • 서비스의 고객화로 고객만족도 증가 • 서비스직원의 숙련도 증가와 이직 감소로 이직에 따른 전반적 비용 감소
직원	• 고객관계와 거래관계에 대한 이해 증가와 숙련도 향상 • 장기적 고객관계는 고객 특성을 잘 알게 되어 고객갈등요소 감소 • 장기적 고객관계는 필요한 서비스만을 제공하여 불필요한 작업의 감소 • 서비스의 성공에 필요한 협력과 정보제공에 적극적이므로 의사소통 편리 • 고객과의 친밀감 형성은 직무만족도 증가 • 고객과의 사회적 관계 형성은 일에 대한 자부심 향상
고객	• 탐색 비용의 감소 • 사회적 편익 증가 • 특별대우 편익 • 서비스제공자에 대한 학습 비용 감소 • 서비스 요청 단계의 간소화 • 고객화 서비스의 수혜 • 위험의 감소

③ 서비스접점에서 교환관계

서비스접점은 고객과 서비스제공자의 상호작용과 경제적 거래가 발생되는 장소이다. 서비스접점의 구성은 기업, 직원, 고객으로 구분된다.

기업과 고객관계가 일견 공적관계로 경제적 교환관계를 추구하고 있는 것처럼 보이지만 서비스접점의 상호작용에서 고객은 경제적 교환과 사회적 교환을 동시에 추구하고 있다.

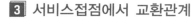 서비스접점 구성자들의 목적

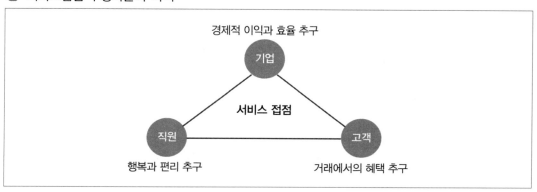

(I) 경제적 교환관계 ★

① 경제적 교환관계란 거래상대자들이 자신의 경제적 자원을 제공하고 상대방의 경제적 자원을 획득하는 과정이다.

② 기업 - 고객, 기업 - 직원의 관계는 경제적 교환관계이다.

③ 기업은 직원의 능력과 시간을 사용하는 것에 대한 적정한 보상과 대가를 지불한다.

④ 직원은 기업에게 가치 있는 능력을 제공하고 정해진 시간 동안 성실하게 근무를 해야 한다.

⑤ 고객은 기업이 제공하는 서비스에 대해 합당한 대가를 지불해야 한다.

⑥ 기업은 고객이 지불한 비용에 상응하는 적합한 서비스를 제공해야 한다.

⑦ 경제적 교환관계에서 서비스상품은 거래에 합당한 경제적 가치를 지녀야 한다.

⑧ 서비스상품의 기능은 지불된 교환가치에 부합되는 기능을 지니고 있어야 한다.

(2) 사회적 교환관계 ★

① 사회적 교환은 사회적 자본의 교환과 정보 및 커뮤니케이션의 흐름으로 형성된다.

② 최초의 거래관계에서는 첫인상, 외모, 유사성(친숙함), 친절, 미소 등과 같은 사회적 자본 요소에 의해 사회적 교환이 촉진된다.

③ 지속적인 거래관계에서는 전문성, 대화능력, 인간관계능력, 문제해결능력, 신뢰 등과 같은 사회적 자본 요소의 영향이 크다.

④ 사회적 교환에서 중요한 교환관계의 핵심은 정보의 원활한 제공이다. 이러한 정보의 제공에 사회적 자원은 영향을 주게 된다.

⑤ 장기적이고 지속적인 관계에 영향을 주는 것은 경제적 교환에서의 기능적 가치와 상호작용에서 사회적 교환관계의 우수성에 있다.

> 📝 **알아두기**
>
> **사회적 자본**
> 사회적 자본은 우정, 신뢰, 전문성, 대인매력도 등의 요소로, 경제성을 띠지는 않지만 고객은 자신이 선호하는 사회적 자본요소에 의해 특정 서비스제공자를 선호하거나 회피하는 행동을 보인다.
>
> **Blau & Homans의 사회적 교환 이론**
> • 사람은 가장 수익성이 있는 대안을 선택한다.
> • 가격이 같으면 보상이 가장 좋을 것으로 예상되는 대안을 선택한다.
> • 보상이 같으면 가격이 가장 낮을 것으로 예상되는 대안을 선택한다.
> • 단기적 결과물이 같으면 장기적인 결과물로 예상되는 대안을 보고 선택한다.
> • 장기적 결과물이 같으면 즉시 결과로 도출될 수 있는 대안을 선택한다.
> • 가격과 보상이 같으면 사회적 인정이 공급되거나, 예상되는 대안을 선택한다.
> • 가격과 보상이 같으면 가장 자율성이 보장되는 상태나 관계를 선택한다.
> • 가격과 보상이 같으면 기대되는 미래의 결과에 대해 모호성이 낮은 대안을 선택한다.
> • 가격과 대안이 같으면 거절하는 사람들을 회피하고, 동조하는 사람과 관계를 형성한다.
> • 가격과 보상이 같으면 재정적으로 얻는 것이 가장 많거나 재정적으로 지출이 가장 적은 대안을 선택한다.

4 서비스접점에서의 파워관계

(1) 서비스접점에서 파워의 불균형이 초래하는 결과

파워의 주체	파워의 불균형이 초래하는 결과
기업	• 효율성을 높이기 위해 비용절감을 추구 • 직원재량권을 제한 • 통제의 편리성을 위해 직원을 제한하는 규칙과 절차 부과 • 서비스표준화로 표준화된 단순 서비스 수행만 요구되는 저임금구조 추구 • 고객에게 서비스범위를 제한하고 비용중심의 제공방식을 선택 • 제한된 서비스로 고객불만이 유발되고, 비숙련 상태의 직원은 직무불만족 경험
직원	• 직원은 편리한 업무처리와 스트레스를 덜 받는 작업 방식 선호 • 기업에서 제시하는 규칙이나 규정을 무시하고 자신의 방식대로 업무처리 • 고객이 원하는 방식으로 서비스를 제공하기보다는 직원이 편리한 방식으로 제공 • 고객의 요구에 대해 직원이 자신의 기준으로 판단하여 수용과 거부 • 고객은 원하는 서비스를 받지 못하게 되어 고객불만족이 유발되고 기업은 통제되지 않는 접점의 관리비용이 높아지는 비효율을 경험
고객	• 제공하는 서비스에 대해 더 많은 요구를 함. • 기업이 정해 놓은 접점의 규칙이나 규정을 무시하고 고객중심의 이기적인 행위를 선택 • 서비스직원에게 고객이 원하는 방식의 제공을 요구 • 기업은 효율성이 낮아지고 수익이 감소하게 되며, 직원은 고객의 비정형적인 요구와 과도한 요구로 인해 높은 직무스트레스에 직면

(2) 파워의 유형 ★

접점구성원들은 의사결정과 행동에 영향을 미칠 목적으로 다양한 영향력을 행사한다.

보상적 파워	• 서비스제공자가 고객에게 보상을 제공할 능력이 있을 때 고객은 보상에 대한 지각을 통해 서비스제공자의 지시나 요구를 수용하고 따르게 된다. • 보상이 매력적일수록 보상력이 높아지며, 보상적 파워는 강해진다.
강제적 파워	• 서비스제공자가 고객에게 처벌을 가할 능력이 있다고 고객이 지각할 때 고객은 서비스제공자의 지시나 요구에 따르게 된다. • 공공서비스에서 단속권한이 있는 공무원에 대해 단속을 받는 대상자는 처벌에 대한 지각을 하게 되고 이들의 지시나 요구를 수용하게 된다. • 강제적 파워의 사용은 단기적으로는 빠르고 분명한 효과를 볼 수 있으나, 자주 사용하거나 강제력이 지속된다면 상대방의 불만을 유발시킴으로써 부정적 효과를 유발할 가능성이 높다.
전문적 파워	전문성을 갖춘 서비스제공자는 고객에게 상당히 포괄적인 영향력을 발휘할 수 있다.
준거적 파워	• 준거력이란 모델이나 기준이 될 만큼 매력적인 요인을 지님으로써 갖게 되는 파워이다. • 서비스제공자가 닮고 싶을 정도로 매력적인 집단일 경우 고객은 서비스제공자와 일체감을 갖고 싶어 하거나 기존의 관계를 유지하려 노력할 것이다.
합법적 파워	• 서비스제공자가 고객에게 영향력을 행사할 권리를 가지고 있고, 또한 고객이 그것을 받아들일 의무가 있다고 믿기 때문에 발생하는 파워이다. • 대기장소의 번호표시스템이 유효한 영향력을 지니게 된다.
정보적 파워	• 정보적 파워는 전문적 파워와 유사해 보이지만 정보적 파워는 전문성보다는 주장하는 논리를 수용함으로써 발생되는 영향력이다. • 정보적 파워를 이용한 영향력 행사는 대개의 경우 설득의 형태로 발휘된다.

고객획득-유지-충성-이탈-회복 프로세스

출제 & 학습 포인트

출제포인트

2장 고객획득-유지-충성-이탈-회복 프로세스에서는 구매사이클과 고객관계에 따른 충성고객 분류에 대한 문제의 출제 빈도가 높습니다.

학습포인트

1 고객획득에서는 고객 구매사이클의 단계의 순서와 특징을 학습합니다.

2 고객유지에서는 최초구매고객, 반복구매고객, 단골고객으로 고객을 구분하여 각 단계에 맞는 대응 전략을 학습합니다.

3 고객관계에 따라 충성고객을 분류하고, 각 고객의 특징과 대응 전략을 학습합니다.

1 고객획득

(1) 고객획득의 개념

① 어떤 제품이나 서비스를 처음 구매하는 사람들은 일반적으로 '인지 ⇨ 최초구매 ⇨ 구매 후 평가 ⇨ 재구매 약속 ⇨ 재구매'의 구매사이클을 거치며 기업의 고객이 된다.

② 재구매고리가 반복되어 고객을 유지하기 위해서는 기업이 고객획득 후 서비스를 잘 이용할 수 있도록 다양한 지원을 해야 한다.

(2) 구매사이클 ★★

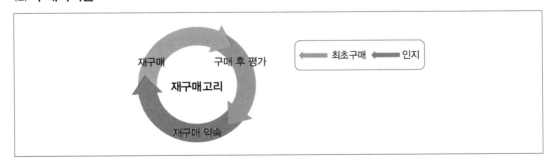

인지	• 고객이 상품의 존재에 대해 인지하는 단계 • 잠재고객의 마음속에 경쟁자보다 먼저 상품을 선점시키는 것이 중요 • 인지단계에서는 다양한 마케팅 활동이 전개되고 비용이 발생 • 인지단계에서는 고객에게 기억시키는 것이 중요하므로 더 많이 노출되고, 더 잘 기억되고, 더 좋은 이미지를 갖기 위한 노력이 필요 • 아직까지 기업과 결속이 이루어지지 않은 상태
최초구매	• 최초구매는 시험적 구매 • 최초구매를 통해 고객에게 어떤 인상과 경험을 줄 수 있는가는 결속을 유지시킬 수 있는 역량의 정도를 의미 • 상품, 서비스직원, 서비스의 물리적 환경 등과 관련하여 고객은 긍정적 혹은 부정적 인상과 경험을 갖게 됨. • 최초구매 단계는 매우 중요한 기회로 집중적 노력이 필요
구매 후 평가	• 고객은 구매행동에 대해 스스로 평가를 함. • 구매 후 긍정적 평가가 나오면 재구매 약속 단계로 진입하지만 모든 고객이 재구매 약속 단계로 진입하지는 않는다.
재구매 약속	• 재구매 약속은 다음에도 구매할 태도를 지님을 의미 • 재구매 동기는 경쟁자들에 비해 좋은 품질을 제공하였다는 점이 중요 • 재구매를 결심하는 데에는 감정적 요소보다는 다른 요소에 의해 결정되는 경우가 많고, 전환비용이 중요하게 고려됨.
재구매	• 실제적인 재구매가 반복되는 것을 고객충성화 단계의 시작으로 봄. • 충성고객은 구매사이클의 재구매고리를 반복하는 고객 • 고객이 경쟁사로 전환하지 않도록 창의적 노력을 해야 함. • 거래는 상호호혜적이며 고객의 충성행동에 대해 기업은 고객가치를 증가시키는 노력을 해야 함.

✎ 알아두기

구매 후 부조화
구매 후 만족/불만족을 느끼기에 앞서 자신의 선택이 잘한 것인지에 대한 심리적인 불안감
• '구매 후 부조화' 발생 상황
  − 구매 결정을 취소할 수 없을 때 부조화 심화
  − 선택하지 않은 경쟁제품의 조건이 좋을 때 부조화 심화
  − 구매 전에 마음에 드는 제품이 여러 개 있을 때 부조화 심화
  − 구매 결정이 중요하여 관여도가 높을 때 부조화 심화
  − 전적으로 고객 자신의 의사 결정일 때 부조화 심화
• 기업의 '구매 후 부조화' 감소 전략
  − 상품과 관련된 정보를 최대한 많이 제공하여 학습 기회의 제공
  − 거래 후 서신, 안내 책자, 전화 등으로 올바른 선택이라는 확신 부여
  − 제품 보증, 친절한 A/S, 불만 관리 등 고객 서비스를 강화
  − 수리, 보수, 반품의 요구가 없는 수준으로 품질 향상
  − 고객 스스로 구매에 확신을 갖도록 충분한 시간을 준다.

2 고객유지

(1) 고객유지의 개념

① 최초구매나 사용을 통해 획득된 고객은 재구매를 통한 지속적 사용과 다른 제공자로 이탈을 하는 전환행동으로 구분된다.

② 고객의 전환행동을 막기 위해서는 고객의 지속적 사용을 지원하는 서비스행위가 필요하다.

③ 고객유지에 성공한 기업들은 구매 이후에도 고객들이 상품이나 서비스를 잘 활용하여 사용가 치가 높아질 수 있도록 다양한 지원을 유지한다.

🖐 고객획득과 고객유지의 비교

비용효과	• 고객획득비용보다 기존고객을 유지하는 비용이 더 저렴 • 신규고객획득은 기존고객유지의 2.5~5배 마케팅비용 소요 • 고객유지비용은 신규고객획득을 위한 마케팅비용의 25% 소요 • 고객획득비용보다 기존고객유지비용이 더 비용효과성이 높음.
구매력	기존고객의 구매확률은 신규고객보다 3.5배 높음.
고객가치	• 단골고객 1명의 가치는 20명의 신규고객보다 큼. • 신규고객의 70%는 기존고객의 소개나 구전으로 방문

✏ 알아두기

고객획득비용(CAC, Customer Acquisition Cost)
• 기업이 신규고객을 획득하는데 소요되는 비용으로, 특정 기간 마케팅 및 판매 비용을 새로 획득한 고객 수로 나눠 계산한다.
• 경쟁이 심해지면 소요되는 비용도 증가하는 경향을 나타낸다.
• 고객을 획득하는데 소요되는 직·간접적 지출 비용을 모두 포함하여 계산한다.

(2) 고객유지 전략 ★

최초구매고객, 반복구매고객, 단골고객으로 분류해서 각 고객 단계에 맞는 전략으로 충성고객을 확보하여 고객유지를 해야 한다.

단계	대응 전략
최초구매	거래에 집중해서 충실하게 접근하여 고객과 신뢰를 형성하는 것이 중요하다. • 고객의 문제에 대한 순수한 관심을 갖고 경청하라. • 지킬 수 있는 것만을 약속하라. • 고객의 기대감을 충족시켜라. • 재방문을 위한 비전을 제시하라. • 첫 거래에 대한 감사의 표현을 하라. • 재방문에 대해 직접적인 표현을 하라.

반복구매	최초구매 시 초기 문제의 발생과 적합하지 않은 처리방식, 심리적 부조화를 긍정적으로 해결하지 못하는 경우에 반복구매로 발전되지 못하게 된다. • **추가적인 고객 혜택 제공이나 교차판매 기회를 통해서 고객 욕구를 확인하고 충족**시킨다. • 고객충성도를 형성할 수 있는 상품을 판매한다. • 고객관계의 발전을 통해 고객의 전환에 대한 방어 노력을 한다. • 시간이 경과함에 따라 변화하는 고객 기대의 진화에 대한 분석을 한다.
충성고객	• **고객에 대한 맞춤 제공을 개발**한다. • 고객화 과정에 고객이 참여할 기회를 제공하고 의견을 적극 수용한다. • 고객의 라이프스타일 혹은 비즈니스스타일의 변화를 지원한다. • 충성고객의 레버리지 효과가 발휘될 수 있는 프로그램을 제시한다.

🖊 알아두기

전환비용
고객이 현재 구매 중인 상품/서비스의 재구매를 중단하고 다른 상품/서비스로 구매를 전환함으로써 발생되는 금전적, 비금전적 비용

🖐 전환비용의 종류

탐색비용	새로운 상품/서비스를 제공할 기업을 탐색하는 시간, 노력, 금전적 비용
거래비용	새로운 상품/서비스를 제공받기 위해 새롭게 계약을 체결하기 위해 소모되는 시간, 노력, 금전적 비용, 서류작업 등
학습비용	새로운 상품/서비스를 사용하기 위해 설치 및 시운전을 하고 작동법을 익히기 위해 소모되는 시간, 노력, 금전적 비용 및 실패 비용
위험비용	탐색에 실패하여 부적절한 제공자를 만나게 될 위험, 거래에 실패하여 계약을 못하게 되는 위험, 학습에 실패하여 기대한 만큼의 성능을 발휘하지 못하게 될 위험 등 다양한 위험비용이 발생

자물쇠 효과(lock-in effect)
소비자가 일단 어떤 상품 또는 서비스를 구입하여 이용하기 시작하면, 다른 유사한 상품 또는 서비스로의 수요 이전이 어렵게 되는 현상을 의미

🖐 자물쇠 효과의 발생 원인

높은 전환비용	전환비용이 높을수록 고객 고착화는 높아진다.
계약 조건	거래계약상에 전환을 제한하는 경우 고객은 위약에 대한 부담으로 고착화된다.
긍정적 네트워크 효과	사용자가 많을수록 스스로 만족감이 높아진다.

3 충성고객

(1) 충성고객의 행동

① 지속적인 반복구매행동

② 구매량의 확대

③ 구전활동으로 주변 사람에게 추천을 하는 행동

④ 경쟁사의 유혹에 대해 전환행동을 보이지 않음.

⑤ 현재 사용하는 상품/서비스 이외에도 기업이 제공하는 다른 상품/서비스 라인에 대해 관심을 갖고 시도하는 행동

⑥ 현재 사용하는 상품/서비스를 제공하는 기업의 운영과 문화 등에 대한 포괄적인 관심을 보이는 행동

(2) 고객관계에 따른 충성고객 분류 ★

고객의 수익성과 충성유지기간을 기준으로 고객을 네 가지 유형의 집단으로 분류할 수 있다.

고객 분류	특징	대응 전략
방문고객	• 잠재수익성 낮고 충성유지기간 짧음. • 재구매하지 않음.	CRM관점에서의 최선은 고객에게 투자되는 비용을 최소화하는 전략
나비고객	• 잠재수익성 높고 충성유지기간 짧음. • 상품이 고객욕구에 적합성 높음.	재구매 유도 노력을 하나 충성고객화로 이어지지 못하여 노력 낭비를 초래할 수 있음.
계륵고객	• 잠재수익성 낮고 충성유지기간 김. • 기업제공물과 고객욕구 간의 제한된 적합성으로 거래가 소극적인 상태임.	• 구매 유도 전략 • 지속적 구매 촉진 전략 • 무관심 전략
진정한 충성고객	• 잠재수익성 높고 충성유지기간 김. • 기업제공물과 고객욕구 간의 높은 적합성으로 장기간 활발한 거래 상태	• 기업의 친밀한 접근이 필요 • 충성고객으로 집중적인 중점관리

(3) 브랜드 충성도에 따른 고객 분류 ★★

수익기여 정도와 거래유지 정도에 따라 고객의 충성도를 분류할 수 있다.

구분	특징
습관적/편의적 로열티	수익기여와 거래유지 정도가 낮은 고객. 브랜드 로열티도 부족하고 제품도 자주 구매하지 않는 소극적 구매집단으로 필요할 때 편의에 따라 제품을 구입하는 고객
가격/인센티브 로열티	수익기여 정도는 낮고, 거래유지 정도는 높은 고객. 브랜드 충성도보다는 인센티브나 가격할인의 매력 때문에 구매하는 고객
잠재적 로열티	수익기여의 정도는 높고, 거래유지 정도는 낮은 고객. 브랜드에 대한 충성도는 매우 높지만 브랜드의 재구매가 지속적으로 유지되지 않는 범주의 고객
프리미엄 로열티	수익기여와 거래유지 정도가 높은 고객

⑷ 충성고객 확보를 위해 갖추어야 할 것

탁월한 운영	• 고객은 자신이 거래하는 기업이 탁월하게 운영될수록 더 높은 고객가치를 제공할 가능성이 높다고 평가한다. • 기업은 상품과 서비스의 탁월성뿐만 아니라 기업의 리더십, 경영철학, 운영방식 등에서 탁월하고 모범적인 모습을 고객에게 보여 줄 필요가 있다.
고객과의 밀접성	• 반복구매과정을 통해 기업은 고객의 다양한 요구와 정보를 파악하여 적합한 서비스를 제공하고 고객화를 추구해서 밀접성을 유지해야 한다. • 밀접성을 유지하기 위해서 고객관계에 대한 관계품질에도 집중해야 한다.
제품의 우월성	• 제품의 우월성을 유지하는 것은 기본적이고 중요한 요소이다. • 제품의 우월성은 혁신을 유지하면서 지속적으로 경쟁자를 능가하는 모습이 될 수 있도록 최선을 다하는 것이다.

고객관계관리시스템

출제 & 학습 포인트

출제포인트

3장 고객관계관리시스템에서는 CRM의 핵심개념과 성공적인 CRM전략에 대한 문제의 출제 빈도가 높습니다.

학습포인트

1 마케팅의 변화를 이해하고, 각 마케팅의 특징을 학습합니다.

2 CRM의 필요성을 이해하고, CRM을 성공시킬 수 있는 다양한 전략을 학습합니다.

3 기업에서 CRM이 성공하고 또는 실패하는 요인을 구분하여 학습합니다.

4 e-CRM의 특징을 이해하고, CRM과의 차이를 학습합니다.

---

1 고객관계관리(CRM : Customer Relationship Management)의 개념

(1) CRM의 정의

① CRM의 핵심 개념 ★★

㉠ CRM은 고객가치 향상을 통한 기업 수익성의 극대화에 목적이 있다.

㉡ CRM은 가치 있는 고객을 분별하고 세분화한다.

㉢ CRM은 개별 고객의 평생가치를 극대화하기 위해 전사적인 관점에서 통합된 마케팅, 세일즈 및 고객 서비스전략을 활용하는 것이다.

㉣ 고객관계 개선은 순환적 프로세스를 통해 장기간 지속되어야 한다.

㉤ CRM은 신규고객 유치 및 기존고객의 수익성 향상을 위해 고객과 지속적인 커뮤니케이션을 통해 고객행위를 이해하고 행위에 영향을 주기 위한 전사적인 접근 체계이다.

㉥ 정보기술을 기반으로 한 데이터베이스(Database)를 이용하여 고객정보를 분석, 저장, 가공하여 활용한다.

② CRM의 특징

㉠ 시장점유율보다는 고객점유율에 비중을 둔다.

㉡ 고객획득보다는 고객유지에 중점을 둔다.

㉢ 판매보다는 고객관계에 중점을 둔다.

(2) CRM의 발전 과정

① 서비스 전략의 진화

구분	판매중심	CS중심	DB	CRM
소비환경	동질욕구	이질욕구	개성욕구	부가가치욕구
고객관점	수동적 구매자	선택적 구매자	다양화된 소비자	능동적 파트너
마케팅	매스마케팅	타깃마케팅, 니치마케팅	DB마케팅	1:1마케팅
고객관계	전체 시장에 일방적 공급	고객만족측정, 일방적 관계	그룹화된 고객과의 일방적 관계	개별고객과 쌍방향 의사소통
고객관리	제품중심마케팅	직접마케팅과 표적마케팅	DB마케팅	고객지향마케팅의 전사적 통합관리

✎ 알아두기

마케팅의 변화 ★★

마케팅은 대중에서 개인으로, 규격화에서 맞춤화 관점으로 변화하고 있다.

제품중심 마케팅	• 우수한 제품을 만들면 시장에서 성공한다는 철학 • 마케팅의 관심은 제품의 기능성과 제품수명주기에 맞는 전략을 활용하는 것 • 고객들의 욕구는 동질적이어서 제품의 수명과 기능성에 집중되어 있음.
직접마케팅	• 고객에게 새로운 제품을 제시하고 신제품을 판매하기 위한 적극적인 마케팅 • 고객이 원하는 상품을 실제로 보여 주고 자세히 설명하여 판매하는 방문판매의 마케팅 • 고객의 욕구를 유도하기 위해 신제품에 대한 관심 유도에 집중적 노력
타깃마케팅	• 목표고객의 설정이 중요해짐. • 고객을 세분화하고 목표고객을 설정하여 마케팅콘셉트를 제시함. • 고객욕구의 이질성을 파악하고 목표고객에 적합한 제품 제시에 노력
DB마케팅	• 고객데이터의 중요성 증가 • 고객정보를 바탕으로 고객맞춤형 마케팅활동이 가능해짐. • 고객정보, 산업정보, 기업내부정보, 시장정보 등 각종의 자료들을 수집, 분석해 이를 판매와 직결시키는 기법 • 고객의 요구에 따른 차별적 제공을 통해 고객만족도를 높이고 마케팅의 효과성을 높임. • 디지털정보기술의 활용을 통해 IT를 기반으로 마케팅활동이 전개되는 형태를 보이고 고객정보의 축적에 의미를 둠.
고객지향 마케팅	• DB마케팅의 발달과 IT기술의 진보는 개별고객과 쌍방향 소통이 가능해짐. • 시장분석부터 고객서비스에 이르는 전체적 마케팅활동에서 고객을 의사결정의 기준으로 생각하여 고객의 관점에서 전략을 수립하는 것 • 신제품개발 단계부터 고객의 관점에서 개발을 하는 Outside-In 전략을 사용하여 고객이 원하는 것을 기반으로 마케팅활동이 시작되고 전개됨.

② DB마케팅과 CRM의 비교

구분	DB마케팅	CRM
관심 영역	일시적, 단기적 판매성과 중심의 타깃마케팅	• 지속적, 장기적 관계지향형 마케팅 • 고객관리를 위한 모든 영역에 관심
목적	• 일회적, 분리된 개별 마케팅 프로그램의 ROI(투자자본수익률) 제고 • 관계강화보다는 마케팅활동의 성과를 중시	• 고객관계를 강화하여 장기적인 수익성 증진에 목적 • 마케팅활동 성과의 ROI를 넘어 고객생애 가치의 극대화가 목적
고객과 상호작용	산발적이고 통합되지 않아 일관성이 취약한 상호작용	연속적이며 모든 채널, 상품, 서비스에 걸친 통합성과 일관성 확보
고객지식 공유 및 활용	관련부서나 영업단위에서만 이루어지고 제한적	전사적으로 공유되어 전체 조직의 훈련과 학습에 활용되며 조직의 핵심 수행능력을 증가시키는 데 활용
프로세스	새로운 정보의 발견 방식으로 고객정보를 취하여 연결성이 떨어지고 순간적임.	신규고객의 획득, 기존고객의 개발, 우수고객 유지 등과 같은 순환적 프로세스를 통해 고객정보를 적극적으로 관리하고 통합

③ 매스마케팅과 CRM의 비교

구분	매스마케팅	CRM
고객	판매의 대상	동반자
기본자세	판로 확장(세일즈)	중심고객과의 관계 중시
목표고객	불특정 다수	고객 개개인
마케팅 성과지표	시장점유율	고객점유율
커뮤니케이션 방식	일방적	쌍방적
경제효과	규모의 경제성(효율)	범위의 경제(효과)
마케팅활동	1회에 한 가지 상품	1회에 한 명의 고객
정보시스템의 활용	보통	매우 높음.
차별화 대상	상품의 차별화	고객의 차별화
관점	단기적 관점	장기적 관점

(3) CRM의 필요성 ★★

수익성 극대화	CRM은 고객획득과 개발, 고객유지와 육성에 전략적으로 활용되어 고객의 가치창출과 기업가치 극대화를 가능하게 한다.
고객세분화와 차별화	• 고객세분화와 차별화된 서비스를 가능하게 한다. • CRM은 고객수익성을 기준으로 세분화된 고객에 따라 전략적 고객포트폴리오를 구성하게 해 주는 과학적 수단을 제공한다. • 고객 상담에 효율적 대응 자료를 제공하여 서비스와 A/S관리를 성공적으로 제공할 수 있다.
고객확보 전략	• 기존고객에 대한 관계유지를 위한 노력과 더불어 고객정보를 활용하여 우량고객의 특성을 분석하는 것에서부터 잠재고객을 선별한다. • 대표적인 기법 : MGM(Member Get Member)은 기존고객으로부터 신규고객이 될 가능성이 있는 사람의 정보를 받아 신규고객을 유치하는 마케팅 활동이다.
고객유지 전략	• CRM은 고객유지를 효과적으로 지원하여 고객유지비용을 낮추고 마케팅비용의 생산성을 높여 준다. • 고객관계 모니터링은 기존고객의 입장에서 고객관계를 분석하여 필요한 대응책을 수립하는 방법으로 고객유지 전략에 잘 사용되는 방법이다. • 매출분석을 통해 고객의 구매 성향을 확인하고, 적합한 상권 및 상품을 분석할 수 있는 자료를 제공한다.

알아두기

관계모니터링의 사례
관계모니터링 결과를 고객 데이터베이스에 추가하고 갱신하여 고객유지 전략에 사용한다. 관계모니터링 방법은 아래와 같은 방식이 있다.
• 장기적인 설문조사
• 트레일러 콜 : 매년 대고객관계설문을 시행한다.
• 불평모니터링(Complaint Monitoring)
• 이탈고객조사(Lost Customer Survey)

① CRM 전략의 계획 절차

환경 분석	• 내부 및 외부 환경 분석 • 고객과 시장 환경을 고려하여 전략을 계획
고객 분석	• 고객 세분화 • 세분화된 고객집단을 심층적으로 분석하고 평가
전략 방향 설정	• CRM의 목적설정 및 기대효과 분석 • 목표달성을 위해 필요한 활동과 활동 주체의 선정
고객가치 설정	고객이 필요로 하는 서비스와 상품이 무엇인지 설정
서비스 개인화	• 고객의 인구통계학적 특성과 사회심리학적 특성을 파악 • 개인적 특성에 적합한 서비스 상품을 설계
수단 설계	고객에게 해당 서비스를 어떻게 전달하고 제공할 것인지를 설정

② 성공적인 CRM 전략 ★★★

고객유지 전략	고객에게 지각된 위험과 구매 후 부조화를 최소화하는 전략 • 서비스 혜택, A/S, 긍정적인 평가자료 등의 정보를 제공 • 개별 고객에 대해 개인적인 관심을 표현 • 이탈가능고객의 예측을 통해 선제적 문제해결 조치 • 고객에 대한 불평관리 및 보상체계를 구축
고객활성화 전략	• 다양한 이벤트와 판촉을 통해 서비스 사용빈도를 향상 • 휴면기의 고객에 대한 이벤트
고객충성도 제고 전략	• 충성고객에 대한 차별적 서비스로 고객관계를 강화 • 충성고객의 가치향상을 위한 제안 • 충성행동에 대한 적절한 보상
교차 판매 전략 (cross-selling)	• 고객이 이용 중인 상품라인과 교차판매 가능한 라인 파악 • 상품라인을 교차구매하는 고객에 대한 혜택을 제시하고 유도
추가 판매 전략 (up-selling)	• 고객정보를 통해 추가구매력을 지닌 고객 파악 • 구매량을 증가시키거나 구매품의 등급을 상향하는 것에 대한 혜택을 제시하고 유도
과거 고객 재활성화 전략	• 과거 거래 데이터를 통해 거래 중단 고객 파악 및 원인 분석 • 재거래 유도에 대한 고객별 제안
신규 고객 확보 전략	거래 경험이 없는 잠재고객에 대한 구매 유도 방법 • 고객정보를 활용하여 기존고객과 유사한 특성을 지닌 대상 선별 • 잠재고객에게 광고, 할인 쿠폰, 신규고객 이벤트 행사 제시

③ CRM 실행의 성공요인과 실패요인 ★★★

성공요인	실패요인
• 조직 전반에 고객중심의 문화 확립 • 최고경영층의 적극적인 지원 • CRM에 대한 전사적·통합적인 이해와 인식 • 우량고객에 대한 명확한 기준 설정 • 고객에 대한 공정한 차별대우 • 관련부서 간 협력체제 확립 • 성과평가에 합리적인 반영	• CRM을 기술에 기반한 것이라고 인식하는 제한적인 견해 • 고객중심사고의 부족 • 고객생애가치에 대한 이해불충분 • 최고경영층의 적절하지 못한 지원 • 관련부서 간의 협력 부족 • 비즈니스 과정을 재설계하는 데 실패 • 데이터 통합에 대한 과소평가

2 e-CRM

(1) e-CRM의 의의

① e-CRM은 온라인이나 e-Business로 활동한 고객을 대상으로 정보를 수집, 저장, 분석, 선별, 획득, 유지하는 고객관계관리이다.

② 정보통신기술의 발달로 기존 CRM시스템의 한계를 보완하여 시간, 장소, 채널의 다양성과 즉시성을 향상시킨 e-CRM이 등장하였다.

③ 인터넷을 기반으로 고객의 요구에 신속히 대응할 수 있으며 고객행동 예측과 수익증대에 유용하다.

(2) e-CRM의 특징

① e-CRM 모델 구축 시 초기에 많은 비용이 요구되지만, 신규고객의 진입과 관리에 소요되는 비용은 0(zero)에 가깝다.

② 분산된 복수의 고객관리 채널의 운영으로 인한 관리비용이 절감된다.

③ 관리채널 간 잡음으로 인한 고객정보 관리의 오류 발생 가능성이 감소된다.

④ 시간적, 공간적 활동 제약이 없다.

⑤ 고객의 거래분석과 함께 고객활동도 분석할 수 있다.

⑥ 커뮤니케이션과 마케팅의 다양성을 중시하여 적극적인 고객화를 통한 장기적인 수익증대를 실현할 수 있다.

(3) CRM과 e-CRM의 차이

구분	CRM	e-CRM
대상	오프라인이 주요 대상	온라인 또는 e-Business 대상
접점	콜센터, DM 등	SNS와 이메일 등
지역범위	해당지역	제한 없음.
시간범위	제한적	제한 없음.
고객데이터	Data Warehouse	Web-House
고객분석	거래분석	거래분석과 활동분석

고객경험관리

출제 & 학습 포인트

출제포인트
4장 고객경험관리에서는 고객경험관리의 개념에 대한 문제의 출제 빈도가 높습니다.

학습포인트
1 고객경험관리의 정의와 목적, 필요성을 함께 학습합니다.

2 슈미트가 분류한 고객이 서비스를 경험하는 5가지 요인을 각 요인별 특성을 중심으로 학습합니다.

1 서비스경제에서 경험경제로의 진화

(Ⅰ) 범용화와 경험경제

① 범용화(commoditization)

ㄱ 도입 초기에는 신기하고 매력적인 혁신제품이나 기술이 보편적인 상품으로 일반화되어 더 이상 신기함과 매력을 지니지 못하고 보편화되는 현상을 말한다.

ㄴ 혁신적 기술과 상품은 시간이 경과됨에 따라 보편적 상품으로 변질된다.

② 범용화의 진행단계

고객	• 상품에 대한 차별성을 인지하지 못함. • 가격 및 비용구조를 쉽게 파악하고 기업의 마진을 추정할 수 있음. • 경쟁상품들이 비슷하고 차별화가 적어 특정 제공자에 대한 애호도 감소 • 기능과 스펙이 비슷해서 대안 선택에서 유일한 결정요인은 가격
경쟁자	• 시장 전체에서 수요보다 공급이 과잉 • 표준기술이 정립되어 기술적 차별화가 어려워짐. • 진입장벽이 낮아져 신규진입자가 수월하게 경쟁에 참여 • 대량생산시스템을 통한 저비용 전략의 신규진입자 증가 • 경쟁에서 유효한 경쟁우위 요인은 규모의 경제와 저가전략
기술과 노하우	• 기술적 성숙도가 높아져 개발효과성이 낮아짐. • 기술, 인터페이스, 구성요인 등의 표준화로 대량생산시스템이 가능해짐. • 제품의 모듈화로 대량고객화(mass customization) 가능 • 저비용의 경쟁자들에게 전문성과 노하우가 전이됨.

범용화 함정
범용화는 가격경쟁, 성장의 정체, 시장규모의 성장정체, 고객의 높은 전환행동, 많은 경쟁자, 낮은 마진, 보편적 이미지 등을 유발한다. 이로 인해 기업은 효율성을 높이더라도 제한적인 성장과 마진만이 가능한 범용화의 함정에 빠지게 한다.

③ 범용화 함정이 기업에 미치는 부정적 영향
　㉠ 경쟁의 심화
　㉡ 마진의 감소
　㉢ 차별화의 한계
　㉣ 마케팅 비용의 증가
　㉤ 고객의 애호도 감소
　㉥ 고객의 전환의도와 행동 증가
　㉦ 상품/서비스 브랜드 전략의 효과가 낮아짐.
　㉧ 새로운 차별화 전략이나 기술 개발을 해도 투입 대비 효과가 낮음.
　㉨ 시장성장률은 정체되고 시장점유율은 감소

(2) 경험경제와 서비스의 범용화

① 서비스에도 범용화 함정이 적용된다. 차별화되지 않은 서비스들의 경쟁과 반복적 사용은 서비스상품의 범용화를 유발하게 된다.

② 차별화된 고객경험의 제공이 서비스상품에서 범용화 함정을 벗어나는 방법이다.

③ 소비자들은 서비스에 소비하는 시간과 돈을 최대한 아껴 좀 더 인상적인 경험, 더 가치 있는 경험에 참여하거나 노출되고 싶어 한다.

④ 고객의 마음속에 풍부한 감각을 제공하고 그 결과 기억할 만한 경험을 창출하는 것이 빠른 성장과 높은 마진을 얻는 방법이다.

2 **고객경험관리**(CEM : Customer Experience Management)

(1) 고객경험관리의 정의

① 고객경험이란 구매 및 사용과 관련된 모든 접점에서 발생하는 접촉 및 상호작용에 대한 고객의 인식 및 지각이다.

② 탐색단계에서 상품경험, 구매단계에서 구매경험, 사용단계에서 서비스경험 등 구매 및 사용 전후의 모든 접점에서 고객이 인지하는 경험을 모두 포함한다.

③ 고객경험관리란 기업이 고객과 만나는 모든 접점에서 고객이 체험하게 되는 다양한 경험을 관리하여 만족스럽고 긍정적 경험 인식을 갖게 하고, 이를 통해 고객의 구매의사결정에 영향을 주고자 하는 고객관리프로세스이다.

(2) 고객경험관리의 목적 ★★

① 잠재고객을 신규구매로 유도

② 기존고객의 재구매 증가

③ 구매의사결정의 촉진으로 빠른 구매결정

④ 고객관계관리의 보완적 수단

⑤ 긍정적 고객사용경험으로 사용가치의 향상

(3) 고객경험관리의 등장배경

구분	고객관계관리	고객경험관리
출현 시기	1990년 초	2000년 초
목적	만족한 고객의 추천을 통한 신규구매 및 재구매의 촉진	고객만족을 통한 기존고객의 재구매와 고객경험 개선을 통한 잠재고객의 신규구매 촉진
대상 고객	기존고객	기존고객 및 잠재고객
특징	구매 및 사용 후의 만족이 핵심	구매 및 사용 전후의 모든 접점에서 긍정적 경험 전달이 핵심

(4) 고객경험관리의 필요성 ★

① 고객의 경험소비에 대한 욕구 증가

② 고객경험의 질이 기업 성과에 영향을 줌.

③ 고객관계 관리의 보완적 수단으로 고객경험관리가 활용성이 높음.

④ 긍정적 고객경험은 즉각적인 구매로 연결되어 구매반응속도가 높음.

(5) 고객경험관리의 실행

✋ 고객경험관리의 프레임워크

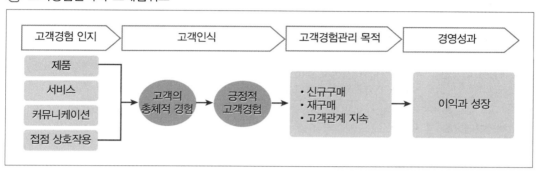

✋ 슈미트의 5가지 경험 요인 ★★

감각경험	오감의 감각기관에 자극이 인지되는 경험 • 시각, 청각, 후각, 미각, 촉각 등의 감각적 경험 요소
감성경험	슬픔, 기쁨과 같은 감정, 느낌, 정서 등에 대한 경험 • 희로애락의 감정적인 측면에서 지각되는 경험
인지경험	인지과정을 통해서 지각되는 경험 • 새로운 것을 알게 되는 과정에서 느끼는 교육적 경험, 집중하고 탐닉하는 과정에서 발생되는 쾌락적 경험 • 자부심, 유능감 등으로 경험됨.
행동경험	라이프스타일에서 발생되는 경험 • 서비스의 사용으로 고객의 라이프스타일에 변화를 경험 • B2B에서는 비즈니스스타일의 변화로 인식
관계경험	고객-고객, 고객-기업 등의 관계에서 인지되는 사회적 관계경험 • 사용자 모임, 온라인 동호회, 사용자 활동 등에서 촉진되는 경험

🖐 슈미트의 고객경험관리 5단계

고객경험과정 분석	고객경험은 크게 제품과 서비스, 커뮤니케이션, 사람으로 분류하여 고객이 경험을 지각하는 과정을 조사하고 분석
고객경험기반 확립	경험의 우선순위, 경험과 자극의 역치, 경험의 차별성 등을 확립
고객경험 디자인	• 고객경험과 고객피드백 • 고객경험과 소비자 역할의 변화 • 고객경험과 고객 상호작용
고객인터페이스 구조화	• 편리성과 기능성 • 미적 요소, 사회적 요소 • 일관되고 통합된 인터페이스 • 고객경험의 일관성과 신뢰성
지속적 혁신	• 고객의 경험욕구는 변화하고 진화하므로 지속적인 변화와 혁신이 요구됨. • 통합적이고 구조화되어 일관성 있게 지속되어야 하지만, 접점 상황에 맞게 트렌드와 유행에 뒤처지지 않는 것이 중요 • 기업이 제공할 수 있는 경험보다는 고객이 원하는 경험을 중심으로 혁신

고객포트폴리오 및 고객가치

★★★ 최빈출 ★★ 빈출 ★ 필수

출제 & 학습 포인트

출제포인트
5장 고객포트폴리오 및 고객가치는 파트2 고객관계관리 중 출제 빈도가 상대적으로 낮지만 고객포트폴리오의 개념과 고객가치의 특성은 꾸준히 출제되고 있습니다.

학습포인트
1 고객포트폴리오의 개념을 이해하고, 고객포트폴리오 관리방법을 외부지향적, 수익지향적, 가치지향적으로 구분하여 학습합니다.
2 고객가치의 개념을 이해하고, 고객가치의 4가지 특성을 학습합니다.

1 고객포트폴리오

(1) 고객포트폴리오의 의미
① 고객포트폴리오는 거래하고 있는 모든 고객들의 구성을 의미한다.
② 고객포트폴리오의 관리는 시장과 고객에 대한 분석과 내부 서비스역량을 분석하여 최적의 고객을 찾아내기 위한 것이다.

(2) 고객포트폴리오 관리 방법 ★

외부지향적 접근법	• 잠재고객이나 경쟁사 고객을 대상으로 접근하는 관리방법 • 고객가치에 대한 명확한 이해 없이 전체 시장의 접근을 중심으로 판단 • 전략적 포지션 악화와 사업수익성 악화의 한계점
수익지향적 접근법	• 매출과 이익기여도에 따라 고객을 관리하는 방법 • 고객을 매출 및 이익기여도에 따라 차등적으로 구분하고 우량고객을 선별하여 우량고객관리 전담조직이나 서비스를 제공하는 전략을 수립 • 기업의 중장기 성과에 대한 전망 미흡과 목표, 자원, 역량의 분산으로 인한 혼란 등의 한계점
가치지향적 접근법	• 상이한 가치와 특성을 지닌 고객들을 관리하는 방법 • 고객의 생애가치에 기초해 적합고객을 파악하는 방식 • 장점은 수익성을 동반한 지속적 성장, 사업포트폴리오의 확장에 따른 자원과 역량의 투입 요구 증대와 사업 기회 발생 등

👆 공헌이익과 매출 규모의 기준으로 고객포트폴리오 분류

전략적 집중	공헌이익이 크고, 매출 규모가 큰 고객
효율적 유지	공헌이익은 크나, 매출 규모가 상대적으로 작은 고객
잠재성 개발	매출 규모는 크지만 공헌이익이 상대적으로 작은 고객
디마케팅	공헌이익도 작고, 매출 규모도 작은 고객

✏ 알아두기

디마케팅(Demarketing) ★★
• 정의 : 고객의 수요를 억제시키는 의도적 마케팅
• 발생원인
  - 브랜드 상징을 훼손시키는 고객층의 발생
  - 고객처리비용보다 수익이 낮은 고객층의 발생

👆 디마케팅의 종류

일반적 디마케팅	• 전체적 수요를 감소시키고자 의도할 때 사용 • 수요 증가가 상품에 부정적 영향을 발생시키는 것을 방지하기 위한 목적으로 실시 예 입장객 수를 제한하여 작품의 훼손을 방지하려는 미술관의 정책
선택적 디마케팅	특정 고객층의 수요를 감소 혹은 조절하여 전체적 소비를 높이기 위한 목적으로 실시 예 여성전용상품의 경우 남성고객의 수를 제한
표면적 디마케팅	수요의 감소가 목적은 아니지만 표면적으로 디마케팅을 함으로써 수요의 증가를 의도 예 "가까운 사람들과 대화를 위해 스마트폰은 잠시 꺼 두세요."라는 형식의 광고

2 고객가치 이해

(1) 고객자산

고객자산은 개별고객의 생애가치를 현재가치로 할인하여 전체 고객의 값을 합한 값이다.

가치자산	제공물의 비용 대비 혜택의 상대적 크기를 토대로 효용을 객관적으로 평가함. • **주요 원천** : 품질, 가격, 편의성 등 • 가치자산을 측정하기 위해서는 품질, 가격, 편의성 등의 핵심요소를 정의 • 제품의 평가가 복잡한 경우 가치자산이 고객자산 형성에 가장 크게 기여
브랜드자산	객관적으로 지각된 제품가치를 넘어서 브랜드에 대해 고객이 내린 주관적 평가 • **주요 원천** : 브랜드 인지도, 브랜드 태도, 브랜드 윤리에 대한 고객의 지각 • 제품성능의 차별화가 덜 되어 있거나 감정적 측면이 보다 중요할 경우, 브랜드자산의 중요성은 증가
관계자산	브랜드가치에 대해 고객이 평가한 정도, 즉 가치자산과 브랜드자산을 넘어서 그 브랜드에 애착을 보이는 성향 • **주요 원천** : 충성도 프로그램, 특별대우 프로그램, 공동체구축 프로그램, 지식구축 프로그램 등이 포함 • 고객과의 개인적 관계가 중요하고 고객이 습관적·관성적인 거래를 계속하는 경향이 있을 때 중요

(2) 고객가치의 개념

고객가치는 고객을 매출액과 수익성을 기반으로 세분화하여 평가하는 것이다. 고객이 매출과 수익성에 어느 정도의 기여를 하는지 파악할 수 있기 때문이다.

(3) 공정가치선

① 기업과 고객은 서로 다른 관점에서 고객가치를 평가하므로 서로 밀접하게 연관되어 있는 동시에 서로 상충될 수 있는 관계이다.

② 공정가치선은 기업과 고객 간의 가치 수준이 어느 쪽으로 치우쳐져 있는지의 여부와 이를 개선해 나갈 수 있는 기본적인 전략적 방향성을 제시해 준다.

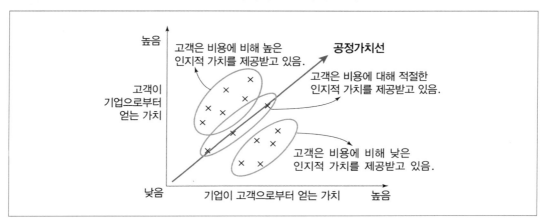

(4) 고객가치의 특성 ★

동적성	고객가치는 서비스구매단계 및 시간의 흐름에 따라 변한다.
주관성	고객가치는 고객의 주관적 판단에 의해 결정된다.
상황성	고객가치는 고객이 처한 상황에 따라 판단이 달라진다.
다차원	고객가치를 결정하는 요인은 다양하고 단계적이다.

(5) 고객가치의 구성

감성적 측면	서비스제공과정에서 느끼는 정서 또는 감정
사회적 측면	사회적인 개념을 증대시키는 서비스 효용
기능적 측면	서비스 이용에 따른 시간과 비용 절감 효과
품질적 측면	기대한 서비스 품질과 인지한 서비스 품질과의 성과 차이

3 고객가치의 측정 ★

고객순자산가치는 고객이 기업에게 제공하는 모든 재무적 기여의 총합에 대한 현재가치를 의미한다.

> 고객순자산가치 = 전체 고객의 고객생애가치 + 전체 고객의 고객추천가치

(1) 고객생애가치(CLV : Customer Lifetime Value)의 추정

① 고객생애가치는 한 명의 고객이 평생 동안 산출할 수 있는 기대수익, 즉 경쟁사로 이탈하지 않고 기업과의 관계를 유지해 가는 각각의 고객으로 인해 증가하는 가치를 계산한 것이다.

② 고객생애가치는 고객이 기업과 거래하는 기간 동안 얼마나 수익을 가져다주는가를 의미한다. 한 고객이 평균적으로 기여하는 미래수익의 현재가치라 볼 수 있다.

③ 기업은 한 번의 거래에서 나오는 이익을 극대화하기보다는 고객생애가치를 극대화시키는 것이 바람직하다.

④ 생애가치를 극대화하려면 획득비용과 유지비용을 적정수준에서 지출해야 한다.

> 고객생애가치 = 고객당 평균소비금액 × (평균구매횟수/년) ÷ 거래연수

(2) 고객추천가치(CRV : Customer Referral Value)

고객이 기업에 제공하는 추천 및 긍정적 구전의 가치를 평가하는 모형으로 고객생애가치와 더불어 고객순자산가치의 한 축을 측정하는 모델이다.

(3) 고객순자산가치(CE : Customer Equity)

① 전체 고객이 기업에 제공하는 재무적 기여의 총합이다.

② 고객생애가치, 간접기여, 비재무적 가치도 포함한다.

③ 고객을 기업의 자산항목으로 간주하여 그 가치를 평가한다.

④ 고객순자산가치에 따른 고객 분류

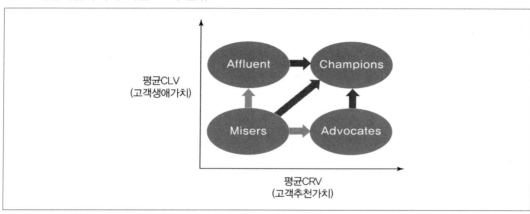

Misers	CLV도 낮고, CRV도 낮음. • 고객순자산가치가 낮은 고객집단 • 더 많은 제품을 구입하고 신규고객을 추천하도록 인센티브 제공
Affluent	CLV는 높으나 CRV가 낮음. • 높은 가치를 지닌 구매행위를 유지하면서 더 많은 신규고객을 추천하도록 촉진해서 Champions가 되도록 동기부여
Advocates	CLV는 낮으나 CRV가 높음. • CRV는 유지하되 CLV를 높이기 위한 인센티브 필요
Champions	CLV, CRV가 모두 높음. • 충성행동의 유지와 발전을 위한 혜택 제공

⑷ 고객가치측정의 구성요소

할인율	미래에 발생하게 될 고객가치를 현재가치로 환산하기 위해 필요한 할인율로 모든 고객에 대해 동일하게 적용
공헌마진	고객이 기업과 처음 거래를 시작한 시점부터 현재까지 기여한 총 가치
고객구매력	특정 상품 카테고리에서 고객이 소비할 수 있는 총액 혹은 카테고리의 모든 기업들이 특정 고객에게 판매하는 총액 • 고객구매력 지표는 고객의 잠정적인 구매력의 크기를 표시
고객점유율	한 고객이 소비하는 제품 중에서 특정 기업의 제품이 차지하는 비율 • 잠재구매력을 지닌 고객에게 특정 기업이 어느 정도 성과를 달성하고 있는지를 판단하는 지표 • 고객점유율은 기존고객을 유지하고, 관계를 강화하는 활동을 위주로 관리
RFM	• RFM(recency, frequency, and monetary) • 고객의 최근(recency), 구매빈도(frequency), 구매액(monetary) 값들에 가중치를 부여하여 산출하는 계산 방법이다. • RFM 지수 = a × 최근성 + b × 구매빈도 + c × 구매액 (a, b, c는 중요도에 따른 가중치)

4 고객가치평가의 전략적 활용

(1) 고객이탈률 감소 전략

기업들은 고객관계관리를 통해 고객이탈을 방지하여 고객이탈률을 감소시키려고 노력한다. 고객이탈 방지를 위해 고객이탈에 대해 정의하고 원인을 분석해야 한다.

(2) 고객전환 전략

고객전환은 신규고객을 관계가 안정화된 기존고객으로, 기존고객들을 관계가 강화된 파트너 고객으로 점차 발전시켜 나가는 것을 의미한다.

🖐 고객전환 전략의 개념적 모형

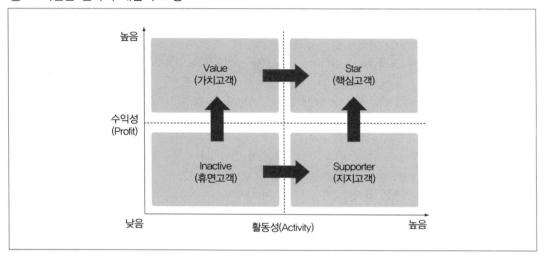

✏️ 알아두기

고객의 간접 기여 가치
긍정적 입소문으로 제품이나 서비스를 구매하게 되어 마케팅 활동 없이 확보된 신규 고객의 가치

핵심 키워드 🔍 정리

공적 관계와 사적 관계의 분류 기준	관계상대의 대체가능성, 상호의존도, 상대방에 대한 정보 수준, 행위규칙, 관계의 성격, 관계의 목적에 따라 구분할 수 있음.
관계효익	• 장기적인 고객관계는 기업과 고객 모두에게 혜택을 제공 • 기업과 고객의 관계에서 어느 한쪽 또는 양쪽 모두 얻게 되는 효익을 관계효익이라 함. 관계효익에는 경제적 효익, 사회적 효익, 심리적 효익, 특별대우 효익이 있음.
서비스접점의 교환관계	서비스접점의 교환관계는 경제적 교환과 사회적 교환으로 구성되어 있음.
사회적 자본	사회적 자본은 우정, 신뢰, 전문성의 인지, 대인매력도처럼 질적인 측면을 포함함.
사회적 교환이론	• 사회적 교환의 기본 요소는 매우 다양하고 질적인 교환 비율이 상당히 높은 비중을 차지함. • 사회적 교환에는 상호작용, 의무, 권력, 애정, 지위, 경쟁 등과 같은 다양한 변수들이 활용됨.
서비스접점의 삼각구조	• 서비스접점은 고객-기업-직원의 관계로 구성 • 각자 다른 목적을 추구하며 동시에 서비스 성공이라는 공동의 목표를 추구함. • 접점의 구성원은 서로 갈등과 협력을 통해 서비스 성공을 이루어 나감.
서비스접점의 파워	• 서비스접점은 기업-직원-고객으로 구성되어 있으며 이들은 서로 다른 목적을 추구하기 위해 상대방에게 영향력을 행사함. • 서비스접점의 파워는 윤리적으로 균형 상태에 이르는 것이 모두에게 이익이 됨.
파워의 유형	보상력, 강제력, 전문력, 준거력, 합법력, 정보력 등으로 다양한 파워의 유형이 존재
고객발달단계	고객발달단계에서 고객은 잠재고객-가망고객-신규고객-재구매고객-충성고객으로 성장됨.
고객이탈	• 서비스나 상품의 이용을 중단하거나 타 브랜드를 이용하는 것을 의미함. • 고객이탈은 자발적 이탈과 비자발적 이탈로 구분해서 원인별 대응 방안을 찾아야 함.
충성행동	고객이 보여 주는 대표적인 충성행동에는 지속적인 반복구매행동, 구매량의 확대, 구전활동으로 주변 사람에게 추천, 경쟁사의 유혹에 대해 전환하지 않는 행동, 기업이 제공하는 다른 제품라인에 대해 관심 표시, 기업의 전반적인 문화와 운영에 대한 포괄적 관심 등이 있음.
고객관계에 따른 충성고객 분류	수익성과 충성 유지 기간을 기준으로 방문고객, 나비고객, 계륵고객, 진정한 충성고객으로 분류할 수 있음.
전환비용	고객이 현재 구매 중인 상품/서비스의 재구매를 중단하고 다른 경쟁사로 전환하는 데에 소요되는 금전적/비금전적 비용
심리적 부조화가 높아지는 경우	• 구매 결정을 취소할 수 없을 때 • 선택하지 않은 경쟁제품의 조건이 좋을 때 • 구매 전에 마음에 드는 제품이 여러 개 있을 때 • 구매 결정이 중요하여 관여도가 높을 때 • 전적으로 고객 자신의 의사 결정일 때

범용화 함정	보편적인 상품을 제공하는 기업이 효율성을 높이더라도 제한적인 성장과 마진만이 가능한 함정
고객자산	• 개별 고객의 생애가치를 현재가치로 할인하여 전체 고객의 값을 합한 값을 의미 • 고객자산의 구성요소는 가치자산, 브랜드자산, 관계자산이 있음.
공정가치선	기업과 고객 양자 간의 가치 수준이 어느 쪽으로 치우쳐져 있는지의 여부와 이를 개선하는 전략적 방향성을 제시해 줌.
고객추천가치	고객이 기업에 제공하는 추천 및 긍정적 구전의 가치를 평가하는 모형으로 고객생애가치와 더불어 고객순자산가치의 한 축을 측정하는 모델
고객경험관리	기업이 고객과 만나는 모든 접점에서 고객이 체험하게 되는 다양한 경험을 관리하여 구매의사결정에 긍정적 영향을 주는 프로세스
슈미트의 5가지 경험 요인	슈미트가 제시한 개념으로, 고객의 경험을 감각, 감성, 인지, 행동, 관계의 총 5가지로 분류
DB마케팅	정보 기술을 활용하여 고객정보 등 기업의 내·외부 데이터를 통합하고 분석하여 마케팅활동을 지원하는 것
고객관계관리	신규고객을 획득하고 기존고객을 유지하기 위해 고객 요구와 행동을 분석하여 개별고객의 특성에 맞춘 마케팅을 기획하고 실행하는 경영관리기법
관계마케팅	조직과 고객 상호 간의 편익을 위해서 장기적인 유대관계를 창출하고 유지, 강화함으로써 기업의 수익 증대를 도모하는 마케팅 활동
해피콜	• 특별한 목적이나 판매 권유 없이 고객 서비스 만족을 위하여 고객에게 전화를 거는 아웃바운드 형태의 전화 • 고객이 서비스를 이용한 후 전화를 걸어 만족도를 체크하는 등 고객만족의 증진을 목적으로 진행되는 마케팅 방식
고객포트폴리오	시장과 고객에 대한 분석과 기업이 지닌 서비스 역량을 분석하여 최적의 고객을 찾아내기 위해 작성하는 것
디마케팅	• 자사의 상품 및 서비스에 대한 구매를 의도적으로 줄이는 마케팅기법 • 단기적으로 이윤극대화에 반대되지만 장기적으로 기업 이미지 제고에 도움이 되어 수익성 향상을 꾀할 수 있는 마케팅 방식 • 수익에 도움이 안 되는 고객을 의도적으로 줄이는 데 목적을 두기도 함.
고객구매력	특정 상품 카테고리 내에서 고객이 소비할 수 있는 총액 혹은 카테고리의 모든 기업들이 특정 고객에게 그 제품이나 서비스를 판매하는 총액
고객순자산가치	전체 고객의 고객생애가치 + 전체 고객의 고객추천가치로, 기업의 모든 고객이 기업에 제공하는 재무적 기여의 총합
고객점유율	한 고객이 소비하는 제품이나 서비스군 중에서 특정 기업을 통해 제공받는 제품이나 서비스의 비율

고객평생가치	한 고객이 한 기업의 고객으로 존재하는 전체 기간 동안 기업에게 제공할 것으로 추정되는 재무적인 공헌도의 합계
고객전환 전략	신규고객을 관계가 안정화된 기존고객으로, 기존고객들을 관계가 강화된 파트너 고객으로 점차 발전시켜 나가는 전략

실전 예상 문제 TEST

정답 및 해설 p.307

일반형

01 다음 중 장기적이고 지속적인 거래관계가 기업에게 주는 이점으로 가장 적절하지 않은 것은?

① 고객화서비스 제공
② 마케팅비용의 감소
③ 고객에 대한 이해 증가
④ 서비스요청단계의 간소화
⑤ 교차판매나 up-sales로 거래관계의 확대

02 서비스제공자와 고객과의 관계에 대해 가장 적합하게 설명한 것은?

① 사적 관계
② 공적 계약관계
③ 경쟁관계
④ 대립관계
⑤ 공존관계

03 공적 관계에 대한 설명으로 적합하지 못한 것은?

① 관계대상의 대체가능성이 높다.
② 행위규칙은 사회규범을 따른다.
③ 상대방에 대한 정보수준은 구체적이다.
④ 관계의 목적은 외적보상에 있다.
⑤ 관계의 성격은 실용적이다.

04 일시적/단기적 고객관계의 불이익에 대한 설명으로 적합하지 못한 것은?

① 고객은 서비스제공자가 누구인가를 중요하게 생각하지 않는다.
② 고객에게 서비스제공과정을 매번 설명해야 하는 비효율이 존재한다.
③ 고객은 서비스제공과정에 익숙하지 못하여 서비스 실패가 발생할 가능성이 높아진다.
④ 서비스의 고객화 가능성이 낮으며 표준화된 서비스만 제공되어 고객만족에 불리한 조건이다.
⑤ 서비스의 추가적 가치 인식을 시도할 가능성이 높다.

05 관계효익에 포함되지 않는 것은?

① 경제적 효익
② 사회적 효익
③ 심리적 효익
④ 특별대우 효익
⑤ 일시적 관계

06 장기적 고객관계가 고객에게 주는 이점에 대한 설명으로 적합하지 못한 것은?

① 신규고객 확보를 위한 마케팅비용이 감소한다.
② 서비스제공자를 탐색하는 시간과 비용이 감소한다.
③ 사회적 편익이 제공된다.
④ 오랜 거래관계로 인한 특별대우 혜택을 받을 수 있다.
⑤ 서비스제공자에 대한 학습비용이 감소한다.

07 Blau와 Homans가 제시한 '사회적 교환 관점의 이론적 제안'에 대한 설명 중 틀린 것은?

① 가격이 같으면 보상이 가장 좋을 것으로 예상되는 대안을 선택한다.
② 단기적 결과물이 같으면, 장기적 결과물로 예상되는 대안을 보고 선택한다.
③ 가격·보상이 같으면, 가장 자율성이 보장되는 상태나 관계를 선택한다.
④ 장기적 결과물이 같으면, 결과로 도출되는 시간이 오래 걸리는 것을 선택한다.
⑤ 가격·보상이 같으면, 자신의 가치나 의견에 동조하는 사람과 관계를 형성한다.

08 사회적 자본과 사회적 교환에 대한 올바른 이해가 아닌 것은?

① 사회적 자본은 모든 상황에 적합한 이상적인 구성을 갖고 있다.
② 사회적 교환은 사회적 자본의 교환과 정보의 흐름으로 형성된다.
③ 사회적 자본은 우정, 신뢰, 대인매력도 등과 같은 것을 포함한다.
④ 고객은 자신이 선호하는 사회적 자본요소에 의해 특정 서비스제공자를 선호하거나 회피하는 행동을 보인다.
⑤ 사회적 교환에서 중요한 교환행위는 정보의 제공행위이다.

09 파워의 유형에 대한 설명 중 틀린 것은?

① 보상적 파워 : 서비스제공자가 고객에게 보상을 제공할 능력이 있을 때 고객은 서비스제공자의 지시나 요구에 협력하게 된다.

② 강제적 파워 : 서비스제공자가 고객에게 몰랐던 정보를 인식시킴으로써 갖게 되는 영향력이다.

③ 준거적 파워 : 서비스제공자가 매력적인 집단이라 인식되어 고객이 관계를 지속적으로 유지하려 하거나 일체감을 갖고 싶어 함으로써 발생되는 영향력이다.

④ 합법적 파워 : 서비스제공자는 대기 장소에서 공정한 서비스를 제공하기 위해 번호표를 뽑고 기다릴 것을 요구할 수 있다.

⑤ 전문적 파워 : 전문적 지식과 전문성을 보유한 서비스제공자는 고객에게 상당히 포괄적인 영향력을 발휘할 수 있다.

10 다음 중 기업이 '충성고객'에 대해 취해야 할 행동으로 가장 적합하지 않은 것은?

① 고객화(customization)된 맞춤 제공을 개발한다.

② 고객의 라이프스타일/비즈니스스타일의 변화를 지원한다.

③ 충성고객의 레버리지 효과가 발휘될 수 있는 프로그램을 제시한다.

④ 마케팅 프로그램에 막대한 비용을 투입하여 경쟁사로부터 빼앗아 온다.

⑤ 고객이 제품/서비스의 고객화 과정에 참여할 기회를 제공하고 적극적으로 수용한다.

11 고객발달단계를 올바르게 제시한 것은?

① 잠재고객 - 가망고객 - 신규고객 - 재구매고객 - 충성고객

② 가망고객 - 잠재고객 - 신규고객 - 충성고객 - 재구매고객

③ 잠재고객 - 신규고객 - 가망고객 - 재구매고객 - 충성고객

④ 가망고객 - 신규고객 - 재구매고객 - 충성고객 - 잠재고객

⑤ 가망고객 - 신규고객 - 잠재고객 - 충성고객 - 재구매고객

12 최초구매고객에게 기업이 취해야 할 행동으로 적합하지 않은 것은?

① 고객화(customization)된 맞춤 제공을 개발한다.

② 고객의 문제에 대한 순수한 관심을 갖고 경청을 한다.

③ 지킬 수 있는 것만을 약속한다.

④ 고객의 기대감을 충족시킨다.

⑤ 첫 거래에 감사를 표현하며, 재방문을 요청한다.

13 고객획득비용에 대한 설명으로 적합하지 못한 것은?

① 신규고객을 획득하는 데에 소요되는 비용

② CAC(Customer Acquisition Cost)

③ 고객을 획득하는 데에 소요된 직접 비용

④ 고객획득비용은 일반적으로 '고객 한 명당'을 기준으로 계산한다.

⑤ 고객획득비용은 경쟁이 심해지면 소요되는 비용도 증가하는 경향을 보인다.

14 심리적 부조화 상태를 설명한 것으로 틀린 것은?

① 구매 결정이 중요한 것일수록 부조화 상태는 심화된다.

② 구매 전에 고려했던 경쟁 제품이 많을수록 부조화 상태는 심화된다.

③ 선택하지 않았던 경쟁 제품의 조건이 좋을수록 부조화 상태는 심화된다.

④ 제품이나 브랜드의 구매빈도가 높은 것일수록 부조화 상태는 심화된다.

⑤ 구매를 돌이킬 수 없을 경우 부조화 상태는 심화된다.

15 충성고객이 보여 주는 충성행동이 아닌 것은?

① 지속적인 반복구매

② 은밀하게 혼자만 계속 사용

③ 구매량의 확대

④ 구전활동으로 주변 사람에게 추천

⑤ 경쟁사의 유혹에도 전환하지 않음.

16 '범용화 함정(commodity trip)'이 기업에 미치는 부정적 영향에 대한 설명으로 적합하지 않은 것은?

① 기술표준과 대량생산으로 기업의 효율성이 증가되어 충성고객을 유도한다.

② 경쟁이 심화되고 마진이 감소된다.

③ 마케팅비용이 증가된다.

④ 새로운 차별화 전략이나 기술 개발을 해도 투입 대비 효과가 약해진다.

⑤ 시장성장률은 정체되고 시장점유율은 감소되는 문제가 있다.

17 고객관계관리와 고객경험관리의 차이에 대한 설명으로 적합하지 않은 것은?

① 고객관계관리의 목적은 만족한 고객의 추천을 통한 신규구매 및 재구매를 촉진하는 데에 있다.

② 고객경험관리는 구매 및 사용 전후의 모든 접점에서의 긍정적 경험 전달이 핵심적 특징이다.

③ 고객관계관리의 대상은 기존고객 및 잠재고객을 모두 아우르는 만족감을 제공하는 것이다.

④ 고객관계관리는 구매 및 사용 후 만족을 강화시키는 것에 핵심적 특징이 있다.

⑤ 고객관계관리는 1990년 초, 고객경험관리는 2000년 초에 출현하였다.

18 매스마케팅과 CRM의 설명으로 적합하지 못한 것은?

① 매스마케팅의 기본자세는 판로확장이다.

② CRM의 기본자세는 중심고객과의 관계 중시이다.

③ 매스마케팅은 규모의 경제를 추구한다.

④ CRM은 1회에 한 명의 고객을 대상으로 마케팅활동을 한다.

⑤ CRM의 차별화 대상은 상품의 차별화이다.

19 고객경험관리의 필요성이 증가된 것에 대한 설명으로 적합하지 않은 것은?

① 고객의 경험 소비에 대한 욕구가 증가되었다.

② 고객 경험의 질이 기업 성과에 영향을 미치게 된다.

③ 고객관계관리에서 고객경험관리는 보완적 수단으로 활용도가 높다.

④ 고객관계관리에 비해 고객경험관리는 구매 반응 속도가 빠르다.

⑤ 고객경험관리는 고객관계관리를 대체하는 수단이 된다.

20 고객관계관리(CRM)에 대한 설명으로 적합하지 않은 것은?

① CRM은 고객 가치 향상을 통한 기업 수익성의 극대화가 목적이다.

② CRM의 목적 달성을 위해서 가치 있는 고객을 분별하고 세분화할 필요가 있다.

③ 차별된 서비스로 고객과의 관계를 개선한다.

④ 고객관계관리는 마케팅부서에서 서비스접점을 중심으로 이루어진다.

⑤ 고객관계개선은 순환적 프로세스를 통해 장기간 지속되어야 한다.

21 CRM 시스템의 이점에 대한 설명으로 적합하지 않은 것은?

① 고객을 획득하기 위한 비용이 증가되지만 경쟁사를 능가하기 위해 필요하다.

② 고객지원을 개선할 수 있다.

③ 집중된 고객상호작용을 가능하게 한다.

④ 고객유지율을 높여 준다.

⑤ 신사업에 대한 아이디어를 제공한다.

22 CRM 실행의 일반적 실패 원인이 아닌 것은?

① CRM은 기술에 기반한 것이라는 인식이 약하다.

② 고객생애가치에 대한 이해가 충분치 않다.

③ 통합된 데이터가 갖는 힘을 과소평가한다.

④ 부서 간의 협업이 부족하다.

⑤ 최고경영층이 적절한 지원을 하지 못한다.

23 성공적 CRM 전략에 대한 설명으로 적합하지 않은 것은?

① 고객유지를 위해 이탈가능고객을 예측하여 선제적으로 문제를 해결한다.

② 고정고객에 대한 차별적 서비스로 고객충성도를 높이는 전략을 활용한다.

③ 특정 서비스상품의 고객에게 자사의 다른 서비스상품을 구매하도록 유도한다.

④ 고객데이터를 활용하여 현재 고객과 유사한 특성을 지닌 대상을 검색하여 신규고객을 확보한다.

⑤ 과거 고객 재활성화를 위해 과거 거래 데이터베이스에서 거래중단고객은 데이터를 정리하여 없앤다.

24 고객포트폴리오 관리 방법은 외부지향, 수익지향, 가치지향으로 구분되는데, 이에 대한 설명으로 올바른 것은?

① 외부지향적 접근법은 잠재고객이나 경쟁사의 고객을 어떻게 획득할 것인가라는 문제의식을 출발점으로 한다.
② 수익지향적 접근법은 사업의 수익성 악화와 전략적 포지션의 악화를 유발시킬 수 있는 한계점이 있다.
③ 가치지향적 접근법에서 매출과 이익기여도에 따라 고객을 관리한다.
④ 수익지향적 접근법은 기업의 중장기 성과에 대한 전망은 미흡한 한계점은 있지만, 목표에 집중할 수 있는 장점이 있다.
⑤ 가치지향적 접근법은 사업포트폴리오의 확장에 따른 자원과 역량의 투입 요구 감소와 사업 기회 발생의 장점을 지닌다.

25 공정가치선에 대한 설명으로 올바른 것은?

① 공정가치선 상단 영역은 기업이 고객으로부터 얻은 가치가 높은 영역임을 표시한다.
② 기업과 고객 양자 간의 가치 수준이 어느 한쪽에 치우쳐 있는지의 여부를 확인하고 개선할 수 있는 전략적 방향성을 제시한다.
③ 공정가치선 하단 영역은 고객이 기업으로부터 얻은 가치가 높은 영역임을 표시한다.
④ 공정가치선은 고객과 기업 간의 거래를 객관적이고 양적인 개념으로 표시한다.
⑤ 공정가치선은 기업이 고객과의 관계를 통해 얻게 되는 고객순자산가치를 의미한다.

26 고객가치의 특성에 대한 설명으로 적합하지 않은 것은?

① 고객가치는 서비스구매단계 및 시간의 흐름에 따라 변한다.
② 고객가치는 주관적인 판단에 의해 결정된다.
③ 고객가치는 고객이 처한 상황에 관계없이 일정하다.
④ 고객가치를 결정하는 요인은 다양하고 단계적이다.
⑤ 고객가치는 고객의 상황에 따라 판단이 달라진다.

O / X 형

[27~34] 다음 문항을 읽고 옳고(O), 그름(X)을 선택하시오.

27 고객관계의 대체가능성을 낮추는 요소는 제공되는 서비스의 희귀성, 제공되는 서비스의 결과 품질, 고객 역할 제시 등이 있다. (① ○ ② ×)

28 서비스접점은 크게 대인서비스접점, 대물서비스접점으로 구분할 수 있다. (① ○ ② ×)

29 고객의 시민행동이란 고객이 서비스접점에서 수행해야 할 역할을 성실히 수행하는 것을 의미한다. (① ○ ② ×)

30 고객자산은 개별고객의 생애가치를 현재가치로 할인하여 전체 고객의 값을 합한 값으로 고객자산의 구성요소는 가치자산, 브랜드자산, 관계자산이 있다. (① ○ ② ×)

31 고객포트폴리오 관리는 시장과 고객에 대한 분석과 기업이 지닌 서비스 역량을 분석하여 불량 고객을 찾아내기 위한 것이다. (① ○ ② ×)

32 고객포트폴리오를 작성하는 목적은 고객세분화를 위해서이며, 관리하는 시장과 고객, 내부 서비스역량에 대한 분석을 통해 수행된다. (① ○ ② ×)

33 RFM지수는 최근성, 구매빈도, 구매액을 곱해서 구하며 고객가치 측정을 위해 산출한다. (① ○ ② ×)

34 고객경험관리는 기존 고객만을 대상으로 고객경험을 개선하기 위한 방법이다. (① ○ ② ×)

연결형

[35~38] 다음은 인간관계에 대한 구분의 기준을 제시한 것이다. 아래의 표에 적합한 답을 연결하시오.

① 공적 관계	② 사적 관계	③ 감정적	④ 사회규범

분류기준	35 ( )	36 ( )
관계상대의 대체가능성	대체가능성이 낮음	대체가능성이 높음
상호의존도	상호의존적	자율적 혹은 독립적
상대방에 대한 정보수준	구체적	피상적
행위규칙	개별규칙	38 ( )
관계의 성격	37 ( )	실용적
관계의 목적	내적보상	외적보상

[39~42] 다음은 슈미트의 경험 요인이다. 제시된 경험을 읽고 해당되는 것을 골라 넣으시오.

① 감각경험	② 인지경험
③ 행동경험	④ 관계경험

39 스마트폰을 처음 사용하면서 새로운 기능을 배우고 유능감을 느끼는 경험 (   )

40 사용자들 간의 모임에서 좋은 사람들을 만나고, 서로에게 도움이 되는 정보를 교환하면서 느끼게 되는 경험 (   )

41 스마트폰을 사용하면서 개인의 라이프스타일에 변화가 발생되어 지각되는 경험 (   )

42 새로 오픈한 점포에서 신기한 상품을 보고, 만지고, 즐거운 음악을 듣는 상황을 통해 지각되는 경험 (   )

43 다음은 맛집으로 소문난 식당에 가서 식사 후 나누는 친구 간의 대화 내용이다. 대화 마지막 부분에서 영민이가 언급한 것을 지칭하는 용어는?

영민

영민: 이 집 삼계탕 맛 어때?

철수

철수: 소문대로 맛이 일품이야. 네가 나를 여기까지 데리고 온 이유를 알겠어. 정말 오길 잘 했어.

영민: 나는 내심 걱정했어. 일부러 시간 냈는데 네가 맛이 없다고 하면 어떻게 하나 하고 말이야.

철수: 이 집은 직접 나서서 광고하지 않아도 왔던 손님들이 알아서 입소문을 많이 내 줄 것 같은데.

영민: 사실 입소문의 효과가 광고보다도 훨씬 큰 경우가 많지. 이처럼 긍정적 입소문으로 제품이나 서비스를 구매하게 되어 마케팅활동 전개 없이 확보된 신규고객의 가치는 정말 크다고 할 수 있어.

① 고객구매력
② 고객점유율
③ 공헌마진
④ 고객추천가치
⑤ 고객들의 간접적 기여 가치

44 다음은 국내 취업 포털 기업의 서비스 마케팅 사례이다. 고객관계관리 측면에서 이 회사의 성공 요인과 거리가 먼 것은?

> J사는 150만 기업 회원과 1,000만여 명의 개인 회원, 60%의 시장점유율을 확보하고 있는 국내 취업 포털 1위 기업이다. 하루 평균 33만여 명의 방문과 1일 평균 채용 공고 등록 건수가 1만 건 이상으로 경쟁사와는 비교되지 않을 정도로 가장 많은 채용 정보를 제공하고 있다. 이처럼 막강한 경쟁력의 기반에는 높은 서비스상품 품질과 차별화된 고객관계 관리 등이 자리 잡고 있다. 고객 니즈를 파악하는 데 상당한 투자를 하여 고객이 진정으로 원하는 새로운 서비스상품을 경쟁사보다 한 발 앞서 선보임으로써 고객들의 좋은 반응을 얻고 있다. 고객의 가려운 곳을 찾아내 긁어 주어 시원하게 해 주니 반응은 항상 기대 이상이며 긍정적 구전 효과가 빠르게 나타난다. 그래서 이 회사가 새롭게 선보이는 서비스 상품마다 '업계 최초'라는 수식어가 붙는다. 경쟁사들은 J사의 구축된 서비스를 모방하는 데 급급한 실정이다. J사의 경영진에서는 고객관계관리의 중요성을 실감하고 고객과 상호 만족하는 관계 형성을 하는 데 자원을 집중하고 있다. 그 결과 J사의 충성고객은 오늘도 계속 증가하고 있다.

① 고객 니즈 파악을 위하여 상당한 투자를 한 것
② 경쟁사보다 우월한 서비스상품을 한 발 앞서 출시한 것
③ 시장 선도자답게 업계 최초를 지향하는 마케팅활동을 한 것
④ 불만 고객들의 컴플레인 내용을 새로운 마케팅 기회로 삼은 것
⑤ 고객의 기대 이상 반응으로 긍정적 구전 효과가 빠르게 나타난 것

45 아래 보기의 내용을 구매사이클에 맞춰 적절히 순서를 나열한 것은?

> ㉠ A고객은 S쇼핑몰의 제품을 인터넷으로 처음 구매하였다.
> ㉡ A고객은 인터넷으로 제공된 사진보다 색이 선명해서 기분이 좋았다.
> ㉢ A고객은 친구의 소개로 S쇼핑몰을 알게 되었다.
> ㉣ A고객은 같은 제품을 추가로 구매해야겠다고 생각했다.
> ㉤ A고객은 같은 제품을 구매하여 친구에게 선물했다.

① ㉢ ⇨ ㉠ ⇨ ㉡ ⇨ ㉣ ⇨ ㉤
② ㉡ ⇨ ㉢ ⇨ ㉠ ⇨ ㉤ ⇨ ㉣
③ ㉡ ⇨ ㉢ ⇨ ㉤ ⇨ ㉠ ⇨ ㉣
④ ㉢ ⇨ ㉡ ⇨ ㉠ ⇨ ㉣ ⇨ ㉤
⑤ ㉢ ⇨ ㉡ ⇨ ㉣ ⇨ ㉠ ⇨ ㉤

46 다음은 **노드스트롬(Nordstrom)**의 경영 방식을 잘 보여 주는 일화이다. 판매 사원이 외부 고객의 만족을 위해 행한 정책을 잘 설명한 것은?

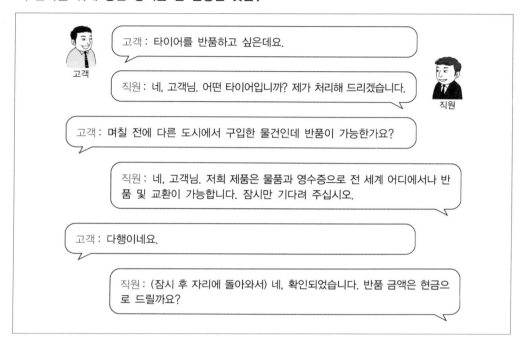

고객 : 타이어를 반품하고 싶은데요.

직원 : 네, 고객님. 어떤 타이어입니까? 제가 처리해 드리겠습니다.

고객 : 며칠 전에 다른 도시에서 구입한 물건인데 반품이 가능한가요?

직원 : 네, 고객님. 저희 제품은 물품과 영수증으로 전 세계 어디에서나 반품 및 교환이 가능합니다. 잠시만 기다려 주십시오.

고객 : 다행이네요.

직원 : (잠시 후 자리에 돌아와서) 네, 확인되었습니다. 반품 금액은 현금으로 드릴까요?

① 다양한 제품 구색
② 고객을 배려한 쇼핑 환경의 제공
③ 서비스에 중점을 둔 특별한 가격 정책
④ 개인별 고객 수첩
⑤ 조건 없는 반품 수용 정책

통합형

[47~48] 다음은 ○○통신사 고객센터에서의 불만 접수 내용이다.

고객 : 인터넷을 신규로 가입했는데 계속 끊어지고 ARS로 고장 접수를 하려고 해도 전화 연결이 잘 안 돼요. 계속 단말기를 재부팅해야 하는데 불편해서 어떻게 사용하죠?

고객

상담원 : 네, 고객님. 죄송합니다. 인터넷 사용 중에 자꾸 끊어지면 많이 불편하셨을 것 같은데 신속히 조치해 드리지 못해 죄송합니다. 게다가 전화 연결도 잘 안 되었으니 더 불편하셨을 것 같습니다.

상담원

고객 : 빨리 고쳐 주시거나 해지해 주세요.

상담원 : 죄송합니다. 빠르게 조치할 수 있도록 방법을 찾아보겠습니다.

고객 : ARS는 정말 문제가 많은 것 같아요. 고장접수를 하는 고객은 당장 불편한 상황인데 계속 안내 멘트만 나오면 어떡합니까?

상담원 : 죄송합니다. 말씀하신 것처럼 고장접수만큼은 가장 신속하게 처리될 수 있어야 하죠. 문제점을 지적해 주셔서 감사합니다. 우선, 고장 관련 문제는 오늘 가장 가까운 기사님께서 30분 이내에 전화 드리고 두 시간 내에 찾아뵙게 될 것입니다. 고객님의 상황을 기사님께도 전달해서 빠르게 서비스 받으실 수 있도록 해 두겠습니다.

고객 : 알겠습니다.

상담원 : 고객님 다시 한 번 죄송하다는 말씀을 드리고, 이후 인터넷 서비스에 동일한 문제가 재발하지 않는지 기사님 방문 이후에 확인 전화를 다시 한 번 드리겠습니다. 혹시 그때 문제가 있으시면 저희에게 바로 말씀하실 수 있도록 하기 위해서입니다. 괜찮으시겠습니까?

고객 : 네, 그렇게 알겠습니다.

상담원 : (   )

47 상기 고객은 해당 서비스를 최초 구매한 고객이다. 다음 중 이를 위해 기업이 취해야 할 행동으로 적절치 못한 것은?

① 고객의 문제에 대한 순수한 관심을 갖고 경청해야 한다.
② 고객의 기대감을 충족시킬 수 있어야 한다.
③ 재방문을 위한 비전을 제시할 수 있어야 한다.
④ 첫 거래에 대한 감사의 표현을 한다.
⑤ 고객이 부담감을 가질 수 있으니 재방문 요청은 삼가야 한다.

48 상기 대화에서 컴플레인 처리 단계에 따라 (   ) 안에 들어갈 상담원의 응대로 적절한 것은?

① 고장접수 시 계속 안내멘트만 나와 답답하셨죠?
② 앞으로 신속한 처리를 할 수 있도록 개선점을 찾아보겠습니다.
③ 고장접수가 많아 지연이 되었나 봅니다.
④ 네, 그러셨습니까? 많이 불편하셨죠?
⑤ 혹시 원하시는 방문시간이 있으세요?

SMAT
Module **B**
서비스 마케팅·세일즈

Part

03

VOC 분석/관리 및
컴플레인 처리

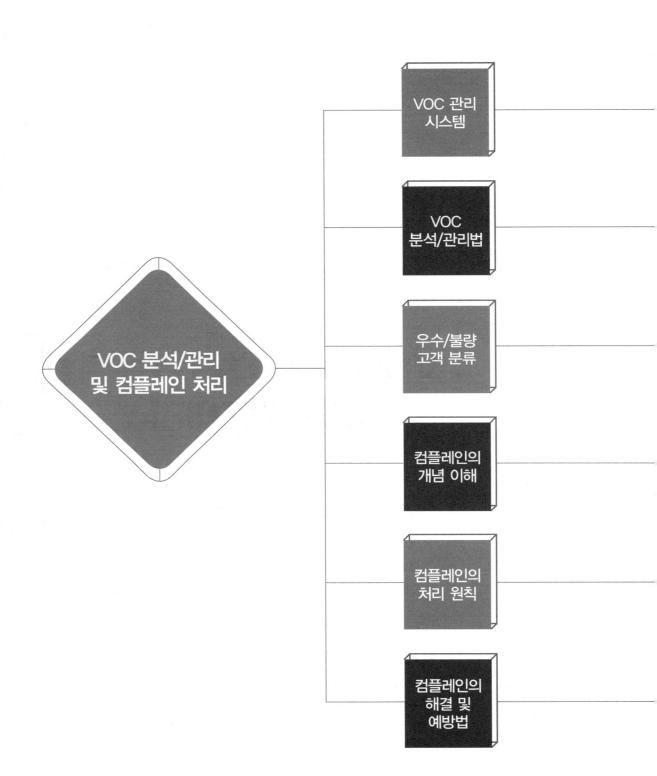

VOC 분석/관리
및 컴플레인 처리

VOC 관리
시스템

VOC
분석/관리법

우수/불량
고객 분류

컴플레인의
개념 이해

컴플레인의
처리 원칙

컴플레인의
해결 및
예방법

SMAT

- VOC 관리시스템의 이해
  - VOC의 이해 ★
  - VOC 관리의 목적 ★★
  - VOC 처리프로세스 ★
- VOC 관리시스템의 중요 속성 ★★

- VOC 유형 분류
  - VOC를 제기하는 내용에 따른 분류 ★★
  - VOC 형성 장소에 따른 분류 ★★
- VOC 빅데이터의 이해
  - 빅데이터의 특징 ★
  - 빅데이터의 분석기법 ★
  - 데이터 수집 기술 ★★

- 불량고객의 유형
  - 제이커스터머 ★★
  - 블랙컨슈머 ★★
- 우수고객의 유형
  - 화이트컨슈머 ★
- 고객숙련도에 따른 고객유형분류
  - 고객숙련도에 따른 고객의 분류 ★
- 서비스 실패
  - 서비스 실패의 의의 ★★
  - 서비스 실패의 원인 ★★
  - 서비스 실패에 대한 고객 반응 ★
- 컴플레인의 이해
  - 컴플레인의 의의 ★★
  - 컴플레인과 클레임의 차이 ★★
- 서비스 보증
- 서비스 회복
  - 서비스 회복에 대한 이해 ★★★
  - 서비스 회복과 불만관리의 차이 ★★★
  - 서비스 회복의 중요성 ★★
  - 서비스 회복 수단과 과정 ★
- 불만관리
- 불만고객 응대원칙
  - 컴플레인 해결을 위한 5가지 기본 원칙 ★★★
  - 고객 불만 관리의 성공 포인트 ★
- 불만 고객 처리 단계 ★★
- 불만 고객 응대 기법 ★★
- 컴플레인 유형별 분류 및 해결 방법 ★★★

VOC 관리시스템

출제 & 학습 포인트

출제포인트

1장 VOC 관리시스템에서는 VOC의 개념과 VOC 관리시스템의 중요 속성에 대한 문제의 출제 빈도가 높습니다.

학습포인트

1 VOC의 개념은 VOC 관리의 목적과 함께 학습합니다.

2 VOC 관리시스템을 수립하기 위한 VOC 처리프로세스를 학습합니다.

3 VOC 관리시스템의 4가지 중요 속성의 개념을 정확히 학습합니다.

1 VOC 관리시스템의 이해

(1) VOC(고객의 소리 : Voice Of Customer)의 이해 ★

① VOC란 고객이 기업에게 들려주는 모든 종류의 피드백을 뜻한다.

② 기업의 경영활동에 대한 고객의 피드백으로 각종 문의, 불만, 제안, 칭찬 등의 정보가 이에 해당한다.

③ VOC는 서비스 개발과 혁신에 중요한 기초 데이터로 유용하게 활용될 수 있다.

④ 최근 VOC에 대한 중요도가 높아짐에 따라 VOC를 독립적인 시스템으로 도입하고, CRM을 대체하거나 보완하는 시스템으로 활용하는 곳도 증가하고 있다.

🖉 알아두기

고객만족도 조사
- 기업의 제품이나 서비스를 이용하는 고객의 의향과 선호도에 대한 조사로, 기업은 정기적으로 고객만족도를 조사하고 그 결과를 회사의 전체적인 마케팅 전략 및 방향에 반영한다.
- 고객만족도 조사는 명확한 조사 목적과 서비스 전략을 수립한 후 이에 맞는 조사 대상과 범위를 선정할 수 있다.

(2) VOC의 중요성

① VOC를 적극적으로 반영하면 고객 만족도가 높아지고, 충성고객으로 발전할 수 있다.

② 불만고객의 문제를 해결하면 고객 이탈을 방지하고, 긍정적인 관계를 유지할 수 있다.

③ 제품과 서비스의 문제점과 개선점을 파악하는 데 중요한 데이터를 제공한다.

④ 고객의 요구를 충족하는 더 나은 제품과 서비스를 개발할 수 있다.

⑤ VOC는 고객의 선호도와 시장 변화에 대한 중요한 정보를 제공한다.

⑥ 고객의 의견을 듣고 신속하게 대응함으로써 기업과 신뢰를 쌓고, 긍정적인 브랜드 이미지를 구축할 수 있다.

⑦ VOC는 고객이 원하는 것을 제공함으로써 경쟁 우위를 확보하여 차별화된 고객 중심 전략을 수립할 수 있다.

⑧ 고객 요구사항을 친화도(affinity diagram)로 정리하면 체계적으로 고객가치를 정리할 수 있다.

(3) VOC 관리의 목적 ★★

① 제품이나 서비스에 대한 고객의 만족 여부를 파악
② 고객의 니즈와 기대를 분석하여 고객에게 적합한 서비스를 제공
③ 고객의 관점에서 나오는 새로운 아이디어를 서비스 개선에 반영
④ 고객과의 소통을 원활하게 하여 고객유대를 강화
⑤ 장기적 차원에서 고객과 유대 강화로 충성고객을 육성하고 성장의 파트너 형성

(4) VOC와 고객충성도

구분	고객반응	고객충성도
Over the VOC	고객 자신도 모르고 있던 요구사항이나 니즈, 또는 창조적 영역을 의미하며, 이를 달성하면 고객만족을 넘어 고객감동	높음
The VOC	고객이 필요로 하는 요구사항을 직접 언급하는 것	보통
Under the VOC	기본적으로 고객이 받아야 한다고 여기고 있는 것으로 이 부분을 충족시키지 못하면 고객은 불만을 표시	낮음

(5) VOC 관리시스템

① VOC 관리시스템의 등장 배경

환경적 요인	디지털 환경이 보편화되어 고객과 기업의 더 능동적이고 활발한 소통이 가능해짐.
고객 요인	• 수동적이던 고객이 능동적으로 전환됨. • 고객 간의 소통 증가로 불만고객이 다른 고객에 대한 영향력을 증가시킴. • 고객 역할이 증가함에 따라 시장에서 주도적 역할 수행 • 고객불만행동의 파급력이 커져 적절치 못한 대응은 매우 높은 위험으로 발전될 가능성이 높아짐.
기업 요인	• 기업의 입장에서 고객의 소리에 대한 적절한 대응이 매우 중요한 요소가 됨. • 95%의 불만고객은 기업에게 직접 소통하지 않고 이탈행동을 보임. • 불만고객은 평균 8~10명의 타인에게 부정적 구전을 함. • 사람들은 긍정적 정보보다는 부정적 정보에 더 민감하게 반응 • 고객불만은 기존고객의 이탈뿐 아니라 신규고객 확보에도 어려움을 줌. • VOC에 대한 능동적 입장을 갖고 고객소통을 적극적으로 하는 것이 성공하는 기업들의 문화요소가 됨. • VOC를 통한 개선, 혁신, 새로운 사업 기회의 모색을 하게 됨.

② VOC 관리시스템의 효과 : 고객과 쌍방향 소통을 통해 고객유대를 강화하고 만족시킴으로써 고객의 소리에 근거한 경영활동체계를 수립하여 기업가치를 극대화할 수 있다.

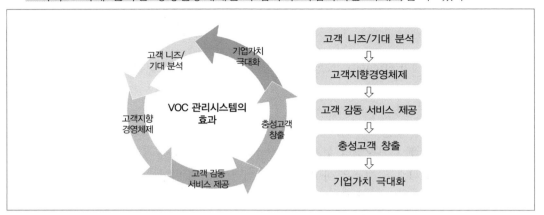

🖉 알아두기

VOC 관리시스템을 통해서 경영활동 전반에 활용되는 VOC의 용도

• 서비스 및 업무 프로세스의 개선
• 고객 니즈를 반영하여 상품 수준 개선
• 신속한 불만 처리와 재구매율 향상
• Risk의 사전예방 가능
• 인적자원관리

③ VOC 관리시스템의 수립

　㉠ VOC 업무 흐름

ⓛ VOC 처리프로세스 ★

수집	• VOC의 수집 채널로는 전화, 팩스, 이메일, 홈페이지, 기업SNS에 직접 표현 • 직접적 표현이 없더라도 능동적인 태도로 고객이 불편을 느낄 수 있는 부분까지 예방적으로 파악하려는 노력 필요 • 정성적 및 정량적 자료 모두 활용
처리	• 처리 과정에는 접수와 대응, 처리 결과와 고객 평가, 해피콜까지의 단계 포함 • 고객과 접점에서 1차 처리를 완료하는 것을 목표로 서비스품질 관리 실시 • 접수 후 해피콜까지 진행되는 시간과 만족도를 지표화해서 관리
분석	• VOC의 발생, 접수 채널, 중요도 등 다양한 기준으로 분류하여 기본 통계 분석 • 반복 실패의 방지를 위한 개선 방법 도출 • 관련된 프로세스와 대응 부서에 대한 내부 역량 분석 • 제안된 고객 의견의 사업 기회 분석 • 다양한 분석 목적에 맞추어 정보 창출 • 고객 요구사항을 친화도(affinity diagram)로 정리하면 체계적으로 정리 가능
공유	• VOC는 접점 부서만의 문제가 아니라 전사적인 대응의 문제 • 전 직원이 VOC를 공유할 수 있는 지식공유시스템에 연계되도록 설계 • 전사적 공유와 대응 방안 모색을 기본 가치로 수립
반영	• VOC를 통해 개선이 필요한 것은 적극적으로 개선하고 경영에 반영함. • 개선에 대한 내용과 결과를 고객에게 전달하거나 홍보하여 알림. • VOC가 반복되지 않도록 조치

🖊 알아두기

친화도법(Affinity Diagram)
• 동일 주제에 대한 다양한 아이디어나 전망 자료를 종합하여 유사성이나 연관성에 따라 재분류하고, 문제에 대한 해결안을 제시하는 방법
• 수집된 자료에서 찾을 수 있는 개념이나 의미의 관련 정도를 바탕으로 자료를 구조화하는 방법
• 대규모 자료를 분석하기에 적합
• 정량적 방법을 바탕으로 자료 분석
• 논리적인 접근을 통해 자료 분석

2 VOC 관리시스템의 중요 속성 ★★

서비스의 즉시성	• VOC에 즉시 대응할 수 있도록 설계 • 고객의 소리에 즉각적으로 반응함으로써 서비스품질과 고객만족도를 높이는 것을 의미 • VOC에 대한 빠른 대응은 고객만족에 가장 많은 영향을 미치므로 VOC 관리시스템에서 가장 중요한 속성	
수집 채널의 다양성	• 다양한 채널을 개설하여 고객의 소리를 적극적으로 수집할 수 있도록 설계 • VOC를 접수 받는 접점	
	온라인 접점	인터넷 고객센터, 홈페이지, SNS 등
	오프라인 접점	콜센터, A/S 요원의 방문, 고객 방문 등
	내부적 측면	정기적인 고객조사를 통한 고객반응 접수, 모니터링을 통한 제품과 서비스의 반응 접수 등
	외부적 측면	외부 웹사이트, 신문 등의 각종 고객조사 등
	미스터리 쇼퍼	서비스모니터링의 한 방법으로 서비스접점에서 고객으로 가장한 조사원이 암행감사 방식으로 서비스현장의 품질을 측정하는 방법
정보시스템의 통합성	• 정보의 효율성을 위해 다양한 수집 채널에서 수집된 다양한 형태의 데이터를 검색하고 통합할 수 있도록 설계 • 다양한 채널을 통해 획득된 데이터가 통합되어 중앙데이터베이스에 저장되어야 함. • 저장된 데이터는 고객 중심으로 통합되고 피드백 할 수 있는 시스템의 설계 필요 • 조직 내 다른 부문에서 수집되는 VOC 정보를 일정한 기준으로 분류·통합·정리하여 고객관리부서나 경영층에서 종합적인 판단을 할 수 있도록 지원	
고객 및 내부 프로세스 피드백	• 분석된 VOC 정보를 더 나은 고객 응대와 경영 프로세스 개선으로 연결하기 위해서는 고객 및 내부 프로세스 피드백을 통해 공유하는 것이 필요 • 경영층도 고객과 직접 접촉할 수 있는 고객 프로그램의 지속적 제공 필요 • 고객 피드백은 VOC 정보의 피드백, 해피콜 등을 통해 측정 • 내부 프로세스 개선은 고객 서비스 증진을 위한 프로세스 개선, 제도 및 사규의 개선, 피드백 내용의 직원 공유 등으로 성과평가	

VOC 분석/관리법

출제 & 학습 포인트

★★★ 최빈출   ★★ 빈출   ★ 필수

출제포인트

2장 VOC 분석/관리법은 파트3 VOC 분석/관리 및 컴플레인 처리에서 출제 빈도가 높은 부분은 아니지만 VOC 유형 분류와 빅데이터의 특징에 대한 문제는 꾸준히 출제됩니다.

학습포인트

1 VOC는 다양한 기준으로 분류되는 VOC를 제기하는 내용과 VOC 형성 장소에 따른 분류가 주로 출제되나, 다른 기준에 따른 분류도 잘 구분해서 학습합니다.

2 빅데이터는 개념과 특징을 중심으로 학습합니다.

3 최근 데이터 수집 기술에 대한 출제 빈도가 증가되니 양적 데이터 수집과 질적 데이터 수집의 특징의 차이를 학습합니다.

1 VOC 유형 분류

(1) VOC를 제기하는 내용에 따른 분류 ★★

제안형 VOC	• 제품의 성능이나 고객 서비스, 서비스 절차 등에 대한 고객의 소리 • 불평이나 불만의 제기 목적보다는 개선의 목적이 더 우선되는 VOC
불만형 VOC	• 서비스의 실패나 제품의 실패로 인해 발생된 고객의 소리 • 불만형 VOC에 대해서 불만이 재발되지 않도록 구조적인 해결 필요 • 불만형 VOC는 접수된 후에 제안 형태로 전환하여 개선 반영 • CCMS를 도입하여 불만형 VOC로 접수된 내용을 고객불만 해결과 재발 방지를 위해 활용(CCMS : 소비자불만자율관리프로그램, Customer Complaints Management System)
만족형 VOC	서비스 및 상품의 우위성을 객관적으로 평가하여 우수사례로 활용 가능

(2) 불만을 제기하는 주체에 따른 분류

고객의 VOC	• 고객이 기업에 직접 의견을 제시하는 VOC • 제안형 VOC와 불만형 VOC를 모두 포함
직원의 VOC	• 직원들이 상품이나 서비스 개선을 위해 제기하는 VOC • 직원들이 고객의 입장에서 VOC를 제기하는 것으로 제안형 VOC가 일반적

(3) VOC의 접수 채널에 따른 분류

대면 채널	접점 현장에서 고객이 직접 제기하는 VOC
비대면 채널	전화, 이메일, 게시판, 팩스, 서식 등을 통해 제기하는 VOC

(4) VOC 형성 장소에 따른 분류 ★★

내부형성 VOC	고객이 기업으로 직접 접수하는 VOC
외부형성 VOC	• 기업 외부 환경에서 유포되고 확산되는 VOC • 고객이 기업에 접수하는 것이 아니라 언론사, 소비자단체, 동호회나 안티사이트, 인터넷, 구전, 경쟁사 등을 통해 형성되는 것

(5) VOC의 발생 원인별 분류

인적 원인	• 직원의 실수 : 서비스를 수행하는 직원의 실수로 VOC 발생 • 고객의 실수 : 고객의 이해 부족이나 오해로 VOC 발생
비인적 원인	서비스 프로세스, 장비, 공간의 문제로 VOC 발생

2 VOC 빅데이터의 이해

(1) 빅데이터의 정의

① 빅데이터는 디지털 환경에서 생성되는 데이터로 규모가 방대하고, 생성 주기도 짧고, 형태도 수치 데이터뿐 아니라 문자와 영상 데이터를 포함하는 대규모 데이터를 말한다.

② 대량의 정형 또는 비정형 데이터의 집합을 의미하며, 이러한 데이터로부터 가치 있는 정보를 추출하고 분석하는 기술을 활용하는 것을 말한다.

(2) 등장배경

① 디지털 경제의 확산으로 거대한 정보와 데이터가 생산되는 빅데이터 환경이 조성되었다.

② 사용자가 직접 제작하는 다양한 동영상 콘텐츠와 SNS에서 생성되는 문자 등은 데이터의 형태와 질에서 기존과 다른 양상의 데이터를 축적시키고 있다.

③ 기업은 이러한 데이터를 활용하여 고객의 동선과 욕구를 파악하여 서비스를 제공하는 위치기반서비스(location based services)를 제공하기 시작하였다.

④ 정보의 기하급수적 증가에 대응하는 새로운 기술로 빅데이터 기술이 발전하게 되었다.

(3) 특징과 의미

① 빅데이터의 특징 ★ : 빅데이터의 특징은 3V(Volume, Velocity, Variety)로 요약하는 것이 일반적이다. 최근에는 가치(Value)와 복잡성(Complexity)을 추가하였다.

데이터양 (volume)	• 저장되는 물리적 데이터 양의 증가 • 데이터 분석 처리에 어려움이 따르는 네트워크 데이터의 증가
데이터 생성 속도 (velocity)	• 데이터 생산 및 유통, 수집 및 분석 속도의 증가 • 빅데이터는 데이터의 실시간 처리 및 장기적 접근이 필요
데이터 형태의 다양성 (variety)	• 빅데이터는 단순히 데이터의 양적 증가를 의미하는 것이 아니라 다양한 형태의 데이터를 분석에 포함하는 것을 의미 • 빅데이터 분석은 관계형 데이터베이스 기반의 정형 데이터뿐만 아니라 데이터베이스 스키마를 포함하는 반정형 데이터도 분석 가능 • 사진, 오디오, 비디오 형식의 소셜미디어 데이터나 로그파일 같이 비정형 데이터도 처리 가능
데이터 가치 (value)	• 빅데이터는 고객행동을 예측하고 대응방안을 마련해 기업경쟁력을 강화 • 이를 통해 생산성 향상과 비즈니스 방식의 혁신을 가능하게 하는 가치
데이터 복잡성 (complexity)	• 복잡하고 다양한 데이터를 활용하여 대규모 고객정보를 빠른 시간 안에 분석 • 인터넷과 SNS에 생성되는 기업 관련 검색어와 댓글 등 복잡한 고객반응을 실시간으로 파악해 즉각적인 대응이 가능하게 함.

② 빅데이터 기술의 의미

　㉠ 빅데이터 기술은 대규모 데이터에 대한 생성, 수집, 분석, 표현을 특징으로 한다.

　㉡ 기업은 보다 다양한 형태의 고객정보를 수집하고 분석함으로써 더 실질적이고 효과적인 대응방안을 고객에게 제시할 수 있다.

　㉢ 기존의 기술에서는 분석이 불가능했던 대량의 비정형 혹은 반정형 데이터가 주는 의미를 분석하게 되어 보다 정확한 예측을 하게 되었다.

　㉣ 빅데이터 기술의 발전은 다변화된 현대사회를 더욱 정확하게 예측하여 효율적으로 작동하게 하였다.

　㉤ 개인화된 맞춤 정보의 제공, 관리, 분석을 가능하게 하여 과거에는 불가능했던 서비스를 실현할 수 있게 도와준다.

(4) 빅데이터 수집

① 기존 VOC 시스템의 한계

　㉠ 기존 고객의 소리에 집중되었다.

　㉡ 사후적인 고객의 소리에 집중된다.

　㉢ 경쟁사를 이용하는 고객의 소리를 분석하지 못한다.

　㉣ 새로운 시장이나 고객의 소리를 놓치게 된다.

　㉤ 새로운 서비스나 상품의 출시에 대한 기대를 파악하기 어렵다.

　㉥ 비정형 데이터에 대한 파악을 하지 못한다(데이터의 80%는 비정형 데이터).

　㉦ 빅 마우스(big mouth)에 대한 영향력을 파악하지 못한다.

② VOC 빅데이터 수집과 활용의 조건

VOC 데이터 접근성	• 기업 외부의 데이터 활용가능성과 기업 내·외부 데이터의 체계적 결합 및 VOC의 전사적 이용가능성을 높이는 것이 필요 • 이를 위해서는 개인정보에 대한 보안 및 프라이버시 보호에 대한 준비와 보안, 지적 재산권, 법적 책임 관련 사전준비가 필요
빅데이터 인프라	• 빅데이터 인프라를 구축하기 위해서는 클라우드 기반 통합분석시스템의 활용과 전사적 데이터통합활용체계 필요 • 분산된 데이터의 클라우드 기반 통합으로 데이터 공유프로세스를 갖추는 것이 필요
분석역량	• 대용량 데이터 분석기술과 실시간 기반분석, 시각화 소프트웨어에 대한 역량 준비 • 내부 데이터베이스와 결합분석을 통한 경보시스템(warning system)을 구축 • 실시간 의사결정 지원방안을 마련하여 VOC 빅데이터에 대한 실시간 대응이 가능하도록 준비
VOC 데이터 중심조직	• VOC 데이터 중심의 조직을 갖추기 위해서는 전문적 분석 조직과 전문 인력의 양성 필요 • 데이터 기반 의사결정을 할 수 있는 조직구조 지원 • VOC 빅데이터에 대한 통찰력 있는 전문가를 활용한 분석전문조직 구성

(5) 빅데이터의 분석기법 ★

① 분석기술

텍스트 마이닝 (text mining)	비정형과 반정형 텍스트 데이터를 자연어 처리 기술로 유용한 정보를 추출, 가공하는 것을 목적으로 하는 기술
오피니언 마이닝 (opinion mining)	소셜미디어상의 정형과 비정형 텍스트를 긍정, 부정, 중립의 선호도로 판별하여 오피니언의 평판을 판별하는 기술
소셜네트워크 분석	소셜네트워크의 텍스트에서 연결구조 및 연결강도 등을 바탕으로 사용자의 명성, 영향력을 측정하는 기술
군집분석	비슷한 특성을 지닌 개체를 합쳐가면서 최종적으로 유사 특성의 데이터 군(cluster)을 발굴하는 데 활용되는 기술

② 표현기술 : 빅데이터 분석기술을 통해 분석된 데이터의 의미와 가치를 시각적으로 표현하는 기술이다.

(6) 빅데이터의 분석결과 종류

키워드 분석	특정 키워드와 관련된 내·외부의 빅데이터를 분석하여 정보들의 연관관계를 한눈에 파악할 수 있도록 한다.
트랜드 분석	• 키워드의 시기별, 미디어별 트랜드를 분석한다. • 어떤 동향, 패턴, 관심을 보이는지를 분석한다. • 특이점이 발견되는 부분에서 어떤 이슈들이 있는지를 파악·분석한다.
평판 분석	• 특정 제품, 인물, 이슈에 관한 빅데이터를 수집하여 제시자의 선호와 비선호를 분석한다. • 평판분석은 특정 키워드만 분석하는 것이 아니라 키워드와 관련된 특성에 대한 평판 분석도 가능하다.
빅데이터 분류, 군집분석	저장 및 수집된 빅데이터를 자동으로 분류하거나 군집하여 사용자가 정보에 접근을 하는 데에 유리하게 한다.
지역정보 기반 분석	• 위치나 지역에 대한 정보를 활용하여 빅데이터 기술 분석을 한다. • 특정 지역에서의 니즈, 트랜드, 동향 등을 파악할 수 있어 지역별, 위치별 대응전략을 수립하는 데에 활용할 수 있다.
빅데이터 네트워크, 영향력 분석	• 빅데이터 내의 지식 흐름에 대한 네트워크 분석이 가능하다. • 주요 의견 게시자를 파악하고, 정보와 영향력을 분석하며, 정보전파도나 정보이동경로 등을 분석한다.
특정 분야별 비교분석	• 모든 빅데이터 분석은 분석 분야와 목적에 따라 비교분석이 가능하다. • 미디어별, 키워드별, 경쟁사별 비교분석을 한다.

✎ **알아두기**

데이터 수집 기술 ★★

양적 데이터 수집	질적 데이터 수집
• 구조적 조사 방법 • 평균, 표준편차와 같은 기술 통계치 중요 • 분석이 용이함. • 정밀한 측정을 원할 경우 실시 • 많은 표본 사용	• 비구조적 조사 방법 • 개요, 서술적 묘사, 요약 등으로 정리 • 데이터를 수집, 분석하는 데 많은 노력 필요 • 서술적, 심층 정보를 원할 경우 실시 • 적은 표본 사용

우수/불량고객 분류

출제 & 학습 포인트

출제포인트

3장 우수/불량고객 분류에서는 불량고객의 유형과 우수고객의 유형에 대한 문제가 주로 출제됩니다.

학습포인트

1 제이커스터머의 불량고객 분류의 6가지 유형과 각 유형별 대처 방법을 잘 연결하여 학습합니다.

2 불량고객 중 한 유형인 블랙컨슈머의 정의와 행동 특징을 학습합니다.

3 우수고객의 2가지 유형의 정의와 행동 특징을 학습합니다.

1 불량고객 유형

서비스에 대해 비협조적으로 행동하거나 불량한 행동을 하는 고객이다. 서비스제공과정에서 많은 불량고객이 존재하는 경우에는 다른 고객에게도 부정적 영향을 주어 기업의 이미지와 서비스 전달에 영향을 미치게 된다.

(I) 제이커스터머(Jaycustomer) ★★

무단횡단자를 의미하는 제이워커(Jay walker)에서 유래된 말로, 무례하거나 험담 등의 행동을 하는 고객으로 기업, 직원, 다른 고객에게 부정적 영향을 미치게 된다. 제이커스터머는 서비스나 제품을 잘못 소비하거나 사용하여 기업의 약점을 공격하고 보상을 요구하는 불량고객을 일컫는다.

① 발생원인

고객 측면	• 개인적 성향인 성격과 특질이 원인인 경우 • 왜곡된 소비자 권리의식과 높은 기대 수준에 대한 오남용
기업 측면	• 과대약속 경향 • 부정확한 정보의 제공이나 커뮤니케이션 오류 • 과도한 판매지향성의 경영환경
사회적 측면	• 인터넷의 활성화로 고객 간의 커뮤니케이션 증가 • 매스미디어의 영향에 의한 소비자의 특권의식 증가 • 공급자 중심에서 수요자 중심으로 시장환경 변화

② 유형

도둑형 (Thief)	대가를 지불할 의사가 없으며 제품 및 서비스를 도둑질하는 유형
위법형 (Rulebreaker)	원활한 서비스접점 운영을 위해 준비된 다양한 규정(예 적정 수용인원, 위생관련 규정, 대기번호시스템 등)을 준수하지 않는 고객
호전형 (Belligerent)	서비스접점에서 큰 소리로 소리치거나, 욕설, 외설, 위협, 모욕 등의 행동을 하는 고객
내분형 (Family feuder)	서비스접점에서 다른 고객과 논쟁을 하거나 불량한 태도로 기분을 상하게 하는 등의 행동을 하는 고객
파괴형 (Vandal)	기업의 물건이나 물품에 손상을 가하는 행동을 하는 고객
부랑자형 (Deadbest)	• 지불능력이 없어 지불을 하지 못하는 고객 • 지불능력이 없으므로 사용이나 소비 후에 몰래 사라지는 유형 • 호텔에서 객실이나 부대시설 등을 이용하고 고의로 요금을 지불하지 않고 도망가는 고객을 스키퍼(skipper)라 지칭

③ 제이커스터머 대응 방법

도둑형 (Thief)	상품에 태그를 부착하거나 도난방지시스템을 마련하여 부정직한 행위에 대해 경각심과 방지책을 마련
위법형 (Rulebreaker)	• 안전한 거래를 위해 필요한 규칙을 고객이 쉽게 인지할 수 있도록 학습시스템을 제공 • 기존의 규칙이 고객에게 오히려 불편을 초래하지 않는가를 검토 • 규칙은 쉽게 이해하고 행동할 수 있도록 제시
호전형 (Belligerent)	• 서비스직원의 효과적 대응이 중요 • 사전에 교육과 훈련을 실시하고, 사례분석을 통한 대응법 제공
내분형 (Family feuder)	• 타 고객에게 피해가 가지 않도록 분리하는 것이 중요 • 분리된 지역에서 내분형 고객이 감정을 조절하고, 서비스제공자와 소통을 통해 합리적인 대안을 찾도록 노력 • 서비스접점 관리자나 지원부서 직원이 내분형을 대응할 수 있는 응급 대응프로그램 준비
파괴형 (Vandal)	• CCTV를 통해 확실한 증거를 통해 처리 • CCTV를 설치할 때는 고객에게 현장이 녹화되고 있음을 알리는 표시를 해 두는 것이 효과적
부랑자형/ 신용불량형 (Deadbest)	선불제도 또는 서비스 종료 후 빠른 청구 등의 사전예방 방법을 강구

(2) 무책임형 고객

① 무책임형 고객은 감정적이고 비합리적인 사고로 자기중심적으로 행동한다.

② 서비스 대응 시에 불안전성과 실패, 충돌이라는 위험 상황이 유발되기 쉬운 고객이다.

③ 개방적이지 못하며 타협에 서툴다.

④ 안하무인으로서 사람을 상하관계로 다루거나 상대를 낮추어 보려는 경향이 있다.

⑤ 다른 고객에 불편을 주거나 영업에 훼방을 놓으려고 한다.

⑥ 원칙, 제도, 정책, 체제를 무시하고 자기 멋대로 행동하려는 경향이 있다.

⑦ 사회성과 공익성이 부족한 편이며 자만과 과시지향적이다.

(3) 블랙컨슈머(Black consumer) ★★

① 정의

    ㉠ 보상을 목적으로 계획적이고 의도적인 악성 행위와 민원을 제기하는 소비자를 의미한다.

    ㉡ 블랙컨슈머의 부당한 요구는 기업에 부담으로 작용하여 다른 소비자의 손실을 초래한다.

    ㉢ 블랙컨슈머는 불량고객으로 분류하기보다는 '범죄'로 분류하는 것이 더 정확하다.

② 블랙컨슈머의 전형적인 행태

억지 주장	규정이나 법규를 무시하고 자신의 요구만 주장하고, 규정에 따라 처리한 후에도 자신의 요구에 미치지 못한 경우는 또 다른 민원을 제기
무례한 언행	대화를 거부하며 무조건적인 요구와 폭언을 하며 직원에게 비인격적인 화풀이를 함.
부당한 요구	정신적인 피해를 이유로 과다한 금전적 보상을 요구
협박과 위협	언론이나 인터넷에 유포하겠다고 위협하거나 대표와의 면담을 요청
업무방해	계속해서 전화를 걸어오거나 홈페이지에 반복적인 악성 민원을 제기하여 업무를 방해하고 기업 이미지를 훼손

2 우수고객 유형

(1) 화이트컨슈머(White consumer) ★

① 화이트컨슈머는 기업과 소비자의 관계를 상생의 관계로 인식하고 소비자로서의 권리와 의무를 균형 있게 지켜나가는 것을 의미한다.

② 소비자는 보호의 대상이 아니라 권리의 주체로 인식하는 패러다임으로 전환하였다.

③ 소비자는 소비와 소비활동을 통해 사회의 책임과 역할을 다해야 한다는 것이 핵심이다.

④ 화이트컨슈머의 4대 가치는 소비자와 기업의 상생, 소비자의 정직한 권리, 소비자의 발전적 제안, 소비자의 사회적 책임을 의미한다.

(2) 책임형 고객

① 정의

    ㉠ 책임형 고객은 이성적이고 합리적이며 일관성을 가지고 서비스에 참여하는 고객을 말한다.

    ㉡ 이들의 행동은 개방적, 사교적, 타협적이고 유연하면서도 정의로움과 엄격한 태도를 보이기도 한다.

② 책임형 고객의 행동 특징

    ㉠ 모든 것이 나름대로 가치가 있다고 인정하려고 한다.

    ㉡ 서비스 프로세스의 공동생산자로서 지식, 경험, 상식, 양심을 가지고 성실하게 자신의 역할을 수행하려고 한다.

    ㉢ 더불어 사는 인간, 사회, 문화의 참된 생활로서 의미를 찾으려고 한다.

    ㉣ 과소비, 사치, 향락, 쓰레기, 환경 오염, 파괴, 자원 고갈 등의 문제를 생각한다.

(3) 올바른 고객의 특성

순가치	기업이 고객에게 제공하는 데 드는 비용을 고려했을 때 고객이 기업에게 제공하는 가치가 높음.
도덕성	기업과의 관계에서 고객이 법과 규칙을 준수하는지의 여부
절제된 소비	경제적 능력 한도 내에서의 소비나 지출
시간 엄수	기업과의 약속한 시간을 잘 지키는 특성, 대금지불 약속 엄수 등
커뮤니케이션에 대한 반응	고객이 기업의 커뮤니케이션 활동에 대해 올바른 반응을 보이고 있는지의 여부를 파악
건전한 습관	적당한 음주, 금연, 남녀평등사상 등의 건전한 사고와 생활 습관
안전	안전에 관한 습관
권리와 책임	상호이익을 위한 기업과의 협력방식을 배우고자 하는 자세
불평	정당할 경우에 고객불평을 제기하는 고객
추천의사	제품이 좋다고 판단되었을 때 다른 사람에게 제품을 추천하는 행동
안정성	안정적이고 예측이 가능한 고객

3 고객숙련도에 따른 고객 유형 분류

① 고객이 역할에 대해 숙련되어 있는 정도에 따라 서비스제공자에 대한 기대도 달라질 것이며, 서비스제공자의 역할이나 지원도 달라질 것이다.

② 고객숙련도가 높다는 것은 고객역할에 요구되는 우수한 역량을 지니고 서비스성공을 위해 역량을 발휘할 의지와 태도를 갖추고 있음을 의미한다.

고객숙련도에 따른 고객의 분류 ★

구분	태도-우수	태도-불량
역량-유능	숙련고객	태도개발고객
역량-무능	학습지원고객	미숙련고객

숙련고객	• 고객역할에 필요한 역량에 유능하며 서비스성공을 위해 역할수행에 대한 의지와 태도가 우수한 고객 • 기업은 숙련고객에게 더 많은 역할 기회를 제공할 필요가 있음. • 고객은 더 많은 역할수행에 따른 대가의 보상을 받을 기회로 동기부여가 됨. • 고객역할에 대한 미래의 방향을 발견하는 데에 도움이 됨.
학습지원고객	• 서비스성공을 위해 역할 수행에 대한 의지와 태도는 개발되어 있지만 역할에 적합한 역량을 갖추지 못한 고객 • 고객에게 역량개발을 위한 학습지원을 제시해야 함.
태도개발고객	• 고객역할에 필요한 역량이 있음에도 불구하고 고객역할을 서비스제공자에게 전가하려는 특징 • 고객역할 수행이 주는 가치에 대해 인식시키고 보상과 참여를 유도시킬 수 있는 유인요소가 개발되어야 함.
미숙련고객	• 고객역할에 필요한 역량도 없고 태도도 개발되지 않은 고객 • 미숙련고객이 나타나는 원인은 불완전판매에 기인 • 서비스가치에 대한 올바른 이해가 부족한 경우도 미숙련고객이 발생 • 태도개발을 먼저 시키고 역할수행에 대한 역량학습을 지원

4 거래인식에 따른 고객 유형 분류

고객 시민행동	• 서비스거래는 win-win의 관계이다. • 고객은 서비스제공자에 감사하며, 서비스제공자의 성공과 발전을 위해 고객이 기여할 수 있는 부분을 찾아 노력한다. • 고객은 고객역할뿐만 아니라 고객역할 이외에 타 고객에 대한 도움과 지원을 위해 자발적으로 노력을 하며, 서비스제공자에 대한 건설적인 제안과 후원행동을 한다.
고객 노예행동	• 서비스거래는 win-lose의 관계이다. • 고객은 서비스제공자에게서 많이 빼앗아 올수록 자신에게 이득이라고 인식한다. 따라서 필요치 않은 서비스를 요청하기도 한다.
고객 적대행동	• 서비스거래는 lose-lose의 관계이다. • 고객은 서비스가치를 생각하는 것이 아니라 자신이 지불한 손해만큼 상대방도 손해를 입히는 것을 원한다. • 서비스제공자에 대해 부정적인 구전으로 이미지를 훼손시키거나, 기물을 훼손하거나, 낭비적 사용을 통해 상대방에게 위해를 가하는 행위를 한다. • 타 고객과 비교해서 불공정한 성과를 제공받은 경우나, 지불한 것에 비하여 낮은 성과를 제공받았다고 불공정성을 인식하게 되면 적대행위를 보이는 경향이 있다.

컴플레인의 개념 이해

출제 & 학습 포인트

★★★ 최빈출 ★★ 빈출 ★ 필수

출제포인트

4장 컴플레인의 개념 이해에서는 서비스 실패와 컴플레인의 개념, 서비스 실패의 원인에 대한 문제가 주로 출제됩니다.

학습포인트

1 서비스 실패와 컴플레인의 개념의 차이를 정확히 이해하고 의의를 학습합니다.

2 서비스 실패의 원인을 기업 측과 고객 측으로 구분하여 학습합니다.

3 서비스 실패를 경험한 고객의 행동 유형을 학습하고, 사례와 연결하여 학습합니다.

4 컴플레인과 클레임의 개념의 차이를 비교하여 학습합니다.

1 서비스 실패

(1) 서비스 실패의 의의 ★★

① 고객에게 서비스 전달과정이나 결과에서 만족스럽지 못한 경험을 제공하여 발생하는 문제이며, 서비스제공자가 인지하거나 인지하지 못하는 고객의 모든 부정적 경험을 의미한다.

② 동일한 수준의 서비스가 다수의 고객에게는 일반적이더라도 특정한 고객에게는 심각한 서비스 실패일 수 있으며, 이러한 경우 서비스제공자가 인지하지 못할 확률이 높다.

③ 서비스제공자가 인지하지 못하는 고객의 부정적 경험도 기업에게 중요한 부분이 될 수 있으므로 서비스 실패에 포함시켜야 한다.

(2) 서비스 실패의 유형

① 서비스 실패는 고객이 공정성(equity)과 정의(justice)의 두 가지 측면을 판단하고 인식하면서 여러 가지 유형으로 구분된다.

② 고객이 지불한 비용에 상응하는 공정하고 정의로운 보상(서비스품질)을 받지 못하였다고 인식한다면 서비스의 실패로 볼 수 있다.

(3) 서비스실패이론 - 공정성 이론

① 공정성 이론이란 자신의 투자와 보상을 타인과 비교하여 양쪽이 같으면 공정상태가 되고, 비율이 같지 않으면 불평등을 인식하게 된다.

② 자신의 보상이 비교 대상에 비해 낮다고 판단되면 공정하지 않다고 느끼고 이는 서비스 실패가 된다.

분배의 공정성	• 서비스 결과물이 고객에게 제대로 제공되었는가. • 고객에게 제공되는 서비스 결과물이 공평하게 제공되었는가.
절차의 공정성	• 기업이 서비스 절차를 올바르게 관리하는가. • 서비스 결과물을 고객에게 전달하는 과정에 이용된 공식적 절차가 공평한가.
상호작용의 공정성	• 기업이 서비스접점에서 고객과 올바르게 의사소통을 하는가. • 공식적인 서비스 절차의 관리적 측면이 아니라 접점에서 서비스를 전달하는 과정 중 발생하는 커뮤니케이션이 적절하였는가.

(4) 서비스 실패의 원인 ★★

기업 측 원인	**제품의 문제**	• 품질 불량 • 수리 및 수선 미흡
	서비스의 문제	• 불만고객에 대한 인식 부족 • 고객 감정에 대한 배려 부족과 무성의한 태도 • 업무 지식 및 제품 지식의 결여 • 충분하지 않은 설명이나 의사소통의 미숙 • 제품 관리의 소홀 • 단기간의 이익에 집착 • 일 처리의 미숙/오류 • 교환이나 환불의 지연 및 약속 불이행 • 불친절 및 서비스정신의 결여 • 서비스 프로세스 및 지원시스템의 결여 • 원활하지 못한 내부 커뮤니케이션
고객 측 원인		• 고객의 지나친 기대 • 제품, 상표, 매장, 회사 등에 대한 잘못된 인식 • 고객의 기억 착오로 인한 마찰 • 고객의 성급한 결론 • 고객의 독단적인 해석 • 고객의 고압적인 자세와 감정적 반발 • 할인, 거래 중단, 교환 등의 이유로 고의나 악의에서 제기하는 불만 • 고객의 심리적 오류 • 거래를 중단하거나 바꾸려는 심리

(5) 서비스 실패의 영향

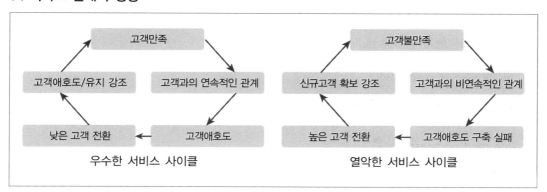

우수한 서비스 사이클   열악한 서비스 사이클

① 불만족 경험을 한 고객은 본인뿐 아니라 주변의 잠재고객들에게 부정적 영향을 미쳐 고객을 잃게 하는 결과를 초래한다.

② 기업의 제품과 서비스에 대한 기대에 부정적인 영향을 준다.

③ 고객의 부정적인 경험은 긍정적인 경험보다 더 오래 기억되어 그 영향력이 더욱 커지게 된다.

④ 서비스 실패는 고객충성도 구축의 실패로 이어지며 이는 서비스품질의 저하, 수익률 저하, 직원의 이탈과 연결된다.

⑤ 서비스 문제 해결에서 가장 큰 장애물은 불만족한 고객들이 불만을 표시하지 않는다는 것이다. 실제로 불만족 고객의 약 95%는 불평을 하지 않으며, 91%는 그 기업을 다시 이용하지 않는다고 한다.

(6) 고객불만을 야기하는 직원의 태도

유형	예시
고객과 같이 흥분하기	"고객님, 제가 그런 뜻으로 말씀드린 건 아니잖아요. 제 얘기는요…."
고객 의심하기	"고객님께서 작동을 잘못하신 것 아닌가요? 우선 제가 확인해 보고…."
정당화하기	"저희로도 어쩔 수 없는 부분이기 때문에…."
개인화하기	"누가 처리했는지 모르겠지만, 제가 생각하기로는…."
응대의 로봇화	(감정 없이) "다음 주에나 가능합니다."
고객 응대 미루기	"고객님, 급한 일이 아닌 것 같으니까 잠시만 기다리세요."
고객 무시하기	(무시하는 태도로) "확인해 본 결과, 고객님이 ○○○하신 게 확인됐는데요…."

(7) 서비스 실패에 대한 고객 반응 ★

① 고객 불평행동 : 고객은 서비스 실패로 불만족을 경험하면 컴플레인을 한다.

㉠ 고객 불평행동의 유형

직접반응(voice response)	자신이 느낀 불만족에 대해 기업이 직접 회복을 해 주거나 설명해 줄 것을 요구하는 유형
사적반응(private response)	주변 사람들에게 부정적인 구전을 하는 유형
제삼자반응 (the third part response)	보다 적극적인 반응으로, 소비자보호단체, 언론, 사법기관 등에 해당 기업을 고발하는 유형

㉡ 고객 불평행동의 이유

보상의 획득	경제적 손실을 회복하거나 해당 서비스를 다시 제공받을 목적으로 불평을 한다.
분노의 표출	일부의 고객은 자존심을 회복하기 위해서 또는 자신의 분노와 좌절을 표출하기 위해서 불평을 한다.
서비스 개선에 대한 도움	고객이 특정 서비스에 깊이 관여된 경우 서비스 개선을 위해 자발적으로 기여하고자 적극적인 피드백을 제공하는 목적으로 불평을 한다.
다른 고객을 위한 배려 (이타주의)	같은 문제로 다른 사람들이 피해를 입지 않아야 한다는 생각으로 불평을 하는 것이다. 이러한 고객은 문제점을 제기하여 서비스가 개선되면 그에 대해 보람을 느끼게 된다.

② 무(無)불평

   ㉠ 서비스제공자에게 직접 불만을 제기하는 고객보다 불만을 표현하지 않고 관계를 단절시키는 고객이 가장 부정적인 결과를 가져온다.

   ㉡ 거래를 단절한 전환 고객의 75%가 부정적인 구전을 통해 잠재고객에게까지 영향을 미친다고 한다.

👆 서비스 실패에 따른 고객 불평행동

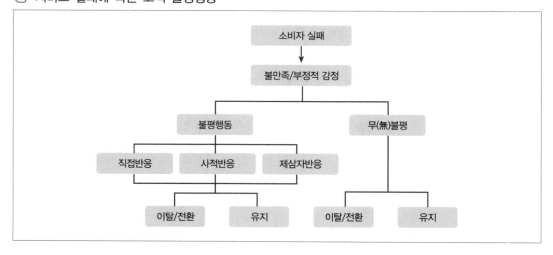

③ 귀인이론(Attribution theory)

　㉠ 귀인이란 어떤 일이 발생하게 된 이유, 어떤 사람이 무엇인가를 행하거나 말하게 된 이유, 혹은 우리 자신이 어떤 방식으로 행하거나 말하게 된 이유 등에 대한 심리적인 추론을 말한다.

　㉡ 보편적으로 서비스 만족 시에 고객들은 그 원인을 자신에게 귀인하게 되는 경향이 있고, 서비스 불만족 시에는 그 원인을 외부적인 상황에 귀인하려는 경향이 있다.

　㉢ 서비스 실패의 원인을 외적 귀인으로 지각하게 되는 경우 서비스 만족도는 내적 귀인으로 지각할 때보다 더 낮아져 서비스 실패의 강도가 더욱 높아지는 경향이 있다.

내적 귀인 (internal attribution)	• 행동의 원인을 그 사람의 내적인 요소(예 기질, 성격 특성, 태도 등)에 귀인하는 것 • 서비스 구매 후 발생한 사건의 원인을 본인 스스로에게 돌리는 것 • 자신의 결정, 취향, 실수 등으로 불만족이 발생하였다고 판단하는 것
외적 귀인 (external attribution)	• 행동의 원인을 그 사람의 상황적 요소(예 외부 압력, 사회적 규범, 우연한 기회 등)에 귀인하는 것 • 서비스 구매 후 발생한 사건의 원인을 자신이 통제할 수 없는 외부적 요소나 타인에게 돌리는 것 • 원인을 서비스기업이나 직원에게 돌려 자기보호적인 해석을 하는 것

② 컴플레인(Complain)의 이해

(1) 컴플레인의 정의

① 사전적 의미로는 '불평하다', '투덜거리다'라는 뜻으로, 서비스 마케팅 차원에서 고객이 상품을 구매하는 과정이나 구매한 상품에 관하여 품질, 서비스, 불량 등을 이유로 불만을 제기하는 것이다.

② 컴플레인은 객관적인 품질의 문제점과 함께 주관적인 만족 여부, 심리적 기대 수준 충족 여부까지 포함한다.

(2) 컴플레인의 의의 ★★

① 고객의 컴플레인은 상품의 결함이나 문제점을 조기에 파악하여 그 문제가 확산되기 전에 신속히 해결할 수 있는 기회를 제공한다.

② 고객의 컴플레인은 부정적인 구전효과를 최소화한다. 불만족을 직접 기업, 판매자나 직원에게 불평하도록 유도하면 제삼자에게 전하는 부정적 구전효과는 감소하게 된다.

③ 불만이 있어도 침묵하는 고객은 그대로 기업을 떠나 버리지만 컴플레인을 하는 고객은 회복할 수 있는 기회를 주는 것이다.

④ 컴플레인을 제기한 고객은 기업이나 판매자 측에 서비스품질을 향상시킬 수 있는 유용한 정보를 제공한다.

⑤ 고객의 컴플레인을 성의껏 처리해 주었을 때 고객은 크게 만족하게 되어 계속 자사의 구매고객이 될 가능성이 크다.

⑥ 성의를 다하는 컴플레인의 처리는 회사의 신뢰도를 높여 주고 고객과의 관계를 효과적으로 유지시켜 주는 지름길이 된다.

🖉 알아두기

클레임의 정의
- 사전적 의미로 '주장하다', '요구하다', '제기하다'라는 뜻이다.
- 어느 고객이든 제기할 수 있는 객관적인 문제점에 대한 고객의 지적이다.
- 고객이 계약조건 또는 상품 표시 내용과 일치하지 않는 사항에 대하여 제기하는 이의로, 품질 불완전 및 손상, 그 밖의 계약위반을 하였을 때 손해배상의 청구나 이의를 제기하는 것이다.

컴플레인과 클레임의 차이 ★★

컴플레인	클레임
• 객관적, 주관적 • 불평, 불만에 대한 항의 • 감정적 • 감정 속에 사실적인 요구 포함	• 객관적 • 주장, 요구, 청구 • 합리적, 사실적 • 법적 근거, 규정 등에 의거

(3) 컴플레인의 처리 원칙

우선 사과의 원칙	일반적으로 화가 나 있는 고객에게 정중히 사과부터 한다.
우선 파악의 원칙	컴플레인과 클레임의 원인을 먼저 파악한다.
신속 해결의 원칙	가능한 한 빠른 시간 내에 해결하는 것이 회사 입장에서 좋다.
비논쟁의 원칙	자칫 문제를 키울 소지가 있으므로 고객과의 논쟁을 피해야 한다.

③ 서비스 보증

(1) 서비스 보증의 개념

① 서비스 보증은 서비스가 일정 수준에 이르지 못하는 경우 손쉬운 교환, 환불, 재이용 등의 보상을 약속하는 것이다.

② 잘 설계된 서비스 보증은 효과적인 서비스 회복과 지속적인 서비스품질 향상을 가능하게 한다.

③ 서비스 보증을 시행하는 목적은 고객 유지, 시장 점유, 서비스품질 향상에 있다.

(2) 서비스 보증의 기능

① 서비스 보증은 서비스품질 향상에 도움을 준다.

② 고객의 기대와 욕구를 정확하게 파악할 수 있다.

③ 고객이 기대하는 서비스의 명확한 기준을 제시할 수 있다.

④ 고객의 피드백에 의해 서비스제공에 대한 개선 활동을 수행할 수 있다.

⑤ 서비스 실패의 원인을 파악하여 극복할 수 있는 기회를 제공한다.

⑥ 서비스 목표를 설정하기 때문에 서비스제공자의 성과와 동기 부여에 도움을 줄 수 있다.

(3) 서비스 보증의 설계

구체적으로 무엇을 보증할 것인지에 대한 약속의 제시이다. 서비스 보증은 다음의 기준을 충족시키는 수준으로 설계되어야 한다.

① 무조건적인 보증

② 이해와 소통이 쉬운 보증

③ 고객에게 중요한 보증

④ 요청하기 쉬운 보증

⑤ 받기 쉬운 보증

⑥ 확실한 보증

(4) 서비스 보증의 분류

단일 속성 수준의 구체적 보증	• 해당 서비스에 대해 하나의 핵심 속성이 보증의 대상 • 핵심적으로 중요한 하나의 속성에 대한 보증 기준을 제시하고 보증에 대한 보상도 구체적으로 제시 예 "30분 안에 피자 배달을 보증하고, 위반 시에는 다음 번 주문은 무료"
다 속성 기준의 구체적 보증	• 해당 서비스에 대해 다수의 중요한 속성이 보증의 대상 • 보증의 대상이 확대되어 제시되고, 보상에 대한 것은 구체적으로 제시
완전 만족 보증	예외 없이 해당 서비스의 모든 속성이 보증의 대상
결합된 보증	• 완전 만족 보증과 구체적인 속성 수준의 장점을 결합한 방식 • 고객에게 좀 더 신뢰감을 제시하는 효과

CHAPTER 05 컴플레인의 처리 원칙

출제 & 학습 포인트

출제포인트

5장 컴플레인의 처리 원칙에서는 서비스 회복과 불만 관리의 차이점, 서비스 회복의 중요성에 대한 출제 빈도가 높습니다.

학습포인트

1 서비스 회복의 개념을 이해하고 그 중요성을 학습합니다.

2 불만 관리의 개념을 이해하고, 서비스 회복과의 차이점을 학습합니다.

3 서비스 실패를 회복하는 데 필요한 수단과 회복 과정의 개념과 차이점을 학습합니다.

4 컴플레인 해결을 위한 5가지 기본 원칙의 개념을 이해하고, 사례와 연관하여 학습합니다.

1 서비스 회복

(1) 서비스 회복의 정의

① 서비스 회복(service recovery)은 제공된 서비스에 문제가 발생한 경우 제공자가 그 문제를 적극적으로 해결해 주는 것을 의미한다.

② 서비스 회복이란 서비스 혹은 상품이 고객의 기대에 부응하지 못하여 기업에 불만족한 고객들을 만족의 상태로 돌려놓는 과정이다.

③ 서비스제공자의 서비스 전달 실패로 인해 약속한 서비스를 제공하지 못함으로써 발생되는 고객의 손해를 회복시키거나 혹은 완화시키는 서비스제공자의 모든 행동이다.

(2) 서비스 회복에 대한 이해 ★★★

① 기업은 서비스 회복을 수익 창출을 위한 새로운 기회로 인식해야 한다.

② 처음 회복에서는 고객충성심을 높일 수 있지만 두 번째 서비스 실패가 발생하면, 서비스 회복의 역설 현상은 발생하지 않는다.

③ 기업은 서비스 회복을 통해 효율적인 서비스 관리를 경험하게 된다.

④ 서비스 회복은 서비스 실패 발생 즉시 행해야 한다.

⑤ 고객은 서비스 회복의 전 과정에서 공정함을 기대한다. 서비스 실패의 종류에 따른 차별적인 서비스 회복으로 인해 고객이 불공정함을 느낄 경우 서비스가 회복되었다고 생각하지 않는다.

(3) 불만 관리와의 차이 ★★★

서비스 회복	불만 관리
서비스 실패에 대한 반응을 겉으로 표현하는 고객과 함께 표현하지 않는 고객들의 서비스 불만에 근거	서비스 실패로 인해 겉으로 드러나는 고객 불평에 근거
서비스 실패가 발생하였을 때 그에 대한 회사의 즉각적인 반응	서비스 실패가 발생하고 서비스제공자와 기업이 인지한 후의 반응

(4) 서비스 회복의 서비스 철학

거래에 초점을 둔 서비스 회복	MOT(진실의 순간 : Moment Of Truth)에서 고객만족을 보증하기 위한 수단
관계에 초점을 둔 서비스 회복	서비스 회복의 목표를 실패의 치유뿐만 아니라 미래에 발생할 수 있는 실패를 차단하고, 서비스 질에 대한 고객의 평가를 강화하며, 선호 고객들과의 장기적인 관계 구축을 위한 수단

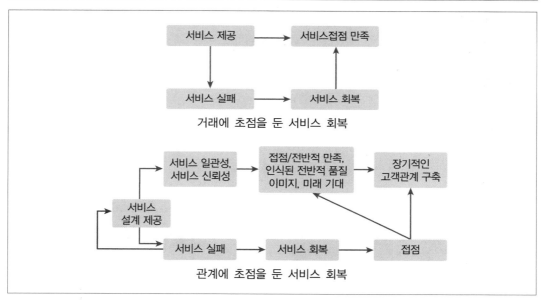

(5) 서비스 회복의 중요성 ★★

기업 경쟁력 확보	서비스 회복은 기업의 경쟁력 우위 확보에 매우 중요한 수단이다.
불만족한 고객을 만족한 고객으로 전환	• 만족으로 전환된 고객은 기업에 대한 적극적인 참여와 협조를 하게 된다. • 기업의 서비스 회복 노력으로 만족한 고객들의 70% 이상이 해당 서비스 기업과의 관계를 계속 지속한다고 한다.
고객 유지율 증가	고객이 기업의 서비스나 재화에 대한 불만을 제기했을 때 불만이 만족스럽게 처리되면 85%가 다시 방문한다.

고객과 지속적인 협력관계의 유지	• 서비스 실패에 대한 효과적인 대응은 개선 활동을 장려하는 기업 정책에 대한 고객과 직원의 믿음을 강화시킨다. • 고객은 서비스 실패를 다루는 방법을 근거로 기업을 평가한다. • 서비스 회복은 고객을 기업과의 의사소통에 참여시킴으로써 충성도를 강화시키는 기회가 된다.
서비스 실패의 사전 관리 기능	• 고객은 불만이 만족스럽게 해결된다면 불만을 가졌던 고객도 주변 사람들에게 그 기업의 좋은 이미지를 전달하게 된다. • 서비스 회복 과정을 통해 수집한 정보는 경영에 유용하게 활용될 수 있다.
고객과의 관계를 재설정할 수 있는 기회	• 고객들은 정상적인 서비스보다 서비스 실패에 대한 회복에 더욱 감동한다. • 서비스 회복을 통해 만족고객으로 전환된 고객이 기업에 대해 호의적인 이미지를 형성할 수 있다.
비용의 절감	• 신규고객을 확보하는 것은 기존고객을 유지하는 것보다 5배 이상의 노력이 필요하다. • 고객 유지율을 20% 향상시키면 10%의 비용 절감 효과가 있다.

(6) 서비스 회복 수단과 과정 ★

회복 전략	개념적 정의	예시
서비스 회복 수단	• 고객에게 직접 제공되는 것 • 서비스 회복을 위해 기업이 고객에게 직접적으로 전달하는 결과물 • 회복 과정에 의해 효과가 달라질 수 있음.	• 재수행 • 환불/보상 • 사과/해명
서비스 회복 과정	• 서비스 회복 수단을 제공하는 과정과 방법 • 고객에게 직접적으로 전달되는 회복 수단을 전달하는 절차상의 방법 • '언제', '누가', '어떠한 방식으로' 등이 포함됨.	• 회복 주체 • 회복 속도 • 회복 태도

(7) 서비스 회복 프로세스

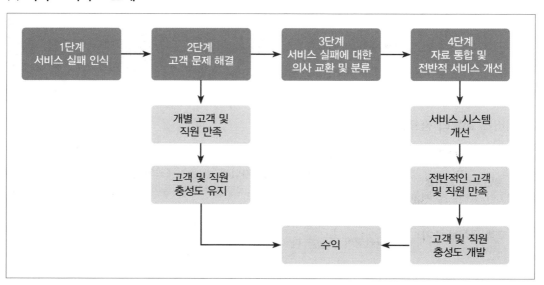

(8) 적절한 보상수준의 결정요인

기업 이미지	고객이 서비스품질에 높은 프리미엄이 있다고 인식하는 경우에 서비스 회복과 보상은 일반적인 기업의 수준에 비해 더 높아야 한다.
서비스 실패의 심각성 정도	• 보상은 실패의 심각성 정도에 맞추어서 제공되어야 한다. • 지나치게 많은 보상은 비용 지출이 크고, 고객이 기업의 보상 동기에 대해 의심하게 할 수도 있다.
고객 상태	장기 고객, 서비스 구매를 위해 많은 지출을 하는 고객, 영향력이 큰 고객은 손실에 대해 더 높은 집중과 보상을 하는 것이 바람직하다.

(9) 서비스 회복 수단의 유형

사과	효과는 사과와 관련된 실패의 정도뿐만 아니라, 사과가 전달되는 방법에 따라 크게 달라짐.
시정	• 서비스 실패를 바로잡는 것 • 서비스 실패의 심각성이 높지 않을 경우는 즉각적인 시정을 통하여 회복할 수 있음.
시정+α	서비스 실패의 심각성이 있을 때에 서비스 실패를 시정해 줄 뿐만 아니라 어떤 추가적인 방법으로 보상해 주는 것
환불	• 서비스 실패에 대해 지불한 금액을 돌려주는 전략 • 교환의 경우 회복에 대한 효과가 상당히 호의적인 데 비하여 환불은 고객이 겨우 받아들이는 정도
할인	실패에 대한 보상으로 가격을 인하해 주는 것
교환	결함이 있는 제품이나 서비스를 교체해 주는 것
관여	문제 해결을 돕기 위하여 관리자나 종업원이 관여하는 것

🖉 **알아두기**

서비스회복의 역설

처음부터 완벽하게 서비스가 전달되어 문제가 발생하지 않는 고객보다 서비스 실패를 경험한 뒤 문제가 해결되어 완전히 만족한 고객이 더 높은 재구매행동과 적극적인 구전을 보인다는 이론이다.

2 불만 관리

(1) 불만 관리(Complain Management)의 대두

① 기존에는 고객만족을 위해 경쟁사 대비 얼마나 더 친절할 수 있는지에 집중해 왔다.

② 최근에는 제품판매 과정에서의 친절뿐만이 아니라 고객불만요소를 제거하거나 불만 발생 후 효과적으로 처리하는 것의 중요성을 새로운 기업 경쟁력으로 인정하기 시작했다.

③ 기업은 불만 관리를 통해 다음과 같은 효과를 누릴 수 있게 되었다.

1단계	새로운 서비스 경영 아이디어 확보	3단계	고객만족 실현
2단계	신(新)경영 전략 개발	4단계	고객충성도 향상(충성고객 확보)

(2) 불만 관리가 서비스직원에 미치는 영향

① 서비스 분야 전문가로서 가치를 인정받을 수 있다. 불만고객 응대는 어려운 직무인 만큼 효과적으로 업무를 완수했을 때 전문가로 인정받을 수 있다.

② 서비스직원 스스로 성장의 기회를 가질 수 있다. 불만고객 응대를 완수하는 과정을 통해 직원 스스로 자기개발의 기회를 얻는다.

③ 불만관리 후 감정노동에 지친 서비스직원은 긍정적인 자기관리가 필요하다. 자신에게 보상하거나 부정적 기억을 지우고, 객관적으로 자신을 들여다봐야 한다. 이런 과정을 통해 자기 스스로 만족감을 올려야 한다.

3 불만고객 응대원칙

(1) 컴플레인 해결을 위한 5가지 기본 원칙 (* 출처: 모든 것을 고객 중심으로 바꿔라—살림지식총서 122, 안상헌) ★★★

피뢰침의 원칙	• 자신을 조직의 피뢰침으로 생각하는 것이다. 고객의 불합리한 분노로 인해 내 감정을 조절할 수 없다고 느껴질 때 필요한 생각이 바로 피뢰침의 원칙이다. • 고객은 나에게 개인적인 감정이 있어서 화를 내는 것이 아니라 일 처리에 대한 불만으로 복잡한 규정과 제도에 대해 항의하는 것이라는 관점을 가져야 한다.
책임 공감의 원칙	• 우리는 조직구성원의 일원으로서 내가 한 행동의 결과이든 다른 사람의 일 처리 결과이든 고객의 불만족에 대한 책임을 같이 져야만 한다. • 고객에게는 누가 담당자인지가 중요한 것이 아니라 자신의 문제를 해결해 줄 것인지 아닌지가 중요하다.
감정 통제의 원칙	• 사람을 만나고 의사소통하고 결정하고 행동하는 것이 직업이라면 사람과의 만남에서 오는 부담감을 극복하고 자신의 감정까지도 통제할 수 있어야 한다. • 자신을 잃지 않고 끝까지 감정을 지켜나가는 사람은 최후의 승리자가 될 것이며 잠시나마 감정의 끈을 풀어놓은 사람은 어느 순간 타인에게 끌려가게 된다.
언어 절제의 원칙	• 고객 상담에 있어서 말을 많이 하는 것은 금기다. 고객보다 말을 많이 하는 경우 고객의 입장보다는 자신의 입장을 먼저 생각하게 되기 때문이다. • 고객의 말을 많이 들어주는 것이 고객의 문제를 빨리 해결할 수 있는 길이고, 고객과 좋은 관계를 형성할 수 있는 방법이다. • 우리는 지식과 경험을 바탕으로 상황을 미리 짐작해서 말하곤 한다. 고객의 입장에서는 자신의 마음을 풀어놓을 수 있는 기회를 놓쳐 버리게 되어 오히려 불만만 축적시키는 결과가 된다.
역지사지의 원칙	• 고객을 이해하기 위해서는 반드시 고객의 입장에서 문제를 바라봐야 한다. 고객은 우리의 규정을 보지도 못했고, 그 규정의 합리적 존재 이유에 대해서 알지도 못하거니와 업무가 처리되는 절차에는 더더욱 관심이 없다. • 고객은 자신에게 관심을 가져 주는 사람에게 호감을 갖는다. 고객에게 관심을 보여야만 우리의 말과 설명이 고객에게 제대로 전달되어 마음으로 이해해 줄 수 있다. • 고객은 스스로가 정당하다고 믿는 습성이 있어 자신의 실수를 인정하지 않으려 한다. 설사 고객에게 잘못이 있다 하더라도 직원의 역할은 고객들에게 책임을 묻는 것이 아니라는 점을 알아야 한다. • 궁극적으로는 고객이 문제를 잘 해결하도록 돕는 것이 우리의 맡은 바 직무임을 기억해야만 한다.

(2) 고객 불만 관리의 성공 포인트 (* 출처 : LG경제연구원, 주간경제 918호 2007. 1. 5.) ★

① 고객 서비스에 대한 오만을 버려라

기업들은 자신의 서비스 수준을 과신하는 경향이 있는데, 자신들이 생각하는 자사 제품 및 서비스의 수준과 실제로 고객이 인지하는 수준 간에 큰 차이가 존재한다.

> 경영 컨설팅 회사인 '베인앤컴퍼니'가 전 세계 362개 기업의 임원들을 대상으로 조사한 결과 응답자의 95%는 "우리 회사가 고객지향적인 전략을 사용하고 있다."라고 답한 것으로 나타났다. 또한 80%의 기업들은 자신들이 경쟁사와 차별화된 우수한 제품과 서비스를 고객에게 제공한다고 믿고 있는 것으로 나타났다. 반면에 고객들의 인식은 기업들과 다르게 나타났다. "당신과 거래하는 기업이 경쟁사보다 차별화되고 우수한 제품과 서비스를 제공하고 있느냐?"라는 질문에 불과 8%의 고객들만이 "그렇다."라고 응답한 것이다.

② 고객불만 관리시스템을 도입하라

ⓘ 고객불만 관리의 핵심은 사전에 불만 요인을 인지해서 조기에 제거하는 것이다. 시스템적으로 고객불만을 식별하여 원인을 분석하고 대응 방안을 수립할 수 있도록 해야 한다.

ⓛ 개선사항을 정기적으로 모니터링할 수 있는 고객불만 관리체계의 구축이 필수적이다.

③ 고객만족도에 직원 보상을 연계하라

ⓘ 기업이 고객 불만을 관리하기 위해서는 현장에서 직접 서비스를 제공하는 직원들을 어떻게 교육시키고 동기 부여 할 것인가가 매우 중요하다.

ⓛ 선진 기업들은 직원들에게 적절한 인센티브를 제공함으로써 직원들이 능동적으로 고객 불만을 해소하고 적극적으로 고객만족도 제고 활동에 나서도록 유도하고 있다.

> • 미국 신용카드 회사인 'MBNA(Maryland Bank, National Association)'는 30분 이내 현장 승인, 21초 이내 혹은 두 번째 벨소리에 전화 받기, 분실 및 도난 카드의 24시간 이내 재발급, 14일 이내 신규 계좌 신청 처리 등의 목표를 수립했다. 그리고 수립된 목표가 제대로 실행될 수 있도록 매일 이 목표들을 초과한 직원에 대해 별도의 보너스풀을 적립하도록 했다. 결과적으로 MBNA는 매일 목표치를 98% 이상 달성하고 있다.
> • IT 솔루션을 제공하는 '시벨 시스템'은 경영진 인센티브의 50%, 판매 인력 보상의 25%를 고객만족지수와 연동시키고 있다. 성과급을 곧바로 지급하는 대부분의 기업들과는 달리 시벨 시스템은 판매 계약을 체결하고 1년 후 고객만족 결과가 확인된 다음에 인센티브를 지급한다.

④ MOT(진실의 순간 : Moment Of Truth)를 관리하라

MOT(Moment of Truth)는 기업의 운명을 결정짓는 가장 소중한 순간이며 고객의 불만을 초래해서는 안 되는 순간인 것이다. 철저한 MOT 관리가 고객 불만 관리의 성공 요소 중 하나이다.

> 미국 '노드스트롬 백화점' 직원들의 핸드북에 제시된 첫 번째 규칙은 "모든 상황에서 스스로 최선의 판단을 하라."는 것이다. 복잡하고 관료적인 규칙 대신 고객의 이익만을 생각하라는 단 하나의 원칙만을 정하고 나머지 사항에 대해서는 직원들 스스로 결정하게 한 것이다.

⑤ 고객의 기대 수준을 뛰어넘어라

　㉠ 고객의 기대를 뛰어넘는 서비스로 고객을 감동시킴으로써 고객의 불만을 줄이는 적극적인
　　방법도 있다.

　㉡ 아주 사소한 아이디어 하나로, 또는 경쟁사가 제공하지 않는 서비스를 제공함으로써 고객
　　에게 감동을 줄 수 있다.

> 월마트에 이어 미국 대형 마트 시장에서 2위를 달리고 있는 '타겟(Target)'은 마트를 찾는 고객들에게
> 저렴한 가격 외에 신속한 쇼핑이라는 새로운 가치를 제공하였다. 고객의 빠른 쇼핑을 위해 계산대에 줄
> 이 길게 늘어서지 않도록 추가 계산원을 즉시 투입하도록 한 것이다. 계산을 위해 기다리는 줄이 줄어들
> 면서 고객들은 쇼핑 시간을 단축할 수 있었을 뿐만 아니라 보다 넓은 공간에서 쇼핑할 수 있게 되었다.
> 결과적으로 타겟(Target)은 고객을 생각하는 대형 마트로 확고한 브랜드 이미지를 구축해 경쟁사와의
> 차별화에 성공할 수 있었다.

> ✎ 알아두기
>
> 컴플레인 마케팅(complaint marketing)
> 고객의 불만을 적극적으로 청취하고 바로 시정에 나서거나, 이를 데이터로 만들어 전략으로 활용하는 마케팅
> 방식
>
> 컴플레인 마케팅(complaint marketing) 활용 사례
> • 매달 불만고객을 확인하여 그들의 불만사항을 개선
> • 올바른 지적을 해 준 고객들을 뽑아 상품권을 증정
> • 고객 건의함, 고객 초청 간담회, After call 등

(3) 불만 처리의 4원칙

제1원칙 공정성 유지	공정한 불만 처리
제2원칙 효과적인 대응	관대한 보상 방침
제3원칙 고객 프라이버시 보장	불만 사항에 대한 비밀 보장
제4원칙 체계적 관리	불만 사항 조치 후 고객에게 결과 피드백 및 조직 내 공유

컴플레인의 해결 및 예방법

출제 & 학습 포인트

★★★ 최빈출   ★★ 빈출   ★ 필수

출제포인트

6장 컴플레인의 해결 및 예방법은 **파트3 VOC 분석/관리 및 컴플레인 처리에서 출제 빈도가 높은 부분으**로 불만 고객 처리 단계와 컴플레인 유형별 분류 및 해결 방법에 대한 문제가 주로 출제됩니다.

학습포인트

1 불만 고객 처리 단계는 단계별 수행방법을 숙지하고, 사례형 문제에 주로 출제되니 사례를 적용시켜 학습합니다.

2 컴플레인 유형을 분류하여 각 유형의 컴플레인 특징과 해결 방안을 숙지하고, 사례형 문제에 주로 출제되니 사례를 적용시켜 학습합니다.

1 불만 고객 처리 단계 ★★

1단계	경청	• 완충적인 표현을 사용하여 고객의 불만을 신속하게 접수한다. • 고객의 항의를 겸허하고 공손한 자세로 인내심을 갖고 끝까지 경청한다. • 고객 스스로 불평을 모두 말하도록 한다. 잘 듣는 것만으로도 불만의 상당 부분은 해소된다. • 고객의 자극적인 말이나 도전적인 태도에 말려들지 않도록 한다. • 자신의 의견을 개입시키지 말고, 전체적인 사항을 듣는다. • 선입견을 버리고 고객의 입장에서 생각하고 문제를 파악한다. • 중요 사항을 메모한다. • 고객과 언쟁하지 않도록 한다. • 기업 측의 문제가 명백할 경우 먼저 사과하고 고객의 흥분을 진정시킨다.
2단계	공감과 감사인사	• 고객의 항의에 공감한다는 것을 적극적으로 표현한다. • 고객의 마음을 충분히 이해할 수 있음을 인정하고 표현한다. • 긍정적인 비언어적 신호를 활용한다. • 불만 사항에 따라 필요한 경우, 고객에게 일부러 시간을 내서 문제점을 지적하여 해결의 기회를 준 데 대해 감사의 표시를 한다.
3단계	진심 어린 사과	• 고객의 의견을 경청한 후 그 문제점을 인정하고 잘못된 부분에 대해 신속하고 정중히 사과한다. • 변명은 문제를 더 확대시킬 수 있으므로 잘못을 솔직히 인정하고 이해와 용서를 바라는 것이 문제 해결의 지름길이다. • 설사 고객에게 잘못이 있더라도 고객에게 책임을 묻는 것은 아니며, 고객의 문제를 잘 해결할 수 있도록 돕는다는 생각에 집중해야 한다.

4단계	원인분석과 해결방안 모색	• 문제 해결을 위한 질의응답을 통해 많은 정보를 확보한다. • 확보한 정보를 통해 원인을 규명한다. • 고객의 입장에서 대책을 강구하고, 본인이 해결하기 어려운 경우 담당자를 통해 해결 방안을 모색한다.
5단계	설명하고 해결 약속	• 고객이 납득할 해결 방안을 제시하고, 문제를 시정하기 위해 어떤 조치를 취할 것인지 설명하고 해결을 약속한다. • 문제 처리 방법을 제시하는데, 고객이 원하는 것이 불가능한 경우 적절한 대안을 강구한다. • 고객에게는 누가 담당자인지가 중요한 것이 아니라 고객 자신의 문제를 해결해 줄 수 있는지 아닌지가 중요하다. • 해결에 대한 확실한 약속은 고객에게 안정감과 신뢰를 줄 수 있어 불만을 빨리 처리할 수 있다.
6단계	신속한 처리	• 잘못된 부분에 대해 일의 우선순위를 세워 신속하고 완벽하게 처리하도록 한다. • 문제 해결을 위해 최대한 노력하고 있음을 보인다.
7단계	처리 확인과 재사과	• 불만 사항을 처리한 후 고객에게 결과를 알리고 만족 여부를 확인한다. • 고객에게 다시 한 번 정중하게 사과하며, 감사의 표현을 한다.
8단계	미래 개선 방안 수립	• 고객 불만 사례를 전 직원에게 알려 공유한다. • 재발 방지책을 수립하고 새로운 고객 응대 매뉴얼을 작성한다.

2 불만 고객 응대 기법 ★★

(1) MTP 기법

사람(Man), 시간(Time), 장소(Place)를 바꾸어 컴플레인을 처리하는 방법이다.

Man (사람)	나를 바꾸려 노력한다	• 표정: 진지한 표정으로 응대하며 절대 웃으면 안 된다. • 자세: 고객을 존중하고 있다는 느낌을 주도록 한다. • 시선: 불만고객의 경우에는 시선을 떼지 말고 응대해야 한다.
	새로운 사람으로 바꾼다	• 담당 직원에서 챔임자로 바꿔 응대한다. • 하급자에서 상급자로 바꿔 응대한다. • 판매 사원에서 판매 매니저로 바꿔 응대한다. • 직원의 성별을 바꿔 응대한다.
Time (시간)		• 고객의 화난 감정을 누그러뜨리고 싶을 때는 마실 것을 권유하는 등 그 상황을 잠시 끊어 줘야 한다. • 즉각적인 해결 방안을 제시하기보다는 이성적으로 생각할 수 있는 시간이 필요하다.
Place (장소)		• 고객에게 자리를 권한다. 분노한 사람도 앉으면 그 감정이 잦아드는 경우가 많다. • 서비스 장소를 매장에서 사무실이나 소비자 상담실로 바꾼다. • 조용한 장소에서 차분한 분위기를 유지시킨다.

⑵ 고객에게 맞장구치는 방법

① 맞장구의 타이밍을 맞춤으로써 상대방이 말하는 것에 흥이 나도록 한다.

② 맞장구를 멈출 때를 알아야 한다. 무조건 맞장구를 친다고 좋은 것이 아니기 때문에 상대가 열을 올리고 있을 때는 맞장구를 잠시 멈춘다.

③ 맞장구는 "아, 그렇네요.", "예, 예.", "그럼요.", "옳은 말씀이십니다." 등의 말과 같이 짧게 감정을 넣어서 한다.

④ 상대방으로부터 긍정의 대답을 얻고 싶을 때는 긍정의 말에만 맞장구를 침으로써 대화를 원하는 방향으로 유도한다.

3 불만 고객 응대 후 자기 관리

자기 만족을 가져라	불만 고객 응대는 어렵다. 서비스 실패를 해결하여 고객만족으로 이끌었다는 것 자체에 스스로 만족해야 한다.
자신에게 보상하라	고단한 불만 고객 응대 후에 자기 자신이 만족할 수 있을 만한 외재적 자기 보상은 업무 성취도를 높여 준다.
스트레스 등 부정적 기억은 지워라	수많은 고객을 상대하면서 좋지 못한 기억을 깨끗이 잊는 과정은 필수적이다.
자신을 객관적으로 들여다보라	불만 고객 응대 시 본인이 감정적이지는 않았는지, 응대 매뉴얼에 따라 움직이지는 않았는지 스스로를 점검하고 피드백 해야 한다.

4 상황별 고객 응대법

⑴ 서비스 제공 과정에 문제가 있어 발생된 컴플레인의 해결

① 기업의 서비스전달 과정의 문제로 인한 컴플레인이므로 즉각적으로 문제를 인정하고 사과한다.

② 원인을 정확하게 파악하고 해결 방안을 모색하여 주도적으로 문제를 해결하는 것이 중요하다.

③ 해결 방안을 바로 제공하거나 약속하고 반드시 이행하도록 한다.

④ 적절한 보상을 제공한다.

⑤ 문제를 인정하지 않는 것 같은 인상이나 해결 방안 찾기를 미루는 모습은 유의해야 한다.

(2) 고객이 무리한 요구를 하면서 발생하는 컴플레인의 해결

① 고객의 요구를 받아들이지 못하더라도 고객 요구 수용에 대한 최선의 자세와 노력하는 모습을 보이는 것이 중요하다.

② 요구 사항을 수용할 수 없는 이유를 구체적으로 타당성을 가지고 이해시키려 노력한다.

③ 지키지 못할 약속은 하지 않도록 하고, 책임을 전가하려는 모습은 피한다.

④ 서비스 기업의 규정이나 방침 등을 정중하게 설명한다.

(3) 고객이 서비스제공에 비협조적인 상황에서 발생하는 컴플레인의 해결

① 서비스제공 과정에 문제가 있는지 확인하고 검토한다.

② 고객이 상황을 이해할 수 있도록 정중하게 설명하고 양해를 구하도록 한다.

③ 서비스제공자의 입장만을 강조하는 모습이나 고객 불만의 원인에 대해 무관심한 모습을 보이지 않도록 한다.

④ 고객의 불만이 다른 고객에게 영향을 미치지 않도록 한다.

5 컴플레인 유형별 분류 및 해결 방법 ★★★

신중하고 꼼꼼한 유형	**특징**	• 실용성에 대하여 질문을 많이 한다. • 망설임이 많다. • 조근조근 꼼꼼히 따지며 논리적이다. • 뻔히 알 수 있는 사실에도 계속 질문을 한다. • 지나치게 자세한 설명이나 친절을 때로는 의심한다.
	응대 요령	• 초조해하지 않고 질문에 성의껏 대답한다. • 사례나 타 고객의 예를 들며 추가 설명한다. • 혼자 생각할 수 있는 시간적 여유를 준다. • 판매 제품과 비교 설명한다. • 지나친 설득은 금물이다. • 너무 많은 설명을 하면 오히려 역효과가 생긴다. • 분명한 근거나 증거를 제시하여 스스로 확신을 갖도록 유도한다. • 자신감 있는 태도로 간결한 응대를 하며 설득한다.
성격이 급하고 신경질적인 유형	**특징**	• 다른 고객을 응대하는 사이를 끼어든다. • 의자에 앉아 기다리지 못하고 계속 재촉한다. • 이것저것 한꺼번에 얘기한다. • 작은 일에 민감한 반응을 보인다.
	응대 요령	• 인내심을 가지고 응대한다. • 말씨나 태도에 주의를 기울이며 신속함을 보여 준다. • 동작뿐만 아니라, "네, 알겠습니다." 등 말의 표현을 함께 사용한다. • 불필요한 대화를 줄이고 신속하게 처리한다. • 늦어질 때에는 사유에 대해서 분명히 말하고 양해를 구한다. • 언짢은 내색을 보이거나 규정만 내세우지 않는다.

빈정거리며 무엇이든 반대하는 유형	특징	• 열등감이나 허영심이 강하고 자부심이 강한 유형이다. • 문제 자체에 중점을 두고 이야기하지 않고 **특정한 사람이나 문구, 심지어는 대화 중에 사용한 단어의 의미를 꼬투리를 잡아 항의**한다. • 아주 국소적인 문제에 집착하여 말한다.
	응대 요령	• 대화의 초점을 주제 방향으로 유도하여 해결에 접근할 수 있도록 자존심을 존중해 주면서 응대한다. • 고객의 빈정거림을 적당히 인정하고 요령껏 받아 주면서 고객의 만족감을 유도하면 타협의 자세를 보이게 된다.
쉽게 흥분하는 유형	특징	• 상황을 처리하는 데 단지 자신이 생각한 한 가지 방법밖에 없다고 믿고 남으로부터의 피드백을 받아들이려 하지 않는 고객이다. • 고객의 마음을 지배하고 있는 것은 표면화된 호전성과는 달리 극심한 불안감일 수도 있으므로 직원이 미리 겁을 먹고 위축되지 않도록 한다.
	응대 요령	• 고객은 내가 아니라 회사에게 항의하는 것이므로 **개인적인 일로 받아들이지 말고 논쟁을 하거나 같이 화를 내는 일이 없도록** 하며 상대방의 흥분된 감정이 소진될 때까지 기다려야 한다. • 조심스럽게 고객의 주의를 끌어 직원 영역 내의 방향으로 돌리도록 한 뒤에 조용히 사실에 대해 언급한다. • 말하고 있는 도중 고객이 방해를 하면 친절히 양보하여 충분히 말할 수 있는 편안한 분위기를 유지해 주면서 고객 스스로가 문제를 해결할 수 있도록 유도한다. • 부드러운 분위기를 유지하여 정성스럽게 응대하되 음성에 웃음이 섞이지 않도록 유의한다. • 고객이 흥분 상태를 인정하고 직접적으로 진정할 것을 요청하기보다는 고객 스스로 감정을 조절할 수 있도록 유도하는 우회적인 화법을 활용한다.
전문가이고 거만한 자기 과시 유형	특징	• 자신을 과시하는 타입으로 자신은 **모든 것을 다 알고 있는 전문가인 양 행동**한다. • 자신이 가지고 있는 확신에 대한 고집을 꺾지 않으려 하고 좀처럼 설득되지 않는다. • 권위적인 느낌을 상대에게 주어 상대의 판단에 영향을 미치려고 한다. • 언어 예절을 깍듯이 지키며 겸손한 듯이 행동하지만 내면에 강한 우월감을 갖고 있으므로 거만한 인상을 준다. • 직원보다 책임자에게 접근하려 한다.
	응대 요령	• 우선 고객의 말을 잘 들으면서 상대의 능력에 대한 칭찬과 감탄의 말로 응수하여 **상대를 인정하고 높여 주면서 친밀감을 조성**한다. • 대화 중에 반론을 하거나 **자존심을 건드리는 행위를 하지 않도록 주의**한다. • 자신의 전문성을 강조하지 말고 문제 해결에 초점을 맞추어 무리한 요구 사항에 대체할 수 있는 사실을 언급한다.
소리 지르는 유형	특징	목소리는 최대한 크게, 욕과 함께하면 일이 더 빨리 해결될 줄 아는 고객이다.
	응대 요령	• **우선 직원의 목소리를 작게 낮추고 말을 천천히 이어감**으로써 상대방으로 하여금 자신의 목소리가 지나치게 크다는 사실을 깨닫게 하여야 한다. • 계속 언성이 가라앉지 않으면 분위기를 바꾸는 것이 필요하다. • 장소를 바꾸면 대화가 중단되어 상대방의 기분을 전환시키고 목소리를 낮추게 하는 효과가 있다.

얌전하고 과묵한 유형	특징	• 속마음을 헤아리기 어려운 고객이다. • 한 번 마음에 들면 거래가 오래 계속되나 마음이 돌아서면 관계를 끊는다. • 말이 없는 대신 오해도 잘한다. • 조금 불만스러운 것이 있어도 잘 내색을 하지 않는다.
	응대 요령	• 말이 없다고 해서 흡족한 것으로 착각해서는 안 된다. • 정중하고 온화하게 대해 주고 일은 차근차근 빈틈없이 처리해 주어야 한다. • 말씨 하나하나 표현에 주의한다. • 아무리 바빠도 시선은 반드시 마주치며 말을 한다. • 다른 고객을 대하는 모습도 영향을 줄 수 있으므로 언행에 주의한다.
깐깐한 유형	특징	별로 말이 많지 않고 예의도 밝아 직원에게 깍듯이 대해 주는 반면 직원의 잘못은 꼭 짚고 넘어간다.
	응대 요령	• 정중하고 친절히 응대하되 만약 고객이 잘못을 지적할 때는 절대로 반론을 펴지 않는다. • 이런 고객일수록 자존심이 상당히 강하므로 감사히 받아들이는 자세를 보여야 한다. • 이런 유형은 불만이 발생하기 전에 사전 예방을 하는 것이 최선이다.

핵심 키워드 정리

VOC	고객이 기업에게 들려주는 피드백, 각종 문의, 불만, 제안, 칭찬 등의 정보를 평가 및 관리함으로써 고객들의 체감 서비스를 향상시키는 고객관리시스템
Over the VOC	고객 자신도 모르고 있던 요구 사항이나 니즈, 또는 창조적 영역을 의미하며, 이를 발견하여 충족시키는 것은 어려운 일이나 달성하면 고객만족을 넘어 고객감동 수준
제안형 VOC	제품이나 서비스에 대한 고객의 소리로 불평이나 불만을 제기하기 위한 목적보다는 개선의 목적이 더 우선되는 VOC
외부형성 VOC	기업 외부에서 유포되고 확산되는 VOC이다. 고객이 기업에 접수하는 VOC가 아니라 언론사, 소비자단체, 동호회, 인터넷, 구전, 경쟁사 등을 통해 형성되는 VOC
VOC관리시스템의 중요 속성	서비스의 즉시성, VOC 수집채널의 다양성, VOC 정보시스템의 통합성, 고객 및 내부프로세스 피드백
빅데이터의 특징	3V = 데이터의 양(Volumne), 데이터 생성속도(Velocity), 데이터 형태의 다양성(Variety)
군집분석	비슷한 특성을 지닌 개체를 합쳐 가면서 최종적으로 유사 특성의 군을 발굴하는 분석 기술
빅데이터	기존 데이터베이스 관리 도구로 데이터를 수집, 저장, 관리, 분석할 수 있는 역량을 넘어서는 대량의 정형 또는 비정형 데이터의 집합 및 이러한 데이터로부터 가치를 추출하고 분석하는 기술
텍스트마이닝	비/반정형 텍스트 데이터에서 자연언어 처리 기술에 기반하여 유용한 정보를 추출, 가공하는 것을 목적으로 하는 기술
평판분석	소셜미디어 등의 정형/비정형 텍스트의 긍정, 부정, 중립의 선호도를 판별하는 분석 기술
고객숙련도	서비스에 필요한 역량의 유능과 서비스성공에 대한 고객의 태도를 통해 고객이 역할에 대한 올바른 수행을 할 수 있는 정도를 의미함. 따라서 고객숙련도가 높다는 것은 서비스에서 고객역할에 대한 역량이 우수하고 능동적인 태도를 보이는 고객 상태
고객노예행동	서비스거래를 win-lose의 관계로 인식하고 있음. 고객은 서비스제공자에게서 많이 빼앗아 올수록 자신에게 이득이라고 인식함. 따라서 필요치 않은 서비스를 요청하기도 함.
고객적대행동	서비스거래를 lose-lose의 관계로 인식하고 있음. 고객은 서비스가치를 생각하는 것이 아니라 자신이 지불한 손해만큼 상대방도 손해를 입히는 것을 원함. 부정적인 구전을 하거나, 기물을 훼손하고 낭비적 사용을 하는 행동을 보임.
블랙컨슈머	서비스에 만족하지 못하여 불만을 제기하는 고객이 아닌 보상금을 목적으로 의도적인 악성 민원을 제기하는 소비자

화이트컨슈머	기업과 소비자의 관계를 대립적인 관계가 아닌 상생의 관계로 보고 소비자로서의 권리와 의무를 명확히 지켜 나가는 고객
미스터리샤퍼	서비스 모니터링의 한 방법론으로 서비스접점 현장의 서비스품질을 측정하기 위해 고객으로 가장하여 암행감사 방식으로 서비스 현장의 품질을 측정하는 방법
제이커스터머	불량 고객 중의 한 유형으로 무례하거나 험담을 하는 등의 행동을 하여 기업, 종업원, 다른 고객에게 부정적인 영향을 주는 고객
컴플레인	서비스 마케팅 차원에서 고객이 상품을 구매하는 과정이나 구매한 상품에 관하여 품질, 서비스, 불량 등을 이유로 불만을 제기하는 것
클레임	고객이 계약 조건 또는 상품 표시 내용과 일치하지 않는 사항에 대하여 제기하는 이의로, 품질 불완전 및 손상, 그 밖의 계약 위반을 하였을 때 손해배상의 청구나 이의를 제기하는 것
컴플레인의 처리원칙	우선 사과의 원칙, 우선 파악의 원칙, 신속 해결의 원칙, 비논쟁의 원칙
고객불평행동의 이유	보상의 획득, 분노의 표출, 서비스개선에 대한 도움, 다른 고객을 위한 배려 등의 이유로 고객은 불평행동을 함.
고객불평행동의 유형	무행동, 직접행동, 사적행동, 제3자 행동(제3기관 행동) 등이 있다.
서비스 보증의 속성 차원	단일 속성 수준의 구체적 보증, 다속성 기준의 구체적 보증, 완전만족 보증, 결합된 보증의 형태가 있음.
서비스 회복의 결정요인	서비스회복의 결정요인에는 보상, 신뢰, 반응, 확신, 설명이 포함된다.
서비스 회복의 역설	처음부터 완벽하게 서비스가 전달되어 문제가 발생되지 않은 고객보다 서비스 실패를 경험한 뒤 문제가 해결되어 완전히 만족한 경우의 고객이 향후 더 높은 재구매행동과 적극적인 구전을 보이는 현상을 의미
서비스보증	서비스가 일정 수준에 이르지 못하는 경우 손쉬운 교환, 환불, 재이용 등의 보상을 약속하는 것
적절한 보상수준의 결정요인	서비스실패가 발생했을 때 적절한 보상의 수준은 기업 이미지, 실패의 심각성 정도, 고객 상태 등을 고려해서 결정
서비스 보증설계의 원칙	무조건적인 보증, 이해와 소통이 쉬운 보증, 고객에게 중요한 보증, 요청하기 쉬운 보증, 받기 쉬운 보증, 확실한 보증
내적 귀인	서비스 실패의 원인을 고객이 자신의 잘못 때문에 발생했다고 생각하는 경우
외적 귀인	서비스 실패의 원인을 서비스제공자의 잘못이라고 생각하는 경우
무불평	가장 부정적인 결과를 가져오는 고객 반응으로, 불만을 표현하지 않고 관계를 단절시키는 것
서비스실패	서비스 과정이나 결과에서 서비스를 경험한 고객이 좋지 못한 감정을 갖는 것

제삼자 반응	소비자보호단체, 언론, 사법기관 등에 해당 기업을 고발하는 고객 불평 행동 유형
서비스 회복	서비스 혹은 상품이 고객의 기대에 부응하지 못하여 기업에 불만족한 고객들을 만족의 상태로 돌려 놓는 과정으로, 제공된 서비스에 문제가 발생한 경우 제공자가 그 문제를 적극적으로 해결해 주는 것을 의미
서비스 회복 수단의 유형	할인, 시정, 관여, 시정+α, 교환, 사과, 환불 등
고객불만 응대원칙	사과, 접근 용이, 책임 공유, 해결, 과정 공개, 비밀 존중, 정보 활용의 원칙으로 응대
컴플레인 응대단계	경험, 공감, 사과, 원인 분석, 약속, 처리, 재사과, 개선의 단계로 컴플레인을 응대
컴플레인 해결의 5가지 원칙	피뢰침의 원칙, 책임 공감의 원칙, 감정 통제의 원칙, 언어 절제의 원칙, 역지사지의 원칙
MTP기법	고객의 컴플레인을 처리하는 기법 중의 하나로 사람(Man), 시간(Time), 장소(Place)를 바꾸어 컴플레인을 처리하는 방법
데이터마이닝	방대한 고객정보로부터 기업에게 유용한 최적화된 고객정보 혹은 고객지식을 찾아내는 과정으로, 일반적으로는 확보된 많은 데이터 중에서 알려지지 않은 가치 있는 지식을 찾기 위한 기술

PART 03 실전 예상 문제 TEST

01 경영활동에서 VOC가 활용되는 용도로 적합하지 않은 것은?

① 서비스프로세스의 개선   ② 신속한 불만처리

③ Risk의 사전예방   ④ 인적자원관리

⑤ 고객 간의 소통

02 VOC 관리시스템의 중요속성이 아닌 것은?

① 서비스의 즉시성   ② 서비스의 완결성

③ VOC 수집채널의 다양성   ④ VOC 정보시스템의 통합성

⑤ 고객 및 내부프로세스 피드백

03 빅데이터의 특징이 아닌 것은?

① 저장되는 물리적 데이터의 양(volume)의 증가

② 데이터 생성속도(velocity)의 증가

③ 데이터 형태의 다양성

④ 데이터의 복잡성 증가

⑤ 높은 저장비용

04 빅데이터의 활용 이전에 기존 VOC시스템의 한계점이 아닌 것은?

① 기존 고객의 소리에 집중되어 있다.

② 사후적인 고객의 소리에 집중되어 있다.

③ 경쟁사를 이용하는 고객의 소리를 분석하지 못한다.

④ 빅마우스(big mouth)의 영향력을 파악하지 못한다.

⑤ 비정형 혹은 반정형 데이터를 분석할 수 있다.

05 다음 중 불만 고객의 컴플레인 요소를 잘 처리했을 경우 뒤따르는 긍정적인 효과로 적절하지 않은 것은?

① 고객 유지율을 증가시켜 매출 증대에 도움을 준다.

② 불만 고객을 효율적으로 관리하게 되면 서비스 시간을 절약할 수 있다.

③ 자칫 불만 고객이 주변 사람들에게 나쁜 소문을 내는 상황을 막을 수 있다.

④ 담당 직원의 지나친 감정적 에너지 소모로 업무 능률이 다운되어 차분해진다.

⑤ 고객의 불만 사항에 귀를 기울이면 불만뿐만 아니라 기업에 필요한 유용한 정보를 얻을 수 있다.

06 다음 중 불만 고객 응대의 원칙에 대한 설명이 바르지 않은 것은?

① 역지사지의 원칙 : 고객의 입장이 되어 같이 흥분해 주고, 같이 컴플레인하는 자세가 필요하다.

② 책임 공감의 원칙 : 고객의 비난이 개인 담당자에게 향하는 상황이 아니라도 조직 구성원의 한 사람으로서 고객의 불만족에 대한 상황에 책임을 진다.

③ 언어 절제의 원칙 : 불만 고객 상담에 있어서는 담당자가 말을 많이 하는 것이 금기되어 있는데 고객의 이야기를 듣고, 공감하고, 반응하는 자세가 중요하다.

④ 감정 통제의 원칙 : 거칠고 불쾌한 언어를 쓰는 고객을 만나면 자신도 모르게 감정이 드러나는 경우가 발생하는데 그런 부담감을 극복하고 감정을 통제하며 고객의 감정에 공감하여 일 처리를 이끌어 나가도록 한다.

⑤ 피뢰침의 원칙 : 건물이나 자동차에 달린 피뢰침은 번개를 직접 맞지만 자신은 상처를 입지 않고 번개를 땅으로 흘려보낸다. 불만 고객의 담당자도 피뢰침과 같이 다양한 컴플레인을 받지만 회사의 모든 부서와 제도, 담당 직원에게까지 흘려보내 컴플레인 사항을 공유하고 개선해야 한다.

07 다음 중 '질적' 데이터 수집의 특성을 설명한 것으로 가장 적절한 것은?

① 구조적 조사 방법이다.

② 전통적인 방법이다.

③ 평균, 표준편차와 같은 기술 통계치가 중요하다.

④ 형식적인 면에 치우치지 않는다.

⑤ 정밀한 측정을 원할 경우 실시한다.

08 컴플레인을 마케팅 창구로 활용하기 위하여 컴플레인을 유도하기도 하는데 다음 중 그에 대한 설명으로 옳지 않은 것은?

① 고객 초청 간담회 등을 통해 고객의 소리를 직접 듣는 장을 마련한다.
② After Call을 통해 고객의 서비스 만족도를 간단한 질문을 통해 접수한다.
③ 고객 직통 전화(Hot Line)를 설치하여 가장 접점의 소리를 신속히 듣도록 한다.
④ 고객 건의함을 고객의 눈에 잘 띄는 곳에 비치하여 고객의 건의를 듣도록 한다.
⑤ 고객이 컴플레인 할 상황을 미리 시나리오로 만들어 고객이 불만을 가지도록 유도한다.

09 다음 중 고객 불만 관리의 성공 포인트로 적절하지 않은 것은?

① 고객의 기대 수준을 뛰어넘어라.
② 고객불만 관리시스템을 도입하라.
③ 고객만족도에 직원 보상을 연계하라.
④ 진실의 순간(Moment of Truth)을 관리하라.
⑤ 스스로 가장 뛰어난 고객 서비스를 제공하고 있다는 생각을 가져라.

10 서비스 실패의 발생과 영향에 대한 설명으로 적절하지 않은 것은?

① 서비스 실패는 서비스 전달에 있어서 서비스품질이 고객의 기대에 미치지 못해 발생한다.
② 고객의 부정적인 경험은 긍정적인 경험보다 더 오래 기억되고 그 영향력이 더욱 커지게 된다.
③ 서비스 실패로 불만족스러운 경험을 한 고객은 본인뿐 아니라 잠재 고객을 잃게 하는 결과를 초래한다.
④ 불만족한 고객의 불만족 해결 실패는 다음 구매 시 기업의 제품과 서비스에 대한 기대에 부정적인 영향을 준다.
⑤ 서비스 실패의 원인은 크게 제품 자체 혹은 서비스의 문제, 고객 자신의 문제가 있는데 그중 고객 자신의 문제는 가장 해결하기 쉬운 부분이다.

11 다음 중 서비스 실패 시 고객 반응에 대한 설명으로 옳지 않은 것은?

① 고객은 서비스 실패로 불만족을 경험하면 컴플레인을 한다.

② 주변 사람들에게 부정적인 구전을 하는 유형은 사적 반응(private response)이라고 한다.

③ 겉으로 불만을 드러내지 않는 무(無) 불평은 직접 불만을 제기하는 것보다 부정적인 영향이 적다.

④ 자신이 느낀 불만족에 대해 기업이 직접 해명해 줄 것을 요구하는 유형은 직접 반응(voice response)이라고 한다.

⑤ 보다 적극적인 반응으로 소비자보호단체, 언론 등에 해당 기업을 고발하는 유형을 제삼자 반응(the third part response)이라고 한다.

12 다음 중 서비스 회복과 불만 관리에 대한 설명으로 옳은 것은?

① 서비스 회복이란 서비스 실패로 인해 겉으로 드러나는 고객 불평에 근거한 것이다.

② 실제 서비스제공자와 기업이 인지하는 서비스 실패는 표현된 고객 불평이라고 할 수 있다.

③ 불만 관리란 제공된 서비스에 문제가 발생한 경우 제공자가 그 문제를 적극적으로 해결해 주는 것을 의미한다.

④ 불만 관리는 서비스 실패가 발생하였을 때 그에 대한 회사의 즉각적인 반응에 초점을 두기 때문에 서비스 회복과는 그 의미를 달리한다.

⑤ 불만 관리는 불평하는 고객뿐만 아니라 불만은 가지고 있어도 겉으로 표현하지 않는 고객들의 서비스 불만까지 파악해 내어 서비스접점상에서 문제를 해결하는 것을 의미한다.

13 다음 중 불만 고객이 기업에 중요한 이유로 적절하지 않은 것은?

① 문제점의 조기 파악과 해결 방안 모색

② 고객과의 유대 강화로 인한 충성고객으로 전환할 수 있는 기회 발생

③ 부정적인 구전 효과의 최소화

④ 고객의 교환 및 환불 유도

⑤ 기업에 유용한 정보의 제공

14 다음 중 실패한 고객 서비스에 대응하여 고객의 불만을 해소시키기 위한 체계적인 활동을 무엇이라 하는가?

① 고객 만족 평가
② 고객만족도
③ MOT
④ 서비스 회복
⑤ 서비스 다이어트

15 다음 중 쉽게 흥분하는 고객을 응대하는 기법으로 가장 부적절한 것은?

① 고객은 내가 아니라 회사에게 항의하는 것이므로 개인적인 일로 받아들이지 않는다.
② 말하고 있는 도중 고객이 방해를 하면 친절히 양보하여 충분히 말할 수 있도록 한다.
③ 고객에게 흥분 상태를 인정하고 진정할 것을 직접적으로 요청한다.
④ 상대방이 소진될 때까지 시간을 두고 기다려야 한다.
⑤ 논쟁을 하거나 같이 화를 내는 일이 없도록 한다.

16 다음 중 컴플레인에 대한 설명으로 바른 것은?

① 컴플레인(complain)은 '불평하다'라는 뜻으로 고객의 주관적 기준에서 불만을 제시하는 것을 말한다.
② 클레임과 같은 뜻으로 고객의 불편을 해결한다는 의미이다.
③ 컴플레인은 고객의 감정적 불만이므로 감정이 풀릴 때까지 잘 경청하면 문제가 대부분 해결된다.
④ 컴플레인이 발생했을 경우 매뉴얼에 따라 신속히 처리하고 고객을 피하는 것이 가장 좋은 해결 방법이다.
⑤ 컴플레인 마케팅을 활용하기 위하여 불편 사항을 그대로 두는 것도 마케팅 효과에 좋은 방법이다.

17 다음 중 서비스 복구수단과 복구과정에 대한 설명으로 적절하지 않은 것은?

① 복구과정은 서비스 복구 결과물을 전달하는 절차이다.
② 복구수단은 기업이 고객에게 전달하는 서비스 복구 노력의 결과물이다.
③ 복구수단은 고객에게 직접 제공되는 것으로 환불이나 보상이 이에 해당한다.
④ 언제, 누가, 어떠한 방식으로 등이 복구과정의 중요한 요소이며 태도가 이에 포함된다.
⑤ 복구수단은 복구과정보다 더 노력을 기울여야 하는 서비스 복구의 주요 핵심 요소이다.

18 다음 중 컴플레인 상황에서 이를 해결하는 방법으로 잘못된 것은?

① VOC 시스템을 통해 불만 정보를 수집, 분석하여 예상되는 고객의 컴플레인을 해결 전략의 기회로 삼는다.

② 컴플레인의 빠른 해결을 위해 단일화된 채널, 즉 고객만족센터만 이용하도록 안내하고 상황을 가장 빠르게 종료하는 것이 제일 우선이다.

③ 문제를 솔직히 시인하고 사과하며, 필요한 경우 상호 이해할 수 있는 설명을 한 다음 문제를 신속히 해결하도록 한다.

④ 처리 결과를 협의한 후에 신속히 해결하고, 처리 결과의 수용에 대해 감사 인사를 한다.

⑤ 컴플레인이 빈번이 발생하는 부분에서는 담당자에게 미리 컴플레인 예보 및 교육을 통해 대응 방법 등을 미리 훈련하는 것이 좋다.

19 다음 중 고객 유형별 컴플레인을 적절히 해결한 사항이 아닌 것은?

① 소리 지르는 고객은 자리를 바꾸거나 담당자 본인의 목소리를 낮추어 천천히 말을 이어가며 상대방의 목소리가 크다는 것을 깨닫도록 하는 것이 좋다.

② 깐깐하게 문제를 제시하는 고객은 자존심이 강한 유형이므로 "지적해 주셔서 감사합니다."라고 하고 받아들이는 자세를 보이도록 한다.

③ 무리한 요구를 서슴없이 하는 고객에게는 먼저 고객의 입장을 충분히 이해하고 있음을 알리고, 고객의 요구가 무리하다는 것을 납득할 수 있게 설명하며 기업의 입장과 곤란한 감정들을 솔직하게 이야기하는 것이 좋다.

④ 불만은 제시하지만 의사 결정이 우유부단한 고객은 담당자가 적절한 질문을 통해 고객의 숨은 마음과 원하는 것을 빠르게 판단하고 상황을 주도적으로 이끌어 가는 것이 중요하다.

⑤ 전문가처럼 보이고 싶어 하는 고객은 충분히 이야기를 경청하고, 고객의 능력을 높이 평가하며, 그에 따르도록 하는 것이 좋다.

20 다음 중 컴플레인 발생 원인이 아닌 것은?

① 성의가 없는 접객 서비스

② 해피콜 예약 확인 서비스

③ 약속에 따른 불이행

④ 상품 관리의 부주의

⑤ 업무지식의 부족

21 다음 중 컴플레인의 해결 단계로 옳은 것은?

① 사과한다. ⇨ 적극적으로 문제를 경청한다. ⇨ 대안을 제시한다. ⇨ 신속히 바로 처리한다. ⇨ 고객의 감정을 확인하고 감사 표시한다.

② 적극적으로 문제를 경청한다. ⇨ 사과한다. ⇨ 대안을 제시한다. ⇨ 신속히 바로 처리한다. ⇨ 고객의 감정을 확인하고 감사 표시한다.

③ 고객의 감정을 확인하고 감사 표시한다. ⇨ 적극적으로 문제를 경청한다. ⇨ 사과한다. ⇨ 대안을 제시한다. ⇨ 신속히 바로 처리한다.

④ 사과한다. ⇨ 대안을 제시한다. ⇨ 신속히 문제를 처리한다. ⇨ 고객의 감정을 확인하고 감사 표시한다. ⇨ 적극적으로 문제를 경청한다.

⑤ 신속히 바로 처리한다. ⇨ 사과한다. ⇨ 적극적으로 문제를 경청한다. ⇨ 대안을 제시한다. ⇨ 고객의 감정을 확인하고 감사 표시한다.

22 다음 중 제이커스터머(Jaycustomers)의 여러 유형 중 다른 고객에게 논쟁을 걸고 불량한 태도로 기분을 상하게 하는 유형은?

① 내분(family feuders)형
② 호전(belligerent)형
③ 파괴(vandal)형
④ 위반(rulebreaker)형
⑤ 부랑자(deadbeat)형

23 다음 중 VOC 관리시스템에 대한 설명으로 옳지 않은 것은?

① VOC는 고객의 불만과 동일한 개념이다.
② 기존의 CRM의 개념에도 VOC의 관리에 대한 개념이 포함되어 있다.
③ 고객이 시장의 주체로 자리매김하며 VOC 관리시스템이 등장하였다.
④ VOC란 Voice of Customer로 고객이 기업에게 들려주는 피드백을 뜻한다.
⑤ VOC 시스템 자체는 하나의 독립적인 시스템으로 CRM을 대체·보완하는 하나의 시스템이다.

24 다음 중 빅데이터의 처리 기법에 대한 설명으로 옳지 않은 것은?

① 빅데이터의 처리 기법은 크게 분석 기술, 표현 기술로 구분한다.

② 군집 분석은 비슷한 특성을 지닌 개체를 합쳐 가며 최종적으로 유사 특성의 군을 발굴하는 데 사용된다.

③ 표현 기술은 빅데이터 분석을 통해 분석된 데이터의 의미와 가치를 시각적으로 나타내는 기술이다.

④ 소셜 네트워크 분석은 소셜 네트워크 연결 구조 및 연결 강도 등을 바탕으로 사용자의 명성 및 영향력을 측정하는 기술이다.

⑤ 오피니언 마이닝은 분석 기술 중 하나로 비 / 반정형 텍스트 데이터에서 자연 언어 처리 기술을 기반하여 유용한 정보를 추출, 가공하는 것을 목적으로 하는 기술이다.

25 다음 중 서비스 회복 시스템에 대한 설명으로 옳지 않은 것은?

① 서비스 실패에 대한 회복 계획은 사전에 개발되어 있어야 한다.

② 고객 불평이 일어나기 전에 서비스 회복에 대한 준비는 항상 되어 있어야 한다.

③ 적절한 수준의 권한은 매뉴얼에 준비되지 못한 서비스 실패에 대한 대응을 높여 준다.

④ 고객에게 보상을 제공할 때에는 실패의 심각성에 관계없이 가능한 관대한 보상을 해 주어야 한다.

⑤ 고객이 서비스품질에 높은 프리미엄이 있다고 인식하고 있다면 서비스 회복과 보상은 일반 수준에 비해 높아야 한다.

26 다음 중 무책임형 고객에 대한 설명으로 가장 적절하지 않은 것은?

① 감정적·비합리적인 사고로 서비스에 참여하는 편이다.

② 안하무인으로 사람을 상하 관계로 다루거나 낮추어 보려고 한다.

③ 다른 고객까지 해를 입히거나 영업에까지 훼방을 하려고 한다.

④ 불량 고객으로 분류하기보다 범죄자로 분류하는 것이 더 정확하다.

⑤ 자기 멋대로 행동하여 타의 원칙, 제도, 정책, 체제를 무시하려 한다.

27 다음 중 VOC에 대한 일반적인 사항들로서 가장 적절한 것은?

① VOC 시스템의 핵심은 정보 통신 기술이다.

② 고객 불만은 예방보다 해결이 바람직하다.

③ 고객을 분석하지 말고 고객 경험을 분석해야 한다.

④ VOC 활용보다 VOC 분석이 VOC 관리의 핵심이다.

⑤ VOC 활성화를 위해서는 당근보다 채찍이 바람직하다.

28 다음 중 컴플레인 고객 응대에 대한 예절로 가장 적절한 것은?

① 담당자와 끝까지 상의하도록 유도한다.

② 고객이 원하는 이야기를 충분히 하도록 내버려 둔다.

③ 컴플레인이 일어나기 전에 MOT를 점검하는 노력을 꾸준히 한다.

④ 목소리, 톤, 표정 등 고객의 감정에 휘둘리지 않도록 사무적인 자세를 유지해야 한다.

⑤ 컴플레인의 발생을 대비하여 회사의 입장을 정당화할 수 있는 논리를 준비하여 빠르게 논리적 대응을 하도록 한다.

29 다음 중 불량 고객의 유형에 대한 설명으로 옳지 못한 것은?

① 위반형 고객 : 정해진 규칙이나 규율을 무시하는 고객

② 파괴형 고객 : 물리적 시설을 훼손하거나 더럽히는 고객

③ 내분형 고객 : 화난 고객들 중에서 다른 고객들과 싸우는 고객

④ 감정 통제형 고객 : 사소한 일을 가지고 종업원 등에게 거칠게 항의하는 고객

⑤ 도둑형 고객 : 제공받은 제품이나 서비스에 대한 값을 지불하지 않으려는 고객

30 기업의 경영 활동에 있어 VOC는 기업의 서비스에 대한 고객의 반응이라 할 수 있는데 다음 중 분석 가능한 빅데이터의 분석 결과가 아닌 것은?

① 특정 키워드 분석

② 지역 분류, 지역 정보 분석

③ 컴플레인 고객의 인물 생김새 분석

④ 특정 제품, 인물, 이슈에 관한 평판 분석

⑤ 시기별, 미디어별, 패턴, 관심 부분 등 트렌드 분석

31 다음 중 서비스 보증의 속성 차원 분류로 적합도가 낮은 것은?

① 단일 속성 수준의 구체적 보증

② 다속성 기준의 구체적 보증

③ 완전 만족 보증

④ 부분 만족 보증

⑤ 결합된 보증

32 다음 제시되는 고객의 소리(VOC) 관리시스템에 대한 설명 중 (   ) 안에 들어갈 내용으로 적절하지 않은 것은?

> VOC 관리시스템은 다양한 채널을 통해 들어오는 고객의 불만이나 요구사항을 통합 접수하고, 효율적으로 관리해 주는 시스템이다. (   )을/를 문장화해 내용을 분석하고, 관련 부서에 전달해 향후 고객관리나 마케팅에 반영할 수 있도록 해 준다.

① 기업의 홈페이지에 대한 의견
② 새로운 제품이나 서비스에 대한 의견
③ 오늘 만난 직원의 서비스에 대한 칭찬
④ 결재 시스템에 대한 불만
⑤ 나를 응대하고 있는 직원의 권한 범위에 대한 의견

33 다음 중 VOC 수집과 관련된 내용으로서 가장 적절한 것은?

① VOC 분석 시 활용되는 빅데이터(Big Data)는 '많은 데이터'를 의미한다.
② 서비스 기업의 경우, VOC를 수집하기 위해 가장 선행되어야 하는 것은 서비스 프로세스의 파악이다.
③ 설문 방법은 대표적인 빅데이터(Big Data) 수집 방법이다.
④ 의미 있는 VOC 빅데이터 수집을 위해 기업과 고객의 상호 작용 효과를 배제해야 한다.
⑤ VOC 빅데이터 수집을 위해서 다양한 정보 원천의 개발보다 특정 정보 원천에 대한 집중이 필요하다.

34 다음 중 VOC 분석 및 관리와 관련된 내용으로 가장 적절한 것은?

① VOC 분석 및 관리를 통해 고객 요구 파악 및 고객 관리가 모두 가능하다.
② VOC 분석을 통해 고객이 말하지 않는 불만까지 파악하기는 불가능하다.
③ VOC 관리와 품질 관리는 서로 독립성을 유지하여야 한다.
④ 다수를 차지하는 고객의 의견 파악이 VOC 분석의 핵심이다.
⑤ 군집화는 VOC 분석에서 활용되지 않는 분석 기법이다.

35 다음 중 고객 불평 및 서비스 회복과 관련된 내용으로서 적절한 것은?

① 불평 고객을 충분히 만족시킨다면 처음부터 만족한 고객보다 높은 충성도가 형성될 수 있다.

② 대부분의 불만족 고객은 불평을 통해 불만족을 해결하고자 한다.

③ 고객 불평은 서비스 개선에 도움되지 않는다.

④ 서비스 회복은 고객 불평을 접수한 후 진행하는 것이 바람직하다.

⑤ 서비스 회복에 있어서 권한 이양은 중요하지 않다.

36 다음 중 불량 고객에 대한 설명으로 가장 적절한 것은?

① 불평하는 모든 고객은 옳다.

② 불량 고객을 회피하는 것은 바람직하지 않다.

③ 불량 고객들 중 호전형에 대해서는 즉각적인 판단보다 신중한 대처가 바람직하다.

④ 불량 고객도 고객이기는 하지만, 기업의 수익에 부정적인 영향을 미칠 수 있다.

⑤ 서비스품질이 매우 우수하더라도 불량 고객의 발생이 증가할 수 있다.

37 고객 숙련도에 따른 우수 고객과 불량 고객에 대한 설명으로 적합하지 않은 것은?

① 숙련 고객은 고객 역량이 우수하고 서비스에 대한 태도도 우수한 고객이다.

② 태도 개발 고객은 고객 역량은 우수하지만 서비스에 대한 태도가 불량한 고객이다.

③ 회피 고객은 고객 역량은 낮고 서비스에 대한 태도가 불량한 고객이다.

④ 학습 지원 고객은 고객 역량은 낮지만 서비스에 대한 태도가 우수한 고객이다.

⑤ 미숙련 고객은 고객 역량도 낮고 서비스에 대한 태도도 불량한 고객이다.

38 고객 적대 행동에 대한 설명으로 올바른 것은?

① 서비스 거래를 win-lose의 관계로 인식한다.

② 서비스 거래를 lose-lose의 관계로 인식한다.

③ 서비스 거래를 win-win의 관계로 인식한다.

④ 고객은 서비스가 필요치 않은 상황이지만 탐욕적으로 추가 서비스를 요구한다.

⑤ 타 고객에 대해 긍정적인 지원을 한다.

O / X형

[39~48] 다음 문항을 읽고 옳고(O), 그름(X)을 선택하시오.

39 고객불평행동에서 제3자 행동이란 주변 사람들에게 부정적 구전을 하는 행동을 말한다.

(① ○ ② ×)

40 VOC 처리 프로세스는 수집–처리–분석–공유–반영의 절차로 진행된다. (① ○ ② ×)

41 Over the VOC란 '기본적으로 고객이 받아야 한다고 여기고 있는 것을 받지 못할 경우 제기되는 불만'을 의미한다. (① ○ ② ×)

42 숙련고객이란 서비스의 생산과 전달에서 고객역할을 수행할 때, 역할수행에 대한 역량은 유능하지 못하지만, 역할을 수행하고자 하는 태도가 우수한 고객을 의미한다. (① ○ ② ×)

43 서비스 실패로 인한 불만족한 경험을 한 고객이라도 특별한 이해관계가 없는 한 주변의 잠재고객에게 영향을 미치지 않는 것으로 나타난다. (① ○ ② ×)

44 고객불평행동의 이유로는 보상획득, 분노표출, 서비스개선에 도움, 다른 고객을 위한 배려 등이 있다. (① ○ ② ×)

45 어떤 행동의 원인을 그 사람의 기질이나 성격 등으로 귀인하는 것을 외적 기인이라 한다. 서비스실패의 원인을 자신의 취향, 성격 등의 실수로 추론하는 경향도 이러한 외적 귀인의 하나로 볼 수 있다. (① ○ ② ×)

46 서비스 회복이란 서비스 혹은 상품이 고객의 기대에 부응하지 못하여 기업에 불만족한 고객들을 만족의 상태로 돌려놓는 과정이다. (① ○ ② ×)

47 불만 고객을 응대하기 위해서는 피뢰침의 원칙, 책임 공감의 원칙, 감정 통제의 원칙, 언어 절제의 원칙, 역지사지의 원칙을 지켜야 한다. (① ○ ② ×)

48 불만 고객 응대 시 MTP 기법은 사람(Man), 시간(Time), 장소(Place)를 바꾸어 컴플레인을 처리하는 방법을 말한다. (① ○ ② ×)

[49~53] 다음 보기 중에서 각각의 설명에 알맞은 것을 골라 넣으시오.

① MTP 기법	② 군집 분석
③ MGM 기법	④ 제안형 VOC(Voice of Customer)
⑤ 불만형 VOC(Voice of Customer)	

49 기업의 기존 고객으로부터 신규 고객이 될 가능성이 있는 사람의 정보를 받아 새로이 고객을 유치하는 기법 (   )

50 불만 고객 응대 시 사람(Man), 시간(Time), 장소(Place)를 바꾸어 컴플레인을 처리하는 방법 (   )

51 제품의 성능이나 외관, 고객 서비스 등에 대한 고객의 의견을 반영하여 새로운 제품이나 서비스 개발에 적용되는 것 (   )

52 고객 불만에 대한 신속한 대응으로 불만족을 만족으로 전환시키고, 불만이 재발되지 않도록 구조적으로 해결함으로써 고객 이탈을 방지하는 역할을 하는 것 (   )

53 비슷한 특성을 지닌 개체를 합쳐 가면서 최종적으로 유사 특성의 군을 발굴하는 데 사용되는 분석 기법 (   )

사례형

54 다음은 신차를 계약한 40대 남성 고객이 세일즈맨인 박 과장에게 출고 지연에 대해 컴플레인을 제기하는 장면이다. 이 상황에서 박 과장의 컴플레인 대응 방법 중 적절하지 못했던 것은?

고객

고객 : (화난 말투로) 박 과장님, 어떻게 된 거예요? 늦어도 15일 정도면 차를 탈 수 있게 해 준다고 했는데 벌써 계약한 지 1개월이 지났어요.

박 과장 : (진심 어린 표정으로) 죄송합니다. 저도 최선을 다하고 있지만 워낙 계약 차량이 많이 밀려 있어서 그렇습니다. 저도 피가 마릅니다.

박 과장

고객 : 오죽 답답하면 제가 과장님을 만나러 여기까지 왔을까요. 제 입장도 이해해 주세요.

박 과장 : 저도 사장님 마음 잘 압니다. 다시 한 번 사과드립니다.

고객 : 저도 참을 만큼 참았어요. 대체 언제까지 가능하겠어요?

박 과장 : 딱 일주일만 여유를 주신다면 무슨 수를 써서라도 반드시 해결하겠습니다. 제 이름을 걸고 약속드립니다.

고객 : 과장님 이름을 거신다고 하니 저도 마지막으로 믿어 보겠습니다.

박 과장 : (목소리 톤이 높아지면서) 네, 저를 믿어 주셔서 감사합니다!

① 자신의 노력만으로는 어쩔 수 없다는 것을 이해시킴.
② 진심 어린 마음으로 고객의 흥분을 가라앉히려고 노력함.
③ 고객과의 약속을 지키지 못한 것에 대하여 정중히 사과함.
④ 난처한 상황에서 벗어나려고 지나치게 과장된 약속을 성급하게 함.
⑤ 고객 입장에서 접근하는 역지사지의 원칙을 지키려고 노력하며 공감하려 함.

55 다음은 초등학교 6학년 학생의 엄마인 고객이 학습지 회사 지점장에게 교사 문제로 컴플레인을 제기하는 전화 내용이다. 이 상황에서 지점장의 컴플레인 대응 방법 중 적절하지 않은 것은?

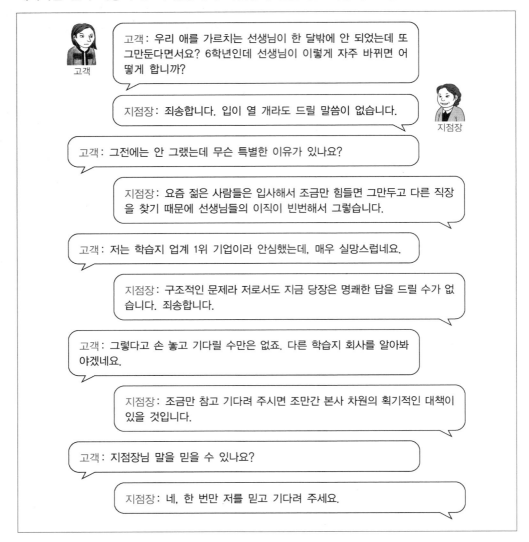

고객 : 우리 애를 가르치는 선생님이 한 달밖에 안 되었는데 또 그만둔다면서요? 6학년인데 선생님이 이렇게 자주 바뀌면 어떻게 합니까?

지점장 : 죄송합니다. 입이 열 개라도 드릴 말씀이 없습니다.

고객 : 그전에는 안 그랬는데 무슨 특별한 이유가 있나요?

지점장 : 요즘 젊은 사람들은 입사해서 조금만 힘들면 그만두고 다른 직장을 찾기 때문에 선생님들의 이직이 빈번해서 그렇습니다.

고객 : 저는 학습지 업계 1위 기업이라 안심했는데, 매우 실망스럽네요.

지점장 : 구조적인 문제라 저로서도 지금 당장은 명쾌한 답을 드릴 수가 없습니다. 죄송합니다.

고객 : 그렇다고 손 놓고 기다릴 수만은 없죠. 다른 학습지 회사를 알아봐야겠네요.

지점장 : 조금만 참고 기다려 주시면 조만간 본사 차원의 획기적인 대책이 있을 것입니다.

고객 : 지점장님 말을 믿을 수 있나요?

지점장 : 네, 한 번만 저를 믿고 기다려 주세요.

① 현재 가르치고 있는 교사를 설득하여 이직을 최대한 막아 본다.
② 지점의 조직 구성원들과 이 문제 해결을 위하여 방안을 모색한다.
③ 경쟁사에서 사직한 교사 중에서 입사 가능성이 있는 사람을 알아본다.
④ 구조적인 문제이기에 본사가 문제를 해결해 줄 때까지 독촉하면서 계속 기다린다.
⑤ 본사 차원의 대안 제시가 있을 때까지 교사 출신인 지점장 자신이 직접 나서서 교사 역할을 수행하는 적극성을 보인다.

56 다음은 고객만족도조사를 실시하는 콜센터 직원과의 전화 통화 내용이다. 대화에 관한 내용 중 가장 올바른 것은?

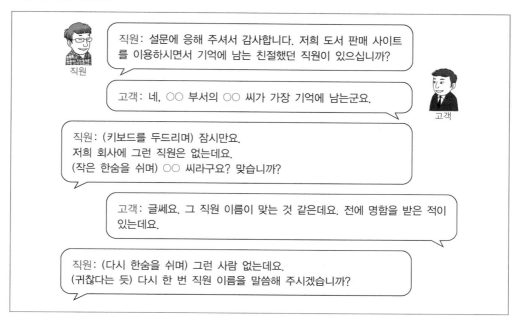

직원: 설문에 응해 주셔서 감사합니다. 저희 도서 판매 사이트를 이용하시면서 기억에 남는 친절했던 직원이 있으십니까?

고객: 네, ○○ 부서의 ○○ 씨가 가장 기억에 남는군요.

직원: (키보드를 두드리며) 잠시만요.
저희 회사에 그런 직원은 없는데요.
(작은 한숨을 쉬며) ○○ 씨라구요? 맞습니까?

고객: 글쎄요. 그 직원 이름이 맞는 것 같은데요. 전에 명함을 받은 적이 있는데요.

직원: (다시 한숨을 쉬며) 그런 사람 없는데요.
(귀찮다는 듯) 다시 한 번 직원 이름을 말씀해 주시겠습니까?

① 직원의 만족도 조사가 오히려 고객에게 불만족 사례를 남겼다.
② 키보드를 조작할 때는 내용에 집중해야 하므로 고객을 보면 안 된다.
③ 고객과의 전화 응대 시간이 길어지는 것은 좋지 않으므로 해당 직원을 재확인할 필요가 없다.
④ 고객의 착오에 대한 답답한 자신의 감정을 솔직하게 드러내는 것이 좋다.
⑤ 직원 정보에 대한 시스템은 정확하므로 고객이 잘못 알고 있는 것이 확실하다.

통합형

[57~58] 다음은 ○○병원에서 직원과 보호자 간의 대화이다.

직원

직원 : 무엇을 도와드릴까요?

고객 : 저희 어머님이 치료받으셨던 진료 확인서를 발급받으려고 합니다.

고객

직원 : 개인정보 보호법에 의해 타인의 의무 기록을 발급받기 위해서는 몇 가지 서류가 필요합니다. 안내해 드리겠습니다.

고객 : 지금 급해서 그러는데요. 제가 아들 되는데 발급해 주시면 안 되나요?

직원 : 본인 외에는 의무 기록 열람과 발급이 제한되어 있습니다. 몇 가지 서류 제출이 가능하시면 발급이 됩니다. 위임장 및 가족관계증명서를 제출해 주시겠습니까?

고객 : 내일 가져다 드리고 지금 발급해 주실 수 없나요?

직원 : 안타깝지만 이것은 법적인 부분이라 서류 제출 없이 타인에게 발급해 드리기 어렵습니다.
가까운 로비에 민원 발급기가 있어 가족관계증명서를 바로 발급 받으실 수 있습니다.

57 대화에 관한 내용 중 적절하지 않은 것은?

① 고객은 왕이므로 고객 요청 사항은 언제나 수용해야 한다.

② 고객이 제시한 불만과 문제점 제시에 대해 고객 존중을 극대화하였다.

③ 불만 사항의 처리에 대한 사후 확인 절차를 안내함으로써 고객 불만의 확대를 사전에 예방하고자 했다.

④ 고객의 불만 사항에 대해 경청과 공감을 통해 적절히 응대하였다.

⑤ 사과와 함께 신속하게 해결 방안을 찾아서 안내하고 최선의 지원을 하고 있음을 표현하였다.

58 대화에서 나타나는 서비스접점에서 파워의 유형은 무엇인가?

① 보상적 파워　　　② 강제적 파워　　　③ 전문적 파워
④ 준거적 파워　　　⑤ 합법적 파워

SMAT
Module B
서비스 마케팅·세일즈

서비스유통관리

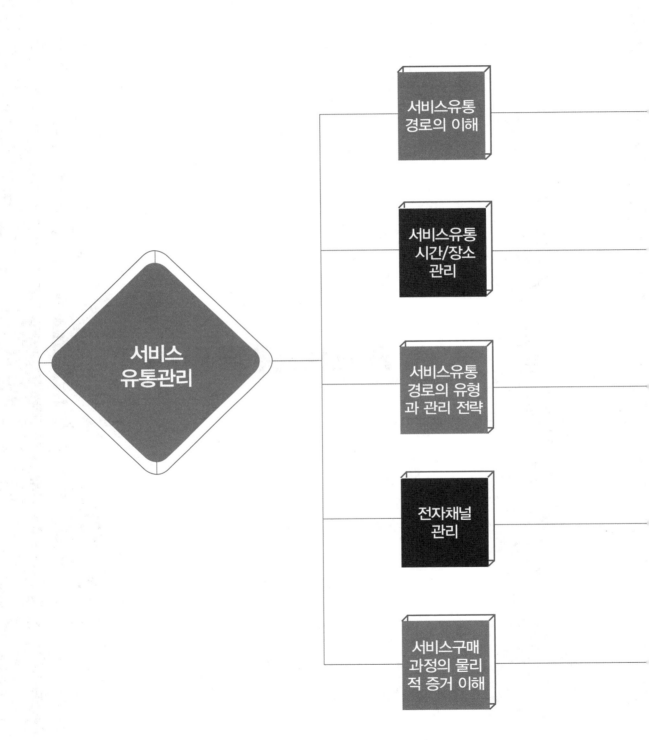

서비스유통
경로의 이해

서비스유통
시간/장소
관리

서비스
유통관리

서비스유통
경로의 유형
과 관리 전략

전자채널
관리

서비스구매
과정의 물리
적 증거 이해

입지선정 과정과 매력도 분석
- 입지선정 과정 ★
- 소매포화지수 ★
- 시장성장잠재력 ★
- 시장매력도 유형 ★
- 서비스점포를 개설할 때 고려할 점 ★

유통경로
- 유통경로의 필요성 ★★
- 유통경로의 분류기능 ★★
- 유통경로의 전략 ★

서비스전달을 위한 접촉유형 ★★

서비스유통 시간 및 장소의 결정
- 서비스유통의 장소들 ★
- 고객접촉도별 입지 및 운영계획 ★
- 멀티마케팅 전략 ★★★

전통적 서비스유통경로
- 직접유통의 장점과 단점 ★★

중간상을 이용한 서비스유통경로
- 프랜차이징 ★★★
- 에이전트와 브로커 ★★★

서비스유통경로의 관리
- 서비스유통경로의 권력 관계 ★

중간상 관리전략의 유형 ★★

전자채널의 이해
- 전자채널의 개념 ★★
- 탈중간상화 현상 ★★
- 전자상거래와 전통상거래의 비교 ★★
- 전자적 유통경로의 장점과 단점 ★★★

전자적 유통경로 갈등 ★★

물리적 증거
- 물리적 증거의 역할 ★★
- 물리적 증거의 영향 ★

물리적 환경의 이해
- 물리적 환경의 범주 ★

서비스유통경로의 이해

출제 & 학습 포인트

출제포인트

1장 서비스유통경로의 이해에서는 **입지선정 과정과 유통경로의 필요성, 기능에 대한 문제**가 주로 출제됩니다.

학습포인트

1 입지선정 과정은 지역, 지구, 개별점포 상권을 단계별로 분석하는 방법을 학습합니다.

2 입지선정 과정에서 분석에 활용되는 수요와 공급의 측정을 이해하고, 시장매력도의 유형을 학습합니다.

3 유통경로의 필요성은 수요와 공급 측면으로 구분하여 학습하고, 수요 측면에서의 4가지 분류기능을 학습합니다.

1 상권의 기본적 이해

서비스는 생산과 소비의 비분리성으로 고객이 존재하는 상태에서 서비스가 생산되고 소비된다. 특히 고객에게 직접 서비스를 제공하는 경우 고객의 접근성은 매우 중요하고, 상권에 대한 기본적 이해가 필요하다.

(1) 상권과 상권 분석

점포	서비스지점이나 스토어(store)
상권	한 점포가 고객을 유인(흡인)할 수 있는 지역적 범위
상권 분석	점포의 위치에 대한 입지선정을 할 때 선행되는 조사 및 분석

(2) 상권분류

상권의 계층적 구조

지역상권 (general trading area)	• 도시의 행정 구역과 거의 일치되는 개념 • 도시 내의 모든 서비스기업들이 합쳐져 상권을 형성한다. • 지역상권 내의 동일업종들 간에는 고객흡인을 위해 경쟁관계에 있다. • 하나의 지역상권 내에는 다수의 지구상권이 포함된다. 예 서울지역상권, 대구지역상권, 대전지역상권

지구상권 (district trading area)	• 지구상권은 상권 내에 대형백화점과 유명전문점의 존재 여부, 관련 점포들 간의 집적 여부에 따라 상권의 크기가 달라진다. • 지구별 상권은 서로 중복되지만 인근구매자들을 중심으로 하나의 지역상권을 지구상권별로 구분할 수 있다. • 서울지역 상권 내에는 강남지구, 명동지구, 동대문지구, 신촌지구 등 다수의 지구상권이 포함된다. • 중소도시의 경우 지역상권과 지구상권이 거의 일치하는 경우가 많다. 즉, 지역상권 내의 가장 중심부에 위치한 지구상권이 지역 전체의 소비자를 흡인한다.		
개별점포상권 (individual trading area)	• **지역상권과 지구상권 내의 개별 점포들은 각각의 점포상권을 형성** • 일반적으로 대형점포일수록 동일 위치에 출점한 경쟁점포에 비해 점포상권이 넓다. • 중소점포인 경우에도 유명전문점은 동일 위치의 경쟁점포에 비해 점포상권의 규모가 크다.		
	1차상권	• 점포 이용고객의 50~70%를 흡인하는 지역범위 • 이용고객의 밀집도가 가장 높고, 고객 1인당 매출액이 가장 높은 상권	
	2차상권	• 1차상권의 외곽에 위치하며, 점포 이용고객의 20~25%를 흡인하는 지역범위 • 1차상권에 비해 밀집도가 분산	
	한계상권	• 1차와 2차상권에 포함되지 않은 나머지 고객들을 흡인하는 지역적 범위 • 한계상권은 2차상권의 외곽에 위치하며 고객 수와 구매빈도가 낮은 것이 일반적	

2 입지선정 과정과 매력도 분석

(1) 입지선정 과정 ★

신규점포의 상권은 지역, 지구, 개별점포 상권을 포함한 포괄적 개념이므로 서비스점포의 입지매력도에 대한 평가는 다음의 단계별로 이루어져야 한다.

지역시장 후보지 분석 (regional analysis)	• 마케팅 전략과 표적고객의 특성을 충족시키는 광역 지역시장 후보지에 대한 분석 • 광역 지역시장 후보지에 대한 고객수요, 업체 간의 경쟁 정도 분석을 통해 각 광역 후보지의 시장잠재력을 조사
최적 지구 선정을 위한 분석 (area analysis)	광역 후보지 선정 후, 후보지 내에서 최적 지구를 선정하기 위한 분석 예 대구지역을 후보지로 선정했다면, 대구광역시 내의 입지가능한 지구들에 대한 상권분석을 실시한 후 특정 지구를 선택
최적 부지 선정 (site selection)	선택한 지구 내에서 구입 가능한 부지(site) 중에서 최적의 부지를 선정

(2) 매력도 분석

신규 점포의 입지매력도를 분석할 때 평가요인은 수요요인, 공급요인, 지역의 경제적 기반을 통합적으로 분석해야 한다.

① 수요의 측정

　㉠ 소매포화지수(IRS : Index of Retail Saturation) ★ : 지역시장의 수요잠재력을 총체적으로 측정할 수 있는 지표로 많이 이용되는 것이 소매포화지수(IRS)이다. 소매포화지수는 한 지역 내에서 특정 소매업태의 단위 매장 면적당 잠재수요를 나타낸다.

　　한 지역시장의 점포포화란 기존의 점포만으로 고객의 수요를 충족시킬 수 있는 상태로 정의된다. 따라서 소매수요가 매우 높다고 하더라도 기존의 점포들 간에 경쟁이 매우 치열한 상태라면 지역시장의 매력도는 낮아진다.

$$\text{소매포화지수(IRS)} = \frac{\text{수요}}{\text{공급}} = \frac{\text{지역시장의 총 가구 수} \times \text{가구당 특정 업태에 대한 지출비}}{\text{특정 업태의 총 매장 면적}}$$

높은 IRS	• 공급보다 수요가 상대적으로 많은 것을 의미 • 아직 시장의 포화정도가 낮은 것을 의미 • 신규점포를 개설할 시장 기회가 높다는 것을 의미
낮은 IRS	• 수요보다 공급이 상대적으로 많은 것을 의미 • 기존 점포가 초과공급 되었다는 것을 의미 • 신규점포에 대한 시장잠재력이 상대적으로 낮아짐.

　㉡ 소매포화지수의 한계점

분석대상 측면	• 현재 수준에서 시장의 수요와 공급을 분석 • 미래의 성장잠재력에 대한 분석을 반영하지 못한다.
점포역량 측면	• 기존 점포들의 수행능력을 반영하지 못한다. • IRS가 낮은 것이 기존 점포들이 소비자의 욕구를 충분히 충족시키지 못하기 때문일 수도 있다. **예** 가까운 거리에 병원이 있음에도 불구하고 먼 거리의 대형병원을 찾아가는 것처럼 점포의 수행능력에 대한 분석을 못하고 있다.

② 공급의 측정 : 지역시장의 매력도를 측정하는 데에 소매포화지수는 수요에 대한 부분만을 반영한다. 그러나 지역시장의 매력도는 공급뿐만 아니라 미래의 시장성장잠재력에 의해서도 영향을 받는다.

③ 시장매력도 분석

　㉠ 시장성장잠재력(MEP : Market Expansion Potential) ★

　　ⓐ 지역시장이 미래에 신규수요를 창출할 수 있는 잠재력을 반영하는 지표이다. 거주자들이 지역시장 이외의 다른 지역에서 지출하는 금액을 추정하여 계산될 수 있다.

　　ⓑ MEP값이 크다는 것은 거주자들이 타 지역에서 구매 정도가 높다는 것을 의미한다.

　　ⓒ MEP가 클수록 시장성장잠재력이 크다고 보는 것이다.

ⓒ 시장매력도 분석 매트릭스

구분	MEP 높음	MEP 낮음
IRS 높음	고매력 시장	평균 시장
IRS 낮음	평균 시장	저매력 시장

ⓒ 시장매력도 유형 ★

고매력 시장	• 현재의 수요와 공급도 매력적 • 시장의 성장잠재력도 높아 미래의 성장도 갖춘 시장 • 신규점포의 진출이 필요
평균 시장	• 현재와 미래의 매력도가 불일치 • IRS는 낮지만 MEP가 높은 경우 : 시장잠재력은 좋지만 기존 점포 간의 경쟁이 치열하여 신규점포는 기존점포로부터 매출액을 빼앗아 올 수 있는 적극적인 노력이 필요 • IRS는 높지만 MEP가 낮은 경우 : 기존 점포 간의 경쟁은 낮지만 성장잠재력이 높지 않아서 시장매력도가 반감된다.
저매력 시장	특별한 이유가 없는 상황이라면 신규점포의 진출후보지로 적합하지 못한 시장

④ 경제적 기반 측정 : 특정 지역의 시장매력도는 주로 IRS와 MEP에 의해 평가되지만, 해당 지역의 경제적 기반도 평가되어야 한다. 지역시장의 경제적 기반 평가에 고려되는 주요 요인들은 다음과 같다.

ⓒ 미래의 경제 활성화 정도

ⓒ 광고 매체의 이용가능성과 비용

ⓒ 서비스직원의 이용가능성과 비용

ⓒ 지역정부의 지역경제 활성화 노력

ⓜ 지역시장에 대한 정부의 법적 규제

(3) 서비스점포를 개설할 때 고려할 점 ★

접근성격	• 서비스 생산과 제공을 위해 고객과 기업의 접근성격 • 고객이 서비스를 받으러 기업으로 이동 • 기업이 서비스를 제공하러 고객에게 이동
장비/설비 의존도	• 서비스의 생산과 제공 과정에서 장비나 설비에 대한 의존도 • 장비/설비중심의 서비스 • 인적서비스 중심
수혜자	서비스 대상이 사람인가? 사물인가?
제공자	서비스제공을 사람이 수행하는가? 아니면 기계나 설비가 제공하는가?
전문성	서비스제공자의 전문성과 숙련성이 요구되는가?
자원 통제	대리점이나 유통점에 대해 서비스자원(지식, 교육, 설비, 장치 등)의 통제권이 높고 낮은 정도

3 유통경로

(1) 유통경로의 이해

① 정의

    ㉠ 유통경로는 고객이 제품이나 서비스를 사용 또는 소비하는 과정에 참여하는 상호의존적인 조직들의 집합체이다.

    ㉡ 제품과 서비스가 생산자로부터 소비자에 이르기까지 거치게 되는 통로나 단계이다.

② 필요성 ★★

    ㉠ 수요 측면

        ⓐ 소비자를 위한 가치창출

        ⓑ 탐색과정의 촉진

        ⓒ 분류기능 ★★ : 생산자와 소비자 간에 원하는 구색에 차이가 존재하는 경우, 유통경로의 중간상은 분류기능을 수행함으로써 기업과 소비자 간의 차이를 해소시킨다.

등급 (sorting out)	다양한 공급원으로부터 제공된 이질적인 상품을 상대적으로 동질적인 집단으로 구분한다.
수합 (accumulation)	다양한 공급원으로부터 소규모로 제공되는 동질적인 상품들을 한데 모아 대규모 공급이 가능하게 한다.
분배 (allocation)	수합된 동질적 상품들을 구매자가 원하는 소규모 단위로 나누어 원하는 만큼의 구매를 가능하게 한다.
구색화 (assorting)	상호 연관성이 있는 상품들을 다양한 공급처로부터 공급받아 일정한 구색을 갖추어 함께 취급함으로써 소비자에게 다양한 구색을 제공

    ㉡ 공급 측면

        ⓐ 반복적인 거래를 가능하게 하고, 비용절감의 효과가 있다.

        ⓑ 교환과정에서 효율성을 제고한다.

③ 유통경로의 효용 : 유통경로의 분류기능은 제품의 부가가치를 높임으로써 소비자들이 얻게 될 효용을 증대시키고 제조업자들의 판매를 높이는 역할을 한다.

👆 유통경로의 효용

시간효용	생산과 소비의 시차 극복, 소비자가 필요할 때 사용할 수 있는 편의 제공
장소효용	지역적으로 분산된 재화나 서비스를 소비자가 편리한 장소로 전달하여 원하는 장소에서 구매가능한 편의 제공
소유효용	생산자에서 소비자로 거래되는 과정에서 소유권의 이동
형태효용	대량생산 상품이 소비자 요구 수량대로 적절하게 분배되어 편의 제공

④ 경로배열원칙

    ㉠ 경로배열의 원칙은 '경로구성원은 배제할 수 있어도 경로기능의 흐름은 배제할 수 없다'는 것이다. 유통경로 배열에 있어 경로구성원은 제거되거나 대체될 수 있다.

    ㉡ 경로구성원이 제거되었을 때 기능흐름은 경로배열상의 전방 혹은 후방의 경로구성원에게 이전된다.

(2) 유통경로의 전략 ★

유통경로의 전략적 결정은 기업에게 비용을 절감시켜주고, 소비자에게 더욱 빠르고 편리하게 상품 배송이 가능하게 하는 것을 일반적 목적으로 한다. 유통경로의 전략은 1~3단계로 결정하게 된다.

1단계	유통범위 설정	유통경로범위 설정은 일정한 상권에서 경로구성원의 범위 결정 • 개방적/집약적 유통 전략 : 희망하는 소매점이면 누구나 자사의 상품을 취급 • 선택적 유통 전략 : 일정 지역 내에 일정 수준의 이미지, 입지, 경영능력을 갖춘 소매점으로 선별하여 자사제품을 취급하도록 하는 전략 • 전속적 유통 전략 : 자사의 제품만을 취급하는 도매상 또는 소매상
2단계	유통경로 길이	• 긴 경로 : 표준화된 상품, 비부패성 상품에 주로 적용한다. 구매 단위가 작고 구매 빈도가 높은 상품을 위주로 한다. 유통비용은 장기적으로는 안정적인 모습을 나타낸다. • 짧은 경로 : 부패성 상품에 주로 적용한다. 구매단위가 크고 구매빈도는 낮으며 비규칙적인 상품에 주로 적용한다. 유통비용은 비규칙적이라 최적화를 추구해야 한다.
3단계	통제수준 결정	• 통제수준이 높을수록 : 유통경로에 대한 수직적 통합의 정도가 강화 • 통제수준이 낮을수록 : 독립적인 중간도매상을 이용하거나, 프랜차이즈, 계약 또는 합자 방식 등을 사용한다.

(3) 유통범위 전략의 특징

전략	전속적 유통	선택적 유통	개방적/집약적 유통
소매/중간상 수	단일	다수	가능한 많이
판매경로	판매 통제를 위해 단일판로 이용	주어진 영역에서 제한된 판로 이용	영역 내의 모든 판로에 상품 비치
적합 상품	특수품, 고관여품	가전제품, 전자제품	편의품, 저관여품
통제가능성	높음.	제한된 통제 가능	낮음.

4 서비스유통경로의 구조

(1) 전통적 유통경로

서비스제공자로부터 고객에게 바로 전달되는 직접경로의 형태이다.

(2) 수직적 마케팅 시스템(VMS : Vertical Marketing System)

생산자 - 도매상 - 소매상이 수직적으로 통합된 시스템이다.

관리형 VMS	• 경로구성원 간의 통합수준은 셋 중 가장 낮지만 자율성은 최대한 보장되는 통합 방식 • 경로구성원의 마케팅활동이 소유권이나 계약에 의하지 않으면서 구성원의 규모와 파워에 의해 조정되는 경로유형
계약형 VMS	• 경로구성원 간의 계약을 통한 통합 방식 • 프랜차이징, 에이전트, 브로커가 이에 속함. • 계약형 VMS에는 도매상이 후원하는 체인, 소매상 협동조합, 프랜차이즈조직 등이 있다.
기업형 VMS	• 경로구성원 모두가 한 조직에 의해 소유되고 관리되는 방식 • 기업의 지점 등

(3) 수평적 마케팅 시스템(HMS : Horizontal Marketing System)

동일한 경로 단계에 있는 두 개 이상의 기업이 대등한 입장에서 자원과 프로그램을 결합하여 일종의 연맹을 구성함으로써 공생 및 공영의 시너지를 추구한다.

공생마케팅	동종업체 간의 유통과 마케팅의 결합방식으로, 같은 경로 단계에 있는 둘 이상의 기업들이 함께 협력하는 방식 예 서울프라자호텔, 부산그랜드호텔, 경주호텔 등이 통합멤버십
결합마케팅	이업종 간에 이루어지는 결합방식 예 항공서비스와 호텔서비스의 통합

서비스유통 시간/장소 관리

출제 & 학습 포인트

출제포인트

2장 서비스유통 시간/장소 관리는 파트4 서비스유통관리에서 출제 빈도가 높은 부분은 아니지만 서비스전달을 위한 접촉유형과 멀티마케팅 전략에 대한 문제가 주로 출제됩니다.

학습포인트

1 서비스접촉을 위한 접촉유형을 단일지점과 복수지점으로 구분하여 학습합니다.

2 다양한 서비스유통의 장소를 해당되는 서비스 예시와 연관하여 학습합니다.

3 멀티마케팅 전략을 복수 점포 전략, 복수 시장 전략, 복수 서비스 전략으로 구분하여 그 개념을 정확히 학습합니다.

❶ 유통경로 설계의 이해

(1) 유통경로 설계의 정의

① 유통경로 설계(channel design)란 누구를 시켜 상품을 표적시장에 유통시킬 것인가를 결정하는 것이다.

② 유통경로의 길이, 경로구성원의 수, 경로구성원의 형태, 경로구성원의 선정, 경로조직의 형태 등을 포함한다.

③ 유통경로의 설계에서 서비스의 표준화와 고객화의 차이에 따라 유통경로 길이는 영향을 받으며, 서비스상품의 수요-공급의 특성에 의해 유통비용 구조와 경로유형도 영향을 받는다.

(2) 유통경로에 대한 선호

고위험 서비스	• 경제적, 사회적으로 위험도가 높은 서비스의 경우 고객은 인적채널에 의존하는 경향이 있다. • 신체적 위험도가 높은 경우에도 인적채널을 선호한다.
서비스복잡성	기술적으로 복잡하거나 거래에 전문성이 필요한 경우 고객은 인적채널을 선호하는 경향이 있다.
고객확신	고객이 서비스와 채널에 대한 확신과 지식이 높을수록 고객은 비인적채널이나 셀프서비스 채널을 선호한다.
기술수용태도	기술수용에 우호적인 고객은 셀프서비스 기술의 사용에 대해 긍정적이다.
기능적 추구	거래의 기능적 측면을 추구하는 고객은 편리함을 선호한다.
사회적 동기	사회적 동기를 지닌 고객은 인적채널을 선호한다.
편리함	편리함은 대다수의 고객이 일반적으로 중요하게 여기는 채널의 선택 요인이다.

2 서비스전달을 위한 접촉유형 ★★

서비스유통 장소 유형

구분	서비스지점	
	단일지점	복수지점
고객이 기업으로 방문	극장, 미용실	버스정류장, 패스트푸드
기업이 고객에게 방문	주택수리, 이동세차	우편배달, 은행지점망
원격에서 서비스	신용카드 회사	통신회사

(1) 고객이 서비스를 받기 위해 기업을 방문하는 경우

장소적 접근성	고객의 기업 방문이 편리한 입지를 선정해야 한다.
시간적 접근성	고객의 기업 방문이 편리하도록 운영 시간을 고객기준에 맞추어야 한다.

(2) 서비스를 제공하기 위해 기업이 고객을 방문하는 경우

비용 문제	• 기업이 고객에게 서비스를 파견하는 경우 시간과 비용이 더 소요되는 경우가 많다. • 방문에 따른 추가비용을 지불할 의지가 있는 고객을 방문한다.
예약과 운영	• 서비스 요청은 예약시스템에 의한 운영이 바람직하다. • 방문을 위한 이동에는 최적화를 통한 이동경로와 작업계획을 수립해야 한다.
수익창출기회	방문서비스는 추가수익을 창출할 수 있는 다양한 기회를 제공할 수 있으므로 고객관계를 통한 추가수익창출을 추구할 필요가 있다.

(3) 원격 서비스

서비스제공과정에서 고객과 대면하지 못하는 상태에서 서비스를 제공하는 것이다. 고객과 대면 기회가 감소하는 것은 단기적으로 비용이 절감되는 효과를 주지만 장기적으로 사업기회의 확장에는 부정적 영향을 줄 수 있다.

3 서비스유통 시간 및 장소의 결정

(1) 서비스유통 장소와 시간에 대한 의사결정 시 고려사항

고객의 기대	• 고객 측면에서는 편리성과 선호가 주요 고려 요인이다. • 고객의 기대를 충족시키기 위해서 기업은 비용과 작업효율성을 일부 포기해야 할 경우가 많다.
경쟁자의 활동	경쟁자가 서비스유통 시간과 장소에서 고객접근성을 중심으로 한다면 방어적 차원에서 경쟁자 제공수준까지 시간과 장소를 확장해야 할 경우가 많다.
서비스운영	• 고객중심으로 서비스운영을 할 경우에는 고객편리성에 중점을 둔다. • 기업중심으로 서비스운영을 할 경우에는 비용과 작업효율성에 중점을 둔 유통 전략을 선택해야 한다.
후방서비스요소	서비스유통 장소의 입지에 후방서비스의 장소선택은 주로 비용, 생산성, 노동에 대한 접근성에 중심을 둔 결정을 한다.
전방서비스요소	• 서비스전달에 대한 의사결정시 고객의 편리성이 고려되어야 한다. • 기업과 고객이 추구하는 것이 상충될 수 있으며 경쟁관계와 서비스수준에 따라 균형을 잡아야 한다.

(2) 서비스유통의 장소들 ★

지역적 제약을 가진 서비스	• 운영의 특성으로 입지에 대해 엄격한 제약이 요구되는 서비스 • 규모의 경제가 요구되는 서비스 또는 기후적 요인도 입지선택에 제약 예 공항, 스키리조트, 해양리조트 등
미니점포	• 지리적 커버리지를 최대화하기 위해 복수의 소규모 서비스제공 장소를 설치하는 것 • 특정 유형의 서비스제공자들이 서로 보완적 관계에 있는 다른 유형의 서비스제공자로부터 공간을 임대하는 형태로 미니점포 개설 예 자동화 키오스크, ATM, 대형마트 내에 은행점포나 미니체인점 등
다목적시설의 설치	• 고객의 접근성이 가장 근접할 수 있는 곳은 고객이 거주하거나 근무하는 곳에 시설을 입지하는 것 • 사무공간에 상업공간, 생산공간 등의 복합적인 시설 설치 • 기업들은 다목적시설을 활용해 고객의 접근성을 높임.

(3) 고객접촉도별 입지 및 운영계획 ★

고려 사항	고접촉서비스	저접촉서비스
시설 입지	고객에 근접	원자재 공급원, 서비스 직원에 근접
설비 배치	고객 물적/심리적 니즈와 기대 충족	작업의 효율성을 위주로 배치
전달 설계	서비스케이프와 물리적 증거도 중요	서비스의 기능적 속성 중심으로 설계
과정 설계	고객을 고려한 과정 설계	고객을 분리한 과정 설계
일정 계획	고객의 일정을 고려한 스케줄	고객은 작업 완료일에만 관심
생산 계획	재고불가능	주문적체와 생산평준화 가능
직원 기술	인간관계 및 상호작용 능력 필요	기능적 인력 필요
시간 표준	고객에게 맞춘 시간표준/유연한 표준	작업에 맞춘 시간표준/엄격한 표준
능력 계획	최대수요와 일치하는 방향으로	평균수요에 일치하는 방향으로
수요 예측	단기적이며 시간 기준	장기적이며 생산량 기준

(4) 멀티마케팅 전략 ★★★

① 멀티마케팅은 기업의 제품과 서비스를 고객에게 전달 시 다수의 접근 방법을 활용하는 유통마케팅으로 멀티마케팅의 중요한 다양화 대상에는 서비스, 점포, 표적시장 등이 포함된다. 필요한 경우 멀티마케팅 전략에 포함된 다양한 전략을 혼합하는 것이 필요하다.

② 복수 점포 전략은 전문적인 서비스에 적합하고, 빠른 확장이 가능하며, 관리하기 쉽다는 장점이 있다. 하지만 다수의 점포 확장으로 인해 품질 통제가 어렵다는 단점을 가진다.

③ 복수 시장 전략은 시설을 적절하게 활용할 수 있으며, 매출성장이 높다는 장점을 가진다.

④ 복수 서비스 전략은 기존 고객에게 더 좋은 서비스를 제공할 수 있고, 신규 고객 확보가 용이하며 매출 성장이 높다는 장점을 가진다.

서비스유통경로의 유형과 관리 견략

출제 & 학습 포인트

출제포인트

3장 서비스유통경로의 유형과 관리 전략은 **파트4 서비스유통관리**에서 출제 빈도가 높은 부분으로 직접유통과 간접유통의 개념과 중간상을 통한 효과적인 서비스전달 전략에 대한 문제가 주로 출제됩니다.

학습포인트

1 직접유통의 개념을 이해하고, 장점과 단점을 학습합니다.

2 간접유통의 프랜차이징의 개념을 이해하고, 프랜차이즈 본사와 가맹점 입장에서의 장·단점을 학습합니다.

3 간접유통의 에이전트, 브로커의 개념을 이해하고, 에이전트, 브로커의 장·단점을 학습합니다.

4 중간상을 통한 효과적인 서비스전달을 통제전략, 권한부여전략, 파크너십전략으로 구분하여 학습합니다.

1 서비스유통경로

(1) 서비스유통경로의 유형

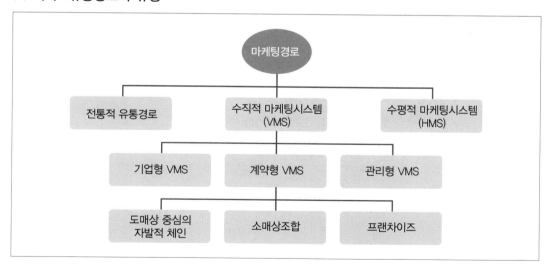

(2) 서비스경로설계에서 고려되어야 할 점

① 서비스점포의 입지 결정

② 표적시장의 규모를 고려한 점포의 크기 결정

③ 예상 고객의 특성에 따른 점포의 입지 결정

④ 예상 고객의 서비스 구매시점 및 방법에 대한 파악

2 전통적 서비스유통경로 : 직접유통

(1) 직접유통의 개념

① 생산자로부터 소비자까지 상품이 유통되는 과정에서 중간상이 전혀 개입하지 않는 것을 말한다.

② 직접유통의 필요성은 생산자의 중간상에 대한 불신과 불만, 마케팅시설의 발달과 소매상 측의 촉진요인에 있다.

(2) 서비스기업에서 직접유통의 의미

① 서비스 비분리성(생산과 소비가 동시에 발생)에 의해 중간상이 존재하지 않는 경우가 많다.

② 서비스상품의 유통경로 길이가 유형상품에 비교하여 짧다.

③ 소규모 서비스기업의 경우 직접채널을 통해 고객과 직접 대면하여 생산과 전달을 한다.

(3) 직접유통의 장점과 단점 ★★

장점	• 통제가능성이 높아짐에 따라 서비스품질관리에 유리하다. • 중간상이 존재하지 않으므로 경로관리의 문제는 발생되지 않는다. • 고객서비스에 문제가 발생할 경우 즉각적인 대응조치가 가능하다. • 사회적 유통비를 절감할 수 있다.
단점	• 직영채널을 운영하는 데 많은 재무적 비용이 부담된다. • 점포 수의 한계로 고객접근성에 제한을 야기할 수 있다. • 고객과 시장의 정보수집에 한계가 있다.

3 중간상을 이용한 서비스유통경로 : 간접유통

(1) 프랜차이징 ★★★

① 정의 : 프랜차이즈 본부(franchisor)가 계약에 의해 가맹점(franchisee)에게 일정기간 동안 특정 지역 내에서 상표, 상호, 사업운영방식 등을 사용하여 제품이나 서비스를 판매할 수 있는 권한을 허가해 주고, 가맹점은 이에 대한 대가로 초기가입비와 매출액의 일정비율에 대해 로열티 등을 지급하는 형태의 경로 조직을 말한다.

② 프랜차이즈 본사의 입장에서 장점과 단점

장점	• 직영지점을 확장하는 데에 따른 투자비용 부담을 낮출 수 있다. • 상품과 서비스의 안정적인 판매망을 확보할 수 있다. • 규모의 경제를 실현할 수 있다. • 서비스의 표준화와 운영의 효율성이 높아진다. • 표준화된 가맹점의 확장을 통해 소비자에게 일관된 이미지를 전달할 수 있다. • 가맹점으로부터 계약에 의한 수수료수입을 받을 수 있다.
단점	• 서비스품질 유지를 위해서 가맹점에 대해 지속적인 지원을 해야 한다. • 가맹점의 급격한 증가는 본부의 통제에 어려움을 줄 수 있다. • 본부의 통제권이 상실되면 소비자에게 부정적인 이미지를 형성할 수 있다. • 일부 가맹점의 실패가 전체 프랜차이즈에 부정적인 영향을 미치게 된다.

③ 프랜차이즈 가맹점의 입장에서 장점과 단점

장점	• 본사의 지원으로 노하우가 없어도 창업이 가능하다. • 본사의 브랜드명성을 가맹점에서도 시작부터 활용할 수 있다. • 본사의 경쟁력으로 사업성이 일정 부분 보장되어 실패율이 낮다. • 사업운영에 필요한 교육과 지원을 받으므로 운영이 편리하다. • 광고나 마케팅에서 규모의 경제를 추구할 수 있다.
단점	• 창업비용이 발생한다. • 운영단가가 비싸다. • 본사의 운영시스템을 따라야 하므로 가맹점의 운영능력이나 창의성을 발휘할 여지가 작다.

(2) 에이전트와 브로커 ★★★

에이전트와 브로커는 서비스에 대한 소유권을 갖고 있지 않으며, 기업을 대신해 마케팅 기능을 수행하고 고객에게 판매할 권한을 갖는다.

① 에이전트(Agent : 대리점 혹은 대리인) : 기업이나 고객 중 어느 한쪽을 대신해 거래를 활성화시키는 역할을 한다.

판매에이전트 (Selling Agent)	기업의 상품 판매를 대행하는 권한을 갖는다. 예 여행사, 보험대리점, 금융서비스의 판매대행사
구매에이전트 (Purchasing Agent)	• 고객의 구매를 대행하여 상품을 평가하거나 구매하는 역할을 한다. • 구매에이전트는 해당분야에서 전문지식이나 노하우를 갖고 고객을 대신하는 경우가 일반적이다. 예 예술품, 골동품, 귀금속 전문가들이 고객을 대신해서 상품을 평가하고 구매를 도와주는 것

② 브로커(Broker : 중개상 혹은 중개인)

　㉠ 판매자와 구매자 간의 협상을 돕고 거래관계를 성사시키는 역할을 수행한다.

　㉡ 브로커는 에이전트와 달리 구매자와 판매자를 지속적으로 대리하지는 않는다.

　㉢ 브로커는 거래 성사에 대한 수수료를 받으며, 자금조달이나 재고의 보유 등과 같은 위험부담을 지지 않는다.

　예 부동산중개인, 보험중개인, 증권중개인 등

③ 에이전트와 브로커의 장점과 단점

장점	• 판매비용과 유통비용을 절감할 수 있다. • 에이전트와 브로커는 해당분야에 대해 전문적 지식과 기술을 보유하고 있기 때문에 의뢰자가 수행해야 할 마케팅기능을 효율적으로 대행할 수 있다. • 판매에이전트는 하나의 상품만을 취급하는 것이 아니라 다양한 공급자의 상품을 취급하므로 고객이 선택할 수 있는 폭이 넓어진다. • 구매에이전트는 다양한 판매자들의 상품을 비교하고 평가하여 고객에게 최선의 선택을 할 수 있도록 도와준다. • 에이전트와 브로커는 지역시장에 대한 전문성을 지니고 있으므로 해당시장의 욕구를 잘 알고 있다.
단점	• 기업은 가격이나 기타 마케팅믹스에서 통제력을 상실할 수 있다. • 에이전트와 브로커는 여러 공급자를 대리하기 때문에 기업의 입장에서 보면 경쟁자에 유리한 행위를 하는 것을 통제하지 못하게 된다.

4 서비스유통경로의 관리

(1) 성공적 유통경로의 특성

① 공동의 목표를 가진 고객지향성
② 효과적이고 효율적인 커뮤니케이션
③ 공동목표달성을 위한 경로구성원 간의 협조
④ 명확한 통제시스템(보상제도 포함)

(2) 유통경로 파트너 선정 시 고려 사항(공급자 관점)

• 재정적 능력 • 판매능력 및 실적 • 제품이나 서비스라인 • **명성**: 리더십, 전문성 정도 • 시장커버리지(지역별, 산업별) • 광고 및 판촉 전략 • 판매쿼터를 수용할 의지 • 교육 및 훈련 프로그램	• 보상 및 급여체계 • 관련 장소 및 설비 등의 물적 환경 • 주문처리 및 대금결제 과정 • 판매 후 관리능력 • 개별적 브랜드에 대한 투자 의도 • 공동프로그램에 대한 협조의지 • 정보공유의지

(3) 서비스유통경로의 권력 관계 ★

원천	정의	사례
보상력	중간상에 대한 보상을 중재할 수 있는 능력	• 재정적 인센티브 • 각종 지원서비스
강제력	중간상을 처벌할 수 있는 능력	• 중요 지원의 보류 • 거래 관계의 중지 위협
합법력	중간상을 통제할 수 있는 법적 권리	• 행위를 강제하는 법적 계약 • 특정 활동을 지시할 수 있는 권리
전문력	해당분야에 대한 뛰어난 지식 혹은 통찰력	• 독자적 머천다이징 전략 • 전문적 유통관리체계
준거력	중간상이 따르고자 하는 욕구	• 독자적인 명성 • 특정 서비스업에 대한 평판
정보력	논리적으로 시장상황을 설명할 수 있는 능력	• 최적의 1회 주문량 정보 • 서비스상권에 대한 정보

5 유통경로의 갈등

(1) 유통경로의 갈등 원인

목표와 수행의 충돌	• 서비스전달 과정에서 경로를 운영하는 방법에 관한 문제 • 경로충돌은 공급자와 중간상 사이에 발생하거나 지역의 중간상들끼리 혹은 공급자가 선택한 다양한 경로들 간에 발생 • 목표와 수행의 충돌은 상반된 목표, 역할과 권리의 경쟁, 경로의 수행방법에 대한 충돌로 야기
소매점의 일관성과 품질통제의 갈등	• 유통경로가 명확하지 않은 전문화된 서비스에서 종종 발생 • 표준화된 서비스를 전달하기 어려운 경우 발생 • 유통경로의 길이가 길수록 통제의 어려움이 발생 • 일관성과 품질은 서비스전달에서 매우 중요한 요소
권한부여와 통제	• 통제는 중간상에게 부정적 문제를 유발 • 프랜차이즈 가맹점은 다분히 사업가적 기질을 발휘하고 싶은 욕구가 있으므로 자신의 방식대로 사업을 운영할 자율권한과 통제에 대한 구분이 불분명할 때 발생
유통경로 모호함	• 유통경로 상에 경로역할을 누가 수행할 것인지 명확하지 못할 경우 발생 • 마케팅조사, 서비스표준의 설정 등과 같은 역할에 대한 분장을 명확히 할 필요

(2) 유통경로에 대한 갈등관리 방안

① 경로구성원 전체의 공동 목표 설정

② 중재에 의한 해결 시도

③ 법적 수단에 의지

④ 경로구성원 간의 상호교환 프로그램 개발

⑤ 회원들의 대표기구 활용

⑥ 계속적인 교육을 통해 갈등 발생의 예방

6 중간상 관리전략의 유형 ★★

구분	통제	권한부여	파트너십
전략	서비스품질과 성과의 측정을 바탕으로 보상하는 전략	서비스목표설정, 서비스프로세스관리에 있어 중간상에게 재량권을 부여하는 전략	공급자와 중간상이 목표달성을 위해 수평적으로 협력하고 능력을 공유, 활용하는 전략
내용	• 본사는 계약종료, 비갱신, 할당량, 공급제한 등으로 중간상을 통제 • 판매목표를 설정하고, 중간상의 활동을 측정하고 평가하여 합당한 보상을 줌.	• 공급자는 중간상이 서비스를 잘 수행할 수 있도록 지원 • 고객조사나 서비스성과에 대한 조사를 지원 • 필요 지원시스템의 공급 • 중간상 교육/훈련 지원 • 중간상이 경영협력이나 의견 제시 기회 제공	• 중간상과 공급자가 목표를 일치시키고 공동의 노력을 하는 것 • 자문과 협조의 전략으로 의사결정 과정에 중간상이 참여하거나 의견을 수렴
공급자	공급자가 경제적 파워나 보상력을 보유한 기업일 경우에 적합	중간상을 통제할 만큼의 강력한 경로파워를 갖지 못한 기업에 적합	공급자와 중간상이 서로 대등하거나 보완적인 관계일 경우에 적합
장점	• 공급자의 강력한 통제력은 경로효율성을 높임. • 일관된 서비스로 신뢰성을 높일 수 있음.	중간상에 대한 권한부여는 공급자 - 중간상의 갈등이 낮아짐.	• 상호신뢰의 관계 구축 • 공급자와 중간상이 하나의 목표를 공유하므로 발생되는 시너지효과
단점	공급자의 강한 통제는 중간상과 갈등을 발생시킬 가능성이 있음.	중간상에 대한 낮은 통제력은 공급자의 평판, 이미지, 서비스품질 통제에 어려움을 줄 수 있음.	추구하는 목표에 대한 합의가 안 될 경우 갈등이 커질 수 있음.

전자채널관리

출제 & 학습 포인트

★★★ 최빈출   ★★ 빈출   ★ 필수

출제포인트

4장 전자채널관리에서는 전자채널의 개념과 장·단점에 대한 문제가 주로 출제됩니다.

학습포인트

1 전자채널의 개념을 이해하고, 전자상거래와 전통상거래의 차이점을 비교하여 학습합니다.

2 전자적 유통경로의 장점과 단점을 공급자 측면과 소비자 측면으로 구분하여 학습합니다.

3 전자적 유통경로의 갈등의 유형을 분류하고, 갈등에 대한 의사결정 원칙을 학습합니다.

1 전자채널의 이해

(1) 전자채널의 개념과 효과

① 전자채널의 개념 ★★

㉠ 전자채널은 생산자, 중개인, 소비자가 디지털 통신망을 이용하여 직접적인 접촉 없이 전자
매체를 통해 상품이 유통되는 것을 의미한다.

㉡ 정보통신기술의 발달은 새로운 형태의 유통경로인 전자채널의 등장과 발전을 촉진하였다.

㉢ 기업은 전자채널을 활용하여 고객서비스를 향상시키고, 유통비용을 절감할 수 있었다.

㉣ 전자채널은 전 세계시장을 대상으로 활동이 가능하게 해주었다.

② 전자채널의 용도

㉠ 상품을 판매하는 수단 혹은 보조수단

㉡ 기술지원을 위한 수단

㉢ 기존서비스의 보완이나 기능향상을 위한 수단

㉣ 주문처리의 수단

㉤ 정보제공의 수단

㉥ 고객과의 커뮤니케이션 활성화 수단

③ 전자채널의 효과

전자적 의사소통효과	기업과 소비자가 직접적으로 연결됨에 따라 의사소통되는 정보의 양이 많아지고 정보교환과 피드백의 속도가 빨라지는 효과가 있다.
전자적 중개효과	전자적 상호작용시스템의 발전에 따라 거래상대방을 찾는 탐색과정이 전자적으로 해결된다.
전자적 통합효과	전자적 거래시스템의 활용이 커짐에 따라 전방과 후방의 유통기관이 기능적으로 통합된다.

✎ 알아두기

탈중간상화(dis-intermediation) 현상 ★★
인터넷을 통한 유통경로가 구성됨에 따라 기업과 고객 모두 중간상을 배제하고 싶은 욕구를 가지는 현상

④ 전자상거래와 전통상거래의 비교 ★★

구분	전자상거래	전통상거래
유통경로	기업-소비자	기업-도매상-소매상-소비자
거래대상지역	글로벌 마켓	로컬 마켓
거래시간	24시간	제한된 영업시간
고객수요파악	• 온라인으로 수시 획득 • 자료수집 후 재입력이 필요 없음.	• 영업사원이 획득 • 수집된 자료를 재입력
마케팅활동	쌍방향 커뮤니케이션으로 1:1마케팅	구매자의 의사에 관계없는 일방향 마케팅
고객대응	고객수요에 신속하고 즉각적인 대응	고객수요의 포착이 어렵고 대응이 지연됨.
판매거점	사이버공간	판매공간 필요

(2) 전자적 유통경로의 장점과 단점 ★★★

① 장점

공급자 측면	소비자 측면
• 기업-고객 직거래를 통한 유통비용절감 • 유통경로 갈등의 최소화 • 시간과 공간의 제약 회피 • 고객의 즉각적인 피드백 • 고객정보의 획득 • 고객관계마케팅의 수행 • 거래시간의 단축	• 공급자 탐색의 편리성 • 정보탐색에 시간과 비용의 절약 • 시간과 공간의 제약을 넘어서 정보탐색 • 쌍방향 소통을 통해 적합한 공급자 선정 • 필요나 요구에 대해 공급자에게 직접 소통을 하므로 빠른 문제해결이 가능 • 공급자 비교로 최적의 공급자 선택 가능

② 단점

안전성	대금지불과 정보보호의 안전성에 문제점
물류체계	• 전자채널은 정보와 커뮤니케이션의 수단 • 효율적인 물류 및 배송체계의 구축이 필요
품질	• 상품의 실제모습을 직접 보고 결정하는 것이 아니라 이미지나 설명을 통해서 결정하게 되므로 설명과 품질이 다르게 인식될 수 있음. • 품질보증의 문제점
규격표준화	• 상품의 규격이 표준화되지 못한 경우 거래에 한계 • 표준화된 상품이나 소비자가 사용경험이 있는 경우는 적용이 가능하나, 비표준화 상품이나 사용경험이 없는 상품은 거래에 한계
신뢰성	• 전통적인 유통경로에 비해 손쉬운 창업이 가능하여 기업이념이나 경영마인드가 부족할 수 있음. • 오프라인의 채널에 비해 신뢰성이 낮게 인식

2 오프라인 기업의 인터넷 경로 전략

경로 보완	• 기존 오프라인 유통경로의 부족한 부분을 보완하는 수단으로 활용 • 경로갈등의 정도가 높고 인터넷 경로의 적합도가 낮은 경우
경로 차별화	• 오프라인 유통경로와 온라인 유통경로의 경로갈등을 해결 • 오프라인과 온라인 유통경로의 경로기능을 배분하여 역할과 기능 간에 중복 요소를 제거 • 경로갈등의 정도가 높고 인터넷 경로 적합도가 높은 경우 선택 • 인터넷 유통경로는 별도의 채널 추가로 활용될 수 있도록 차별화
경로 통합	• 온라인 유통경로로 모든 판매활동을 통합하는 전략 • 경로갈등의 정도가 낮고 인터넷 경로의 적합도가 높은 경우에 선택

3 전자적 유통경로 갈등 ★★

(1) 전자적 유통경로에 의한 기업 내·외부의 갈등 유형
① 새로운 채널이 기존의 판매원을 대체함으로써 발생하는 기업 내부의 판매원들과의 갈등
② 기업 외부의 대리점, 소매점 등 기존 경로구성원과의 갈등

(2) 전자 유통경로의 등장으로 인한 유통관리 이슈
① 온라인에서 상품을 검색하고 매장에서 구매하는 채널번들링의 행태가 증가
② 하나의 경로만으로 고객에게 접근하기는 점점 어려워짐.
③ 전통적 경로와 새로운 경로 사이의 시너지 창출이 중요한 과제로 부각

(3) 유통경로 간의 갈등에 대한 의사결정 원칙

① 경로갈등의 대처는 수익성을 기준으로 의사결정

② 경로별 수익과 비용 분석결과를 토대로 육성의 우선순위를 결정

③ 일반적으로 비용 측면에서는 전자유통경로가 유리

④ 수익 측면에서는 기존의 유통경로가 우수한 경우가 많음.

⑤ 수익을 초과하는 비용이 발생한다면 신중한 디마케팅 노력이 필요

(4) 온라인과 오프라인의 갈등 해결을 위한 방안

정보공유형 하이브리드 경로	한 마케팅 경로에서 획득한 고객정보를 다른 마케팅 채널에서 이용할 수 있도록 공유
역할 분리형 하이브리드 경로	각각 경로구성원이 담당하는 기능이나 역할을 다르게 부여

서비스구매과정의 물리적 증거 이해

출제 & 학습 포인트

★★★ 최빈출   ★★ 빈출   ★ 필수

출제포인트

5장 서비스구매과정의 물리적 증거 이해에서는 물리적 증거의 역할과 물리적 환경의 범주에 대한 문제가 주로 출제됩니다.

학습포인트

1 물리적 증거의 역할을 패키지, 편의제공, 사회화, 차별화로 구분하여 각 역할의 개념을 학습합니다.

2 물리적 증거의 영향을 일반적 영향과 고객과 직원 행동에 미치는 영향으로 구분하여 학습합니다.

3 물리적 환경의 범주를 베이커와 비트너의 물리적 환경 범주로 잘 구분하여 학습합니다.

1 물리적 증거

(1) 물리적 증거(Physical evidence)의 개념

① 물리적 증거란 서비스 생산공정에서 활용되는 모든 비인적 요소들을 의미한다.

② 기업은 서비스를 생산하고 전달하는 과정에서 사람이 아닌 기계, 설비, 도구 등과 같은 여러 종류의 물리적 요소에 의존하고 있다.

(2) 물리적 증거의 구분

① 물리적 증거는 무형적인 서비스를 전달하는 데 이용되는 물리적 환경과 기타 유형적 요소로 구성된다.

물리적 환경	외부환경	• 시설의 외형, 건물의 디자인, 조형물, 외관의 청결도 등이 포함 • 신규고객에게 중요한 변수로 작용
	내부환경	• 실내장식, 레이아웃, 안전성, 벽, 가구, 시설물, 배경음악, 실내조명 등 • 고객과 종업원의 만족도 증가로 서비스생산성이 향상
기타 유형적 요소		종업원의 유니폼, 외모, 행동, 안내 책자 등

② 물리적 증거는 기능적 요소와 환경적 요소로 구분하여 이해할 수 있다. 물리적 증거는 기능적 요소와 환경적 요소로 구분하지만, 실제의 물리적 증거는 기능적 요소와 환경적 요소가 조화롭게 융합되어야 한다.

기능적 요소	• 서비스의 생산과 전달에 일정한 기능을 수행한다. • 고객이 사용하는 ATM기기는 일정한 기능을 수행한다.
환경적 요소	• 사용자가 인지하게 되는 미적 요소이다. • ATM기기를 사용하는 데에 있어 인터페이스의 미적 요소를 의미한다.

③ 물리적 증거에는 실내 온도, 조명, 소음, 색상 등과 같은 주변적 요소(ambient elements)와 서비스매장의 공간적 배치와 기능성, 표지판, 상징물과 조형물 등도 포함된다.

④ 물리적 증거는 고객과 종업원들의 인지적, 정서적, 심리적 반응을 일으키며, 결과적으로 외적 행동에도 영향을 미치게 된다.

(3) 물리적 증거의 역할 ★★

패키지 역할	• 물리적 증거는 서비스를 포장하는 역할을 한다. • 서비스는 무형의 상품이기 때문에 물리적 증거에 의해서 서비스품질에 대한 지각을 하게 된다. • 물리적 증거는 기업의 외적 이미지를 형성하는 데에 중요한 영향을 준다.
편의제공 역할	• 물리적 증거는 환경 내에서 활동하는 사람의 서비스 수행을 도와줌으로써 편의제공의 역할을 한다. • 잘 설계된 기능적인 편의는 고객에게 즐거운 경험을 제공하고, 종업원에게 쾌적한 수행을 할 수 있게 되어 서비스 성공 가능성이 높아진다.
사회화 역할	• 서비스접점에서 부여된 역할, 행동, 관계를 설명하는 데 도움이 되므로 물리적 증거의 설계는 고객과 종업원의 사회화를 조성한다. • 서비스접점의 설계에서 고객과 직원의 위치, 고객에게 보여지는 정도, 환경의 쾌적성 등은 양자의 사회화 과정에 영향을 주게 된다. • 물리적 증거의 설계에 따라 사람들은 자신의 지위나 역할에 대한 단서를 찾게 되고 이를 근거로 사회화에 대한 실마리를 얻게 된다.
차별화 역할	• 물리적 증거는 경쟁사로부터 차별화를 할 수 있고, 서비스에 따른 시장세분화를 할 수 있도록 한다. • 차별화는 포지셔닝과 세분화에 영향을 준다. • 레스토랑의 경우 물리적 증거의 설계에 의해 고객들이 가격을 달리 인식하게 되는 차별화효과를 지니게 된다.

(4) 물리적 증거의 영향 ★

① 일반적 영향

　㉠ 기업에 대한 전반적 이미지를 형성한다.

　㉡ 눈에 보이지 않는 서비스에 대한 유형성을 제시한다.

      © 고객과 종업원의 행동이나 관계에 영향을 준다.

      ② 고객의 회피행동이나 접근행동에 영향을 준다.

      ⑩ 직원의 생산성이나 직무만족에 영향을 준다.

      ⑪ 서비스품질에 직·간접의 영향을 준다.

      ④ 고객의 구매결정에 영향을 준다.

② **고객과 종업원의 행동에 미치는 영향**

      ㉠ 물리적 증거에 대한 인식은 고객과 종업원의 내적 반응을 불러일으키게 된다.

      ㉡ 종업원과 고객이 물리적 증거에 대한 내적 반응을 불러일으키는 데에는 몇 가지 조절변수가 있다.

👆 **물리적 증거를 조절하는 변수**

성격특성	개별적 성격에 따라 물리적 증거를 다르게 받아들일 수 있다.
상황요인	물리적 증거를 지각하는 상황에 따라 다르게 받아들일 수 있다.
무드(mood)	물리적 증거의 분위기에 따라 상황을 다르게 인식할 수 있다.
환경에 대한 개인적 기대	개인적 기대의 차이에 의해 다르게 인식될 수 있다.

③ **물리적 증거 인식에 따른 내적 반응에 의한 외적 행동**

접근행동	행위자가 속해 있는 물리적 증거에서 행해지는 모든 긍정적인 행동 예 더 오래 머무르기, 추가적인 구매, 더 사회적인 매너를 지키기, 역할이나 직무를 더 열심히 수행하기 등
회피행동	행위자가 속한 물리적 증거에서 행해지는 모든 부정적 행동 예 역할이나 직무에 최선을 다하지 않기, 지출을 줄이기, 오래 머무르지 않고 빨리 떠나기, 동화되지 못하는 행동 등

④ **물리적 증거의 영향에 대한 모델** : 물리적 증거가 고객과 종업원의 행동에 미치는 것에 대해 비트너는 그림과 같은 개념적 모델을 제시하였다.

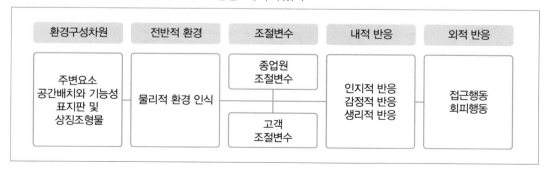

2 물리적 환경(서비스케이프 : Servicescape)의 이해

(1) 물리적 환경의 정의

① 물리적 환경은 Booms & Bitner가 제시한 모델로 서비스과정에서 물리적 환경이 주는 영향을 강조하기 위해 제시되었다.

② 물리적 환경은 서비스접점에서 인식되는 모든 비인적 요소(non-human elements)를 의미한다.

(2) 물리적 환경의 범주 ★

① 베이커(Baker)의 물리적 환경 범주

주변요소 (ambient factor)	• 주변요소는 즉각 인지할 수 없는 배경적 조건이다. • 주변요소가 부족하거나 적합하지 못할 경우에만 주의를 끌게 된다. • 실내온도, 습도, 조명, 향기 등과 같은 것들이 대표적이다. • 주변요소는 당연히 갖추어야 할 요소로 간주되기 때문에 만약 고객이 주변요소를 인식하게 된다면 고객은 회피행동을 하게 될 것이다.
디자인 요소 (design factor)	• 디자인 요소는 주변요소에 비해서 고객이 분명히 인식할 수 있는 가시적 요소로서 건축미, 색상 등의 미적 요소와 레이아웃, 안정성 등의 기능적 요소로 구분된다. • 디자인 요소는 서비스에 대해 긍정적 시각을 형성하고, 물리적 환경에 접근행동을 자극할 수 있다. • 디자인 요소는 주변요소에 비해 더 큰 영향력을 행사한다.
사회적 요소 (social factor)	• 사회적 요소는 물리적 환경의 인적 요소인 고객과 종업원을 말한다. • 서비스접점에서 직원의 수, 유니폼과 외모 등은 고객행동에 영향을 미치게 된다. • 매장 내의 다른 고객의 모습이나 밀집도는 고객 간의 사회적 요소로 영향을 미치게 된다. 예 텅 빈 매장이나 혼잡한 매장에 대한 인식이 다르게 영향을 미치는 것

② 비트너(Bitner)의 물리적 환경 범주

주변요소	환경의 배경적 특성을 의미 예 온도, 조도, 소음, 음악, 향기 등
공간 및 기능성	서비스를 제공하는 공간에 속하는 도구들을 의미 예 가구, 기계, 장치와 이들의 배열 그리고 공간적 관계를 지칭하는 것 등
표지판 및 상징조형물	서비스공간 내에서 기호적인 상징이 고객 및 종업원에 전달되는 소통 기능을 의미 예 예술장식물, 증명서 게시, 사진, 바닥재, 개인소품 등

핵심 키워드 🔍 정리

상권분석	상권이란 한 점포가 고객을 흡인할 수 있는 지역적 범위이며, 상권분석은 점포의 위치에 대한 입지선정을 할 때 선행되는 조사 및 분석을 말함.
상권의 계층적 구조	상권은 지역상권, 지구상권, 개별점포 상권으로 계층적 구조를 지님.
입지 선정 과정	입지 선정 과정은 지역시장에서 후보지를 분석하고, 최적 지구를 선정하기 위한 분석을 함. 최적의 지구가 선정되면 지구 내에서 최적의 부지를 선정함.
소매포화지수	지역시장의 수요잠재력을 총체적으로 측정할 수 있는 지표로 많이 이용되는 것이 소매포화지수(IRS: index of retail saturation)임. 소매포화지수는 한 지역 내에서 특정 소매업태의 단위 매장 면적당 잠재수요를 나타냄.
시장성장잠재력	지역시장이 미래에 신규수요를 창출할 수 있는 잠재력을 반영하는 지표. 거주자들이 지역시장 이외의 다른 지역에서 지출하는 금액을 추정하여 계산될 수 있음.
서비스점포를 개설할 때 고려할 점	점포 개설 시 고려할 점에는 접근성격, 장비/설비 의존도, 수혜자, 제공자, 전문성, 자원통제정도 등이 있음.
유통경로	고객이 제품이나 서비스를 사용 또는 소비하는 과정에 참여하는 상호 의존적인 조직들의 집합체
다이렉트 채널	전통적 서비스유통경로로, 서비스제공자가 중간상을 거치지 않고 직접 고객 접촉점을 소유·관리하는 형태
유통경로의 분류기능	유통경로의 분류기능에는 등급, 수합, 분배, 구색화가 있음.
유통경로의 효용	유통경로의 효용에는 시간효용, 장소효용, 소유효용, 형태효용이 있음.
경로기능	유통경로는 경로 내에서 8가지의 대표적인 기능을 하며, 8가지 기능에는 촉진기능, 협상기능, 주문기능, 금융, 위험부담, 물적소유, 지급기능, 소유권 등이 있음.
경로배열의 원칙	경로구성원은 배제할 수 있어도 경로기능의 흐름은 배제할 수 없음. 유통경로에서 경로구성원은 대체되거나 제거될 수 있지만 수행해야 하는 경로기능은 제거할 수 없음.
유통범위 전략	유통범위 전략에는 전속적 유통, 선택적 유통, 개방/집약적 유통이 있음.
VMS(수직적 마케팅 시스템)	VMS는 생산자-도매상-소매상이 수직적으로 통합된 시스템. VMS에는 관리형 VMS, 계약형 VMS, 기업형 VMS가 있음.
HMS(수평적 마케팅 시스템)	HMS는 동일한 경로 단계에 있는 두 개 이상의 기업이 대등한 입장에서 자원과 프로그램을 결합하여 일종의 연맹을 구성함으로써 공생 및 공영의 시너지를 추구함. 대표적인 HMS에는 공생마케팅과 결합마케팅이 있음.
유통경로 구조의 결정 요인	유통경로의 구조를 결정하는 요인에는 수요(시장)요인, 공급요인, 서비스요인, 기업요인, 경로구성원 요인이 있음.
유통경로설계	누구를 시켜 상품을 표적 시장에 유통시킬 것인가를 결정하는 것

통제 전략	기업이 서비스 성과의 표준을 개발하여 중간상의 서비스품질과 성과를 측정한 다음 성과 수준에 따라 보상과 처벌을 제공하는 것
파트너십 전략	중간상과 기업이 공동으로 최종 고객에 관해 학습하여 서비스 전달 기준을 세우고 서비스 전달 프로세스를 개선하는 것을 통해 기업과 중간상의 능력을 공유·활용하는 데 도움을 주며 상호 간에 신뢰감을 구축할 수 있는 전략
브로커	구매자와 판매자 간의 협상을 돕고 이들 간의 거래 관계를 맺어 주는 역할을 수행하는 중간상
에이전트	기업이나 고객 중 어느 한쪽을 대신해 기업과 고객 간의 거래를 활성화시키는 역할
프랜차이즈	기업이 직영의 지점들을 빠른 시간에 확대시키는 데 따른 높은 투자 비용을 부담할 필요 없이 복수의 지점들을 통해 서비스 콘셉트를 전달하는 데 효과적인 서비스 채널 유형
전자채널	전자채널은 생산자, 중개인, 소비자가 디지털 통신망을 이용하여 직접적인 접촉 없이 전자매체를 통해 상품이 유통되는 것을 의미함.
탈중간상화	인터넷을 통한 유통경로가 구성됨에 따라 기업과 고객은 모두 중간상을 배제하고 싶은 욕구를 가지는 현상
고객접촉도	서비스의 생산과 소비 과정에서 고객과 서비스제공자의 접촉 정도
물리적 증거	기능적 요소와 환경적 요소로 구분되는, 서비스 생산 공정에서 활용되는 모든 물질적 요소들
물리적 환경의 역할	물리적 환경은 패키지, 편의제공, 사회화, 차별화의 역할을 함.
물리적 환경의 범주	베이커(Baker)는 물리적 환경을 주변요소(ambient factor), 디자인 요소(design factor), 사회적 요소(social factor)의 범주로 분류함.

01 유통경로의 효용이 아닌 것은?

① 경험효용
② 시간효용
③ 장소효용
④ 소유효용
⑤ 형태효용

02 유통범위에 대한 설명으로 적절하지 않은 것은?

① 개방적 유통전략은 생활용품과 같은 편의품을 취급할 때 사용하는 전략이다.
② 전속적 유통전략은 특정 상권 내 일정 수준의 경영능력, 입지, 이미지를 구축한 소매점을 선별하여 제한된 판로를 이용하는 전략이다.
③ 선택적 유통전략은 가구, 가전제품 등 선매품을 취급할 때 사용하는 전략이다.
④ 개방적 유통전략은 유통의 확대를 위해서 희망하는 소매점은 다양한 상품을 취급하게 한다.
⑤ 귀금속이나 자동차 등 전문품을 판매하기 위하여 상권 내 단일 소매점에서 판매하는 전략은 전문적 유통전략이다.

03 유통범위 전략에 대한 설명으로 적합하지 못한 것은?

① 전속적 유통은 단일판로를 이용한다.
② 선택적 유통은 제한된 통제가능성을 지닌다.
③ 편의품이나 저관여품에는 개방적 혹은 집약적 유통전략이 적합하다.
④ 선택적 유통은 특수품이나 고관여품에 적합하다.
⑤ 개방적 유통은 가능한 많은 소매상이나 중간상을 활용하는 것이 좋다.

04 서비스유통 장소와 시간에 대한 의사결정에 고려되는 것이 아닌 것은?

① 고객의 기대   ② 경쟁자의 활동

③ 서비스운영   ④ 후방서비스요소

⑤ 서비스케이프

05 직접유통의 장점이 아닌 것은?

① 통제가능성이 높아짐.

② 서비스품질관리에 유리

③ 경로관리의 문제가 발생되지 않는다.

④ 고객서비스에 문제가 발생하면 즉각적인 대응조치가 가능하다.

⑤ 재무적 비용부담이 적다.

06 유통경로 간에 갈등이 발생했을 때 이를 해결하기 위한 의사 결정 원칙으로 적절하지 않은 것은?

① 유통경로 간 갈등 발생 시에는 수익성을 기준으로 의사 결정을 한다.

② 수익을 초과하는 비용이 발생한다면 신중한 디마케팅 노력이 필요하다.

③ 경로별 수익과 비용 분석 결과를 토대로 결정한다.

④ 새로운 경로를 단일 채널로 결정한다.

⑤ 일반적으로 수익 측면에서 기존의 경로가 우수한 경우가 많다.

07 다음 중 고접촉 서비스와 저접촉 서비스에 대한 설명으로 옳지 않은 것은?

① 저접촉 서비스는 고객을 분리하여 과정을 설계한다.

② 저접촉 서비스는 작업의 효율성 위주로 설비를 배치한다.

③ 고접촉 서비스는 수요 예측이 단기적이며 시간 기준으로 이루어진다.

④ 저접촉 서비스는 최대 수요와 일치하는 방향으로 능력 계획을 수립한다.

⑤ 고접촉 서비스는 서비스를 전달하는 데 서비스케이프와 물리적 증거도 중요하다.

08 다음 중 브로커와 에이전트에 관한 설명 중 옳은 것은?

① 브로커는 구매자와 판매자를 지속적으로 대리한다.

② 판매 에이전트는 일반적으로 하나의 서비스 공급자만을 대행한다.

③ 브로커는 자금 조달과 같은 거래에 따른 위험 부담을 지지 않는다.

④ 브로커는 기업이나 고객 중 한쪽을 대신해 기업과 고객 간의 거래를 활성화시키는 역할을 한다.

⑤ 에이전트는 구매자와 판매자 간의 협상을 돕고 이들 간의 거래 관계를 맺어 주는 역할을 수행하는 중간상이다.

09 다음 중 전자적 유통경로에 대한 설명으로 옳지 않은 것은?

① 인터넷을 통한 유통경로의 구성으로 탈중간상화 현상이 나타나게 되었다.

② 경로 갈등의 정도가 낮고 인터넷 환경에의 적합도가 높을 경우에 온라인 경로로 통합한다.

③ 경로 갈등의 정도가 높고 인터넷 환경에의 적합도가 높을 경우 온라인/오프라인 차별화 전략을 실시한다.

④ 전자적 통합 효과는 전자적 거래 시스템의 활용이 커짐에 따라 전후방의 유통 기관이 기능적으로 통합하는 것을 뜻한다.

⑤ 전자적 중개 효과는 기업과 소비자가 서로 전자적으로 연결됨으로써 의사소통되는 정보의 양이 많아지고 정보 교환의 속도가 빨라지는 것을 뜻한다.

10 다음 중 고객의 특성에 따른 유통 채널에 대한 선호를 설명한 것으로 옳지 않은 것은?

① 사회적 동기를 가진 고객은 인적 채널을 선호한다.

② 거래의 기능적 측면을 추구하는 고객은 편리함을 선호한다.

③ 편리함은 대다수의 고객이 중요하게 여기는 채널 선택 요인이다.

④ 서비스와 채널에 대한 확신과 지식이 높을수록 인적 채널을 선호한다.

⑤ 기술 수용에 우호적인 고객은 셀프서비스 기술의 사용에 대해 긍정적이다.

11 다음 중 서비스 프랜차이징에 대한 설명으로 가장 적절한 것은?

① 고객 지향적인 서비스 기업은 프랜차이징을 선호한다.

② 소비자 측면에서 프랜차이징의 장점은 다양한 서비스의 제공이다.

③ 서비스 프랜차이징은 직영점을 설치하는 것보다 더 많은 투자가 선행되어야 한다.

④ 무분별한 서비스 가맹점의 확장은 서비스 프랜차이징에 부정적 영향을 미칠 수 있다.

⑤ 사업에 대한 위험 부담에 있어서, 프랜차이징 가맹점이 자영업자보다 더 크다.

12 다음 중 멀티 마케팅 전략에 관한 설명으로 가장 적절한 것은?

① 복수 점포 전략은 전문적인 서비스에 적합하지 않다.
② 가격은 멀티 마케팅 전략의 중요한 다양화 대상에 포함된다.
③ 복수 서비스 전략은 기존 서비스에 새로운 서비스를 추가하는 것이다.
④ 멀티 마케팅 전략에 포함된 다양한 전략을 혼합하는 전략은 바람직하지 않다.
⑤ 현재의 설비를 충분히 활용하지 못하고 있는 기업에게 복수 점포 전략이 적합하다.

13 다음 중 물리적 환경이 미치는 영향에 관한 설명으로 가장 적절한 것은?

① 서비스의 비분리성을 극복하도록 도움을 준다.
② 특정 서비스 기업에 대한 고객의 충성도를 향상시킬 수 있다.
③ 서비스 기업에 대한 이미지 형성에 있어서 물리적 환경이 중요하다.
④ 물리적 환경은 외부 고객에 대해서 주로 영향을 미치며, 내부 직원에 대한 영향은 매우 적다.
⑤ 물리적 환경은 서비스 기업의 분위기에 영향을 미치지만, 고객의 구매 결정에 영향을 미치지 않는다.

14 다음 중 서비스유통경로 설계와 관련된 내용으로 가장 적절한 것은?

① 모든 서비스 전달에는 중간상이 포함되어야 한다.
② 기업 고객이 목표 고객인 경우 방문 서비스 형태는 바람직하지 않다.
③ 고객이 서비스 기업을 방문할 경우 표준화 정도의 결정이 가장 중요하다.
④ 서비스유통경로를 설계할 때 서비스가 제공되는 지점의 수를 고려하지 않아도 된다.
⑤ 서비스유통경로 설계의 중요한 고려 사항에 목표 고객이 선호하는 채널 형태가 포함된다.

15 베이커(Baker)가 분류한 물리적 환경(service scape)의 범주 중, 이것은 즉각 인지할 수 없는 배경적 조건으로 부족하거나 불쾌한 경우에만 주의를 끄는데 실내 온도나 조명 등과 같은 것이 여기에 포함된다. 다음 중 무엇에 대한 설명인가?

① 주변 요소　　　　　　　　② 공간 및 기능성
③ 표지판 및 상징 조형물　　　④ 내부 환경
⑤ 외부 환경

16 다음 중 분류 기능에 대한 설명으로 적합도가 낮은 것은?

① 수합은 다양한 공급원으로부터 소규모로 제공되는 동질적인 상품을 한데 모아 대규모 공급이 가능하게 하는 것을 말한다.
② 분배는 수합된 동질적인 상품들을 구매자가 원하는 소규모 단위로 나누는 것을 말한다.
③ 구색화는 상호 연관성이 있는 상품들로 일정한 구색을 갖추어 함께 취급하는 것을 말한다.
④ 등급은 다양한 공급원으로부터 제공된 이질적인 상품을 상대적으로 동질적인 집단으로 구분하는 것을 말한다.
⑤ 탐색 과정은 소비자가 필요한 정보를 탐색하여 유용성과 유사성을 기준으로 분류하는 과정을 말한다.

17 다음 중 물리적 환경의 역할에 대한 것으로 적합도가 낮은 것은?

① 패키지   ② 편의 제공
③ 사회화   ④ 직무 수행
⑤ 차별화

18 다음 중 다양한 서비스유통경로의 유형에 관한 설명으로 가장 적절한 것은?

① 일반적으로 서비스의 대상을 기준으로 서비스유통경로의 유형을 구분한다.
② 직영 유통 채널은 사업의 확장이 용이하다.
③ 프랜차이징은 자발적으로 형성된 협력 관계에 의존하여 운영된다.
④ 서비스 기업이 고객을 방문하는 경우 서비스 기업의 위치가 중요하다.
⑤ 직영 유통 채널을 통해 서비스유통경로에 대한 높은 수준의 통제가 가능하다.

19 다음 중 서비스유통에 있어서 장소 관리와 관련된 설명으로 가장 적절한 것은?

① 규모의 경제에 대한 고려는 장소 선정에 영향을 미치지 않는다.
② 자동화된 키오스크(kiosk)는 지리적 범위를 넓히는 효과를 갖고 있다.
③ 전문 서비스의 경우 서비스 접근성이 매우 중요하다.
④ 서비스에 있어서 다목적 시설의 설치는 적절하지 않다.
⑤ 서비스 운영의 전반부와 후반부의 분리를 통해 서비스를 고급화할 수 있다.

20 다음 중 전자 채널의 단점으로 가장 적절한 것은?

① 고객에 대한 신속한 피드백의 어려움
② 표준화의 어려움
③ 고객의 개입으로 인한 일관성 저하
④ 유통경로에 대한 통제력 낮음.
⑤ 높은 비용 구조

21 다음 중 서비스 중간상 관리 전략에 관한 설명으로 가장 적절한 것은?

① 통제 전략은 서비스 프로세스 관리에 있어 중간상에게 재량권을 부여하기에 적합하다.
② 통제 전략은 공급자가 경제적 파워나 보상력을 보유한 기업일 경우에 적합하다.
③ 기업과 중간상이 동일한 목표를 가지는 것은 권한부여 전략의 활용에 중요하다.
④ 권한부여 전략은 서비스품질과 성과의 측정을 바탕으로 보상하는 전략이다.
⑤ 파트너십 전략은 중간상의 교육과 훈련을 지원하고, 중간상은 의견 제시의 기회를 갖는다.

22 다음 중 물리적 환경의 역할에 관한 설명으로 가장 적절한 것은?

① 서비스제공자와 고객 간 관계와 기대 역할 설정
② 서비스 표준화
③ 개별 고객에 맞춤화된 서비스제공에 도움
④ 특정 기업에 대한 고객 충성도 향상
⑤ 고객 불평을 감소시켜 서비스 회복에 활용

23 다음 중 중간상을 이용한 서비스유통경로가 아닌 것은?

① 프랜차이징   ② 에이전트
③ 다이렉트 채널   ④ 브로커
⑤ 전자 채널

24 상권에 대한 설명으로 적합하지 않은 것은?

① 상권이란 '한 지역이 고객을 흡인할 수 있는 지역 범위'를 말한다.
② 상권은 계층적 구조로 형성되어 있다.
③ 점포에 대한 서비스 전략을 수립하기 위해서는 상권 범위를 먼저 결정해야 한다.
④ 일반적으로 대형 점포일수록 점포 상권이 넓다.
⑤ 중소 점포일지라도 유명 전문점은 경쟁 점포에 비해 상대적으로 점포 상권의 규모가 크다.

25 신규 점포의 입지 선정 과정에 대한 설명으로 적합하지 않은 것은?

① 마케팅 전략과 표적고객의 특성을 충족시키는 광역지역시장후보지에 대한 분석을 먼저 한다.
② 지구 내에서 구입 가능한 부지(site) 중에서 최적의 부지를 선정하는 것을 먼저 한다.
③ 광역지역시장 후보지에 대한 분석 후 최적지구선정에 대한 분석(area analysis)을 한다.
④ 신규 점포의 상권은 지역, 지구, 개별점포상권을 포함하여 포괄적인 분석을 해야 한다.
⑤ 신규 점포의 입지 선정 시 광역지역시장에 대한 매력도 분석을 해야 한다.

26 지역 시장의 수요 잠재력을 총체적으로 측정할 수 있는 지표는?

① 시장 성장 잠재력(MEP) ② 지역 총 가구 수
③ 소매 포화 지수(IRS) ④ 지역 가구 구매력
⑤ 점포 포화도

27 IRS와 MEP를 함께 사용하여 시장 매력도를 분석한 내용 중에 올바른 것은?

① 평균 시장은 시장 성장 잠재력이 높고 소매 포화 지수도 높은 시장이다.
② 저매력 시장은 시장 성장 잠재력이 높고 소매 포화 지수가 낮은 시장이다.
③ 고매력 시장은 시장 성장 잠재력이 낮고 소매 포화 지수도 낮은 시장이다.
④ 고매력 시장은 시장 성장 잠재력이 높고 소매 포화 지수도 높은 시장이다.
⑤ 저매력 시장은 시장 성장 잠재력이 높고 소매 포화 지수도 높은 시장이다.

O / X 형

[28~37] 다음 문항을 읽고 옳고(O), 그름(X)을 선택하시오.

28 경로배열의 원칙은 경로기능의 흐름은 배제하더라도 경로구성원은 배제할 수 없다는 것이다.
(① O   ② ×)

29 개별점포의 상권은 1차상권과 2차상권만으로 구분된다.
(① O   ② ×)

30 높은 IRS는 수요보다 공급이 상대적으로 많은 것을 의미한다.
(① O   ② ×)

31 MEP값이 크다는 것은 거주자들이 타 지역에서 구매하는 정도가 높다는 것을 의미한다.
(① O   ② ×)

32 경제적, 사회적으로 위험도가 높은 서비스의 경우 고객은 비인적채널에 의존하는 경향이 있다.
(① O   ② ×)

33 인터넷을 통한 유통경로가 구성됨에 따라 기업과 고객은 모두 중간상을 배제하고 싶은 욕구를 갖는 탈중간상화의 현상이 나타나고 있다.
(① O   ② ×)

34 물리적 환경의 역할은 패키지, 편의 제공, 사회화, 비차별화를 하는 것이다. (① O   ② ×)

35 에이전트와 브로커는 서비스에 대한 소유권을 갖고 기업을 대신해 마케팅 기능을 수행하고 서비스를 고객에게 판매할 권한을 갖는다.
(① O   ② ×)

36 고객이 제품이나 서비스를 사용 또는 소비하는 과정에 참여하는 상호 의존적인 조직들의 집합체를 유통경로라 한다.
(① O   ② ×)

37 서비스유통경로의 권력 관계에는 보상적 권력, 강제적 권력, 합법적 권력, 전문적 권력, 준거적 권력이 있다.
(① O   ② ×)

연결형

[38~41] 다음 보기 중에서 각각의 설명에 알맞은 것을 골라 넣으시오.

① 프랜차이징	② 에이전트
③ 브로커	④ 전자 채널
⑤ 탈중간상화	

38 기업이 직영의 지점들을 빠른 시간에 확대시키는 데에 따른 높은 투자 비용을 부담할 필요 없이 복수의 지점들을 통해 서비스 콘셉트를 전달하는 데 효과적인 서비스 채널의 유형

(   )

39 구매자와 판매자 간의 협상을 돕고 이들 간의 거래 관계를 맺어 주는 역할을 수행하는 중간상

(   )

40 기업이나 고객 중 어느 한쪽을 대신해 기업과 고객 간의 거래를 활성화시키는 역할을 하는 중간상

(   )

41 표준화된 서비스를 일관성 있게 전달할 수 있으나 치열한 가격 경쟁을 유발할 수 있는 중간상

(   )

42 다음은 건강식품 회사인 K사의 고객관계관리 사례이다. 이 회사 사장의 판단이라고 볼 수 없는 것은?

> 창업 20주년을 맞이한 건강식품 회사인 K사는 '회원제'라는 남다른 고객관계관리를 하고 있어서 주목받고 있다. 경쟁사들이 일반 유통 채널을 활용하여 마케팅 활동을 하고 있는 데 반해 이 회사는 회원을 대상으로 하는 직접 판매를 고수하고 있다.
> 현재 K사는 40~60대 연령층의 80만여 명의 회원을 확보하고 있는데, 그 숫자는 계속 늘어나고 있다. 그중에서 70만 명 정도가 구매 활동을 활발히 하고 있다. 회원들의 재구매율이 90%에 이를 정도로 강력한 브랜드 파워를 구축하고 있어서 매출과 영업 이익 모두 동 업계의 선도자 위치를 차지하고 있다. 회원제는 동질적 욕구를 가진 집단으로 형성되기 때문에 밀착 관리가 쉽고 다른 유통 단계를 거치지 않아서 가격을 낮출 수 있다.
> 물론 이 회사도 설립 후 5년간 상당히 고전한 적이 있다. 경쟁사에 비해 월등히 우수한 제품력을 가지고 있었지만 인지도가 낮아 회원 확보가 제대로 되지 않았다. 회사 내에서는 회원제만 고집할 것이 아니라 경쟁사와 같이 백화점, 대형 마트 등과 같은 일반 유통경로를 이용하자고 했지만 사장의 의지는 확고했다. 건강식품은 결국 재구매가 성패를 좌우하는데, 이를 위해서는 회원제가 가장 좋은 방법이라고 믿고 사장이 직접 나서서 직원들을 설득했다.
> K사의 회원제는 회원들에게 주는 혜택이 매우 크기 때문에 회원들이 거의 이탈하지 않고 있으며 회원들을 통한 구전 마케팅은 시간이 지날수록 빛을 발하고 있다. 앞으로도 K사는 회원제를 통한 직접 판매 방식만을 고집스럽게 이어나갈 계획이다.

① 사장은 일반 유통 채널에 대한 부정적인 생각을 가지고 있다.
② 사장은 구매 사이클의 '인지 단계'의 벽을 넘는 데 5년 정도 투자했다.
③ 사장은 회원제가 앞으로도 제품 판매에 크게 기여할 것이라고 믿고 있다.
④ 사장은 회원제가 재구매율을 높이는 데 도움이 되지 않는 것으로 판단했다.
⑤ 사장은 구매 사이클의 '최초 구매 단계'만 넘어서면 승산이 있다고 판단했다.

43 다음 사례의 A 은행이 활용한 유통 전략에 적합한 서비스는?

> ○○대 입구 A 은행은 개점 이후 인근 B 시장 일대에서 대환영을 받고 있다. 그 이유는 남녀 직원 2인으로 구성된 '움직이는 은행'이 나타났기 때문이다.
> 움직이는 은행이란 손님을 앉아서 기다리는 것이 아니라 뱅크카트를 이용하여 적극적으로 고객이 있는 곳으로 직접 찾아가는 서비스이다. 시장에서 일하는 생선 장수, 야채 장수 등 시장 상인들은 가게를 비울 수 없어 은행을 이용하기 힘들다. 또한 이들은 잔돈 거래가 많아 동전 교환도 필요하다. 은행은 바로 이러한 점들에 착안하여 시장 상인들의 동전도 바꿔주고 예금을 권유하는 고객 지향적인 섭외 방법을 실천한다.

① 선매 서비스   ② 핵심 서비스
③ 편의 서비스   ④ 전문 서비스
⑤ 부가 서비스

통합형

[44~45] P 가구 회사는 신규 대리점주를 대상으로 본사의 정책을 전달하기 위한 세미나 개최를 준비하고 있다. 다음은 세미나에서 전달할 내용을 정리한 것이다.

> 1. 본사 현황 및 역사, 미래 비전
>   • P 가구점의 유통 및 제품 개발의 철학 - 비전에 대한 공유
>   • Win-Win의 파트너십에 대한 약속
> 2. 각종 제도에 대한 안내
>   • 성과 보상 정책: 기본 유통 마진을 제외한 추가 인센티브 등 안내
>   • 정찰제: 본사의 정찰제 제도에 대한 의의 및 시행 방식 안내
>   • 고객 만족 지수 평가 제도: 본사의 고객 해피콜 등을 통한 고객 만족 지수 조사 안내, 항목별 체크 사항 안내, 고객 만족 지수 우수 대리점 포상 제도 안내
>   • 각종 유의 사항: 대리점 유통 계약서상의 금지, 유의 사항 발생 시 조치 내용의 안내 (공정성, 명확성)
> 3. 지원 제도 안내
>   (   )
> 4. 기타
>   • 신제품 개발 및 품질 개선 자문단 활동(대리점주 및 현장 판매원)
>   • 주요 제도, 정책 변경 시 사전 협조 시스템 구성
>   • 향후 정기적인 제품 및 서비스품질 관련 지역별 회의 확대 및 상시 정보 공유 기구 창설

44 P 가구 회사는 유통 채널을 성공적으로 관리하기 위한 다양한 제도, 메시지를 준비하고 있다. 성공적인 유통 채널을 확보하기 위한 활동을 설명한 것으로 틀린 것은?

① 중간상인 대리점이 기업 경영에 효과적인 의견을 개진하고 주인 의식을 가지기 위한 다양한 권한을 제공한다.

② 고객 만족 및 서비스품질에 대한 책임감, 의무 등을 명확하고 공정한 시스템을 활용하여 통제할 수 있도록 한다.

③ 회사가 추구하는 고객 지향성 및 유통의 철학을 대리점 현장에서 고객에게 효과적으로 전달하기 위해 다양한 제도를 활용한다.

④ 파트너십을 성공적으로 구성하기 위해 회사는 공동의 목표를 설정하고 이것이 각자의 이익에 부합할 수 있음을 전달하려 한다.

⑤ 대리점주는 독립적인 사업주이므로 자체적인 유통 전략을 수립하고 이를 통해 경쟁력을 확보, 본사의 매출에 기여할 수 있도록 한다.

45 P 가구점이 대리점 중간상의 효과적인 서비스 전달을 위해 다양한 지원 제도를 통해 권한을 부여하고자 한다. 3번의 지원 제도 안내에 해당되지 않는 것은?

① 대리점의 신규 채용 판매 사원의 신입 사원 교육을 본사 집합 교육으로 지원한다.

② 본사는 시장 조사 및 판매 마케팅에 관련한 다양한 연구를 통해 대리점을 지원한다.

③ 대리점별 판매 목표를 월별 부여하여 이를 통해 대리점의 매출과 수익 향상을 촉진한다.

④ 업무를 효율적으로 전개할 수 있는 재고 확인, 주문, 출고 등의 온라인 시스템을 지원한다.

⑤ 대리점주 및 대리점 판매 사원의 효과적인 고객 응대를 위한 정기적인 교육 프로그램을 진행한다.

MEMO

코칭/교육훈련 뭐
멘토링/동기 부여

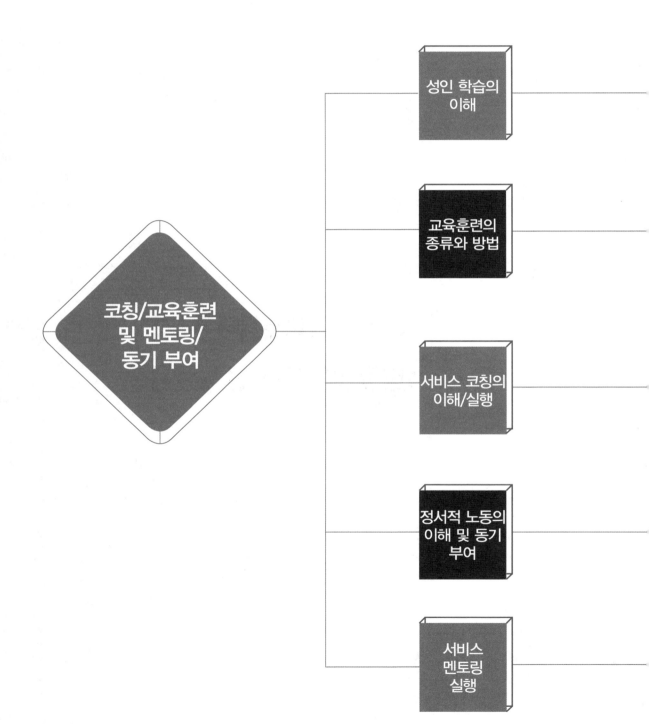

코칭/교육훈련
및 멘토링/
동기 부여

성인 학습의
이해

교육훈련의
종류와 방법

서비스 코칭의
이해/실행

정서적 노동의
이해 및 동기
부여

서비스
멘토링
실행

- 내부 마케팅의 개념
  - 내부 마케팅의 의의 ★★★
  - 내부 마케팅의 성공 전략 ★★
- 성인 학습의 개념
  - 성인 학습의 의의 ★★
  - 성인 학습자의 특성 ★★★
- 성인 학습 이론
  - 경험 학습 이론 ★
  - 자기주도학습 ★

- 교육훈련의 이해
  - 교육훈련의 의의 ★
  - 교육훈련의 목적 ★★
- 교육훈련의 종류
  - 직장 내 교육훈련 ★★★
  - 직장 외 교육훈련 ★★★
- 집단 특성에 따른 교수법 ★★
- 롤플레잉 교육훈련 ★★

- 서비스 코칭의 이해
  - 서비스 코칭의 의의 ★★
  - 조직 내에서 서비스 코칭의 이점 ★★
  - 코치의 역할 ★★
- 서비스 코칭의 실행
  - 코칭의 5가지 스킬 ★
- GAPS 코칭 모델
  - SMART 목표 설정하기 ★★
- GROW 코칭 모델 ★★★
- 상황별 서비스 코칭 전략
  - 동료 코칭 ★★
  - 상사 코칭 ★★

- 감정 노동
  - 감정 노동의 정의 ★
  - 감정 노동의 구성 요인 ★
  - 감정 노동의 관리 ★
- 동기 부여
  - 동기 부여의 중요성 ★
  - 욕구 단계 이론 ★★★
  - 2요인 이론 ★★
  - ERG 이론 ★★
- 동기 부여의 실행
  - 임파워먼트의 수준 ★

- 멘토링 유형별 실행 방법
  - 경력 개발을 위한 멘토링 ★★★
  - 심리사회적 안정을 위한 멘토링 ★★★
- 멘토링의 효과 ★★★

성인 학습의 이해

출제 & 학습 포인트

출제포인트

1장 성인 학습의 이해에서는 **내부마케팅의 의의**와 **성인 학습자의 특성**에 대한 문제가 주로 출제됩니다.

학습포인트

1 내부마케팅이 외부마케팅과 구별되는 의의를 이해하고, 내부마케팅의 성공 전략을 학습합니다.

2 성인 학습의 의의를 이해하고, 성인 학습자의 특성을 신체적, 심리적, 사회적으로 구분하여 그 개념을 정확히 학습합니다.

3 경험 학습 이론, 자기주도학습 등 다양한 성인 학습 이론의 개념을 학습합니다.

1 내부 마케팅의 개념

(1) 내부 마케팅의 의의 ★★★

① 서비스 마케팅의 한 부분으로, 기업과 직원 간에 이루어지는 마케팅이다.

② 조직 내의 인적 자원을 대상으로 한 마케팅 활동이고 직원이 시장 지향적 태도를 지니게 하기 위한 경영 철학이다.

③ 서비스품질관리를 위해 직원을 교육훈련하고 동기를 부여하는 활동이다.

④ 내부 마케팅의 목표는 직원의 고객 지향적 사고를 통해 최종 소비자인 외부 고객을 만족시키는 것이다.

(2) 내부 마케팅의 등장 배경

① 오늘날 기업의 지속적 경쟁 우위는 유형의 재화보다는 무형의 서비스 차별화를 통해 달성될 수 있으며 서비스를 창출하고 제공하는 내부 고객들에 의해 좌우된다.

② 내부 역량 강화와 이를 통한 조직의 경쟁 우위 제고를 강조하고 있다.

③ 조직의 경쟁 우위가 조직의 자원과 역량에 기초하고 있다.

(3) 내부 마케팅의 역할

조직 내에서 서비스 문화의 창조와 유지	강력한 서비스 문화의 구축에 있어 직원들이 적극 참여하고 자기 개발을 도모할 수 있도록 조직을 유연하게 만든다.
서비스품질의 향상과 유지	직원이 고객 의식을 갖고 고객에게 최상의 서비스를 제공하도록 자신의 서비스 역량을 개발하고자 하는 동기를 부여한다.
조직적 통합	조직의 모든 직원들이 서로 한마음으로 조직의 성공을 위해 창조력과 열의를 갖고 일할 수 있도록 지원한다.

🖐 서비스-이윤 가치 사슬

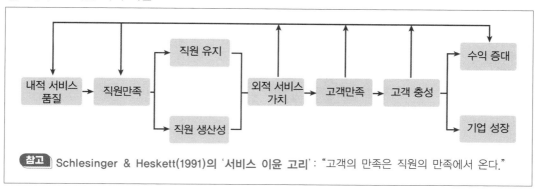

참고 Schlesinger & Heskett(1991)의 '서비스 이윤 고리' : "고객의 만족은 직원의 만족에서 온다."

(4) 내부 마케팅의 성공 전략 ★★

직원의 역할과 중요성 인식	직원만족(ES : Employee Satisfaction)은 고품질의 서비스로 이어지며 이러한 고품질의 서비스는 바로 고객 만족(Customer Satisfaction)과 직결된다.
직원의 만족도 측정	직원만족도는 품질 지향적인 기업 전략에 있어서 핵심적인 요소이다.
통합적인 인적 자원의 관리	기업은 인력의 선발에서부터 역량 개발, 평가, 보상에 이르는 전 과정을 통합적으로 관리해야 한다.
경영층 지원	• 경영층은 직원에게 적절한 수준의 재량권을 부여함으로써 직원이 고객의 요구를 확인하고 신속하게 대응할 수 있게 해야 한다. • 직원이 주인 의식과 책임감을 가지고 고객과 상호 작용할 수 있게 해야 한다.

(5) 내부 마케팅의 주요 요소

복리 후생 제도	기업이 직원의 생활 안정과 생활 수준의 향상 및 건강 유지 등 다양한 시설과 제도를 제공하는 임금 이외의 보조적 제반 급부라 한다.
교육훈련	• 조직의 목적을 달성하기 위하여 기업의 전략과 비전을 이해시키고, 업무 능력 향상을 통해 태도를 변화시키는 역할을 한다. • 구성원들의 변화 적응력을 강화시키고, 구성원의 능력과 조직 몰입을 극대화시켜 기업의 성과를 높이는 데 중요한 역할을 한다.
내부 커뮤니케이션	• 효과적인 서비스를 제공하기 위한 조직과 구성원 간의 효율적이고 지속 가능한 정보 교환의 의사소통 수단이다. • 조직의 유효성을 제고시키고 조직 구성원이 자신의 감정을 표출시키는 중요한 역할을 담당한다.
보상 제도	• 직원이 기업에 자신의 노동력을 제공하고 그에 대한 대가로 받게 되는 임금, 상여금 등을 포함하는 포괄적인 개념을 말한다. • 적절한 보상 수준, 공정한 보상 구조, 동기 유발적 보상 지급 및 균형 있는 보상 시스템이 체계적으로 선행되어야 한다.

2 성인 학습의 개념

(1) 성인 학습의 의의 ★★

의의	• 성인 학습은 다양한 특성을 지닌 학습자들을 대상으로 그들의 다양한 욕구와 흥미를 만족시키기 위한 프로그램이다. • 지도자나 교수, 교육 장소와 시간, 교육 목표와 과정 평가에 이르기까지 모든 활동이 융통성을 가지고 있어야 한다. • 성인에게 학습은 개인의 자발적 변화 노력 또는 자발적 학습 노력이 강조되고 있다.
필수 요건	• 학습 활동으로 유도해 줄 수 있는 분위기와 환경 • 문제들을 풀어 나가는 데 필요한 여러 가지 방안이나 기술 • 학습 욕구를 만족시켜 줄 수 있는 학습 태도, 학습 자료

(2) 성인 학습자의 이해

① 성인은 자신의 잠재력 개발을 통한 자아실현을 위해 학습하고자 한다.

② 성인은 과업 수행이나 문제 해결을 위해서 자신에게 필요한 학습을 하고자 한다.

③ 성인은 자신에게 필요한 학습 과제를 자신이 선호하는 학습 형태로 학습하는 자기 주도적인 경향을 보인다.

④ 성인은 자기 신뢰, 자존감, 자아 개념을 손상당하지 않기 위하여 학습하고자 한다.

⑤ 학습자 자신에게 필요한 경우 자신이 비용과 시간을 지불해서라도 열심히 학습을 한다.

⑥ 성인은 다양한 생활 경험을 가지고 학습 상황에 참여하고, 생활 경험과 관련될 때 보다 효과적인 학습 결과를 기대할 수 있다.

(3) 성인 학습자의 특성 ★★★

신체적 특성	• 시력 및 청력 등의 육체적 노화로 신체적 기능이 서서히 쇠퇴한다. • 나이가 들어 가면서 수리 능력, 공간 지각 능력 등 유동적 지능(fluid intelligence)이 쇠퇴하는 경향이 있다. • 노화의 진행으로 학습이 불가능한 것은 아니지만 효과적인 학급 환경 조성이 필요하다. • 성인 학습자의 신체적 특성을 반영하여 조명을 밝고 일정하게 유지해야 하고, 큰 소리로 천천히 발음해야 한다.
심리적 특성	• 중심성 경향 및 경직성, 내향성 및 조심성이 증가하여 새로운 것을 시도하는 것에 대한 두려움이 있다. • 자신감을 고양시키는 촉진적 자세가 요구된다. • 충분한 학습 시간을 제공해야 한다. • 학습자에게 친근한 사물 및 상황을 활용해야 한다.
사회적 특성	• 다양한 사회문화적인 책임이 부여된다. • 책임 이행의 동일선상에서 성인 학습을 요구한다.

✎ **알아두기**

성인을 교육하는 교육자로서 갖추어야 할 특성

전문성	지식과 준비의 힘
명확성	내용과 언어 조직의 힘
감정이입	이해와 동정의 힘
열정	헌신과 감정 표현의 힘
문화적 감수성	존중과 사회적 책임의 힘

(4) 성인 학습자의 학습 참여 동기

목적 지향성	외부적 기대	다른 사람들의 기대에 부응하기 위하여 학습한다.
	전문성 향상	높은 지위를 차지하거나 경쟁에서 뒤떨어지지 않기 위하여 학습한다.
활동 지향성	사회적 관계	개인적 교제와 우정에 관한 욕구를 충족시키거나 대인 관계의 활성화를 위해 학습한다.
	도피와 자극	일상의 지루함에서 벗어나거나 업무에서 벗어나 휴식을 취하기 위하여 학습한다.
	사회적 복지	인류에 봉사할 수 있는 능력과, 공동체 작업에 참여할 수 있는 능력을 향상시키기 위하여 학습한다.
학습 지향성	인지적 흥미	학습 자체에 대한 흥미와 지식을 추구하고 알고 싶어 하는 마음을 충족시키기 위한 것이다. 이는 지식을 탐구하는 데 중점을 둔 참여 동기이다.

3 성인 학습 이론

(1) 앤드라고지(Andragogy)

① 그리스어의 '성인(andros)'이라는 말과 '이끄는, 지도하는(agogus)'이라는 말의 합성어이다.

② 좁은 의미로는 성인을 돕는 기술 과학이라는 뜻이며, 넓은 의미로는 성인 학습의 정책, 제도 및 실시 과정 전체를 체계적으로 연구하는 학문을 의미한다.

③ 학습자의 발달 단계 및 생활 단계에 알맞게 학습을 도와주는 기술을 체계화하는 데 그 목적을 두고, 성인의 특성과 동기 및 목적에 따라 학습 방법이 달라져야 된다는 이론이다.

④ 사회 변화가 가속화되어 감에 따라 기존의 교육 개념으로는 성인의 다양한 학습 요구를 충족시킬 수 없다는 인식에서 출발하게 된다.

> 🖉 **알아두기**
>
> 페다고지(Pedagogy)
> • 헬라어에서 유래된 합성어로서 '아동(paid)'이라는 말과 '지도하다(agogos)'라는 말이 합쳐져 생겨난 말이다.
> • 아동을 가르치는 과학과 기술을 의미한다.

(2) 관점 전환과 개조주의 학습

관점 전환 학습	• 경험에 대한 비판적 사고, 반성, 반추 등을 통해 학습자가 관점이나 의식을 재형성하는 것에 주목하는 학습 이론이다. • 기존의 관점이나 의식이 전환되는 것을 학습의 과정으로 이해하는 이론이다.
개조주의 학습	• 관점 전환 학습의 의미를 포괄하는 광의의 개념으로서, 비판적 사고를 통해 이루어진 개인의 삶과 행동의 변화가 사회적 차원의 전환으로 이어지는 것에 주목하는 이론이다. • 개조주의 학습은 익숙한 관습에서 탈피하여 새로운 문제 해결 방법을 익히고 이러한 지식을 사회적 관계망으로 확장시켜 타인과 공유하는 학습을 강조하는 이론이다.

(3) 경험 학습 이론 ★

① 경험 학습론에서는 경험적 특성을 학습자로 하여금 학습 과정에 적극적으로 참여하고, 학습 경험을 활용하여 자기 개발을 위한 반성을 촉진하는 요인으로 인식한다.

② 학습자는 구체적인 경험을 스스로 이론화할 줄 알며, 이를 다시 실천에 반영하는 과정을 순환적으로 반복하는 것이다.

③ 모든 학습이 인간을 발달시키는 것이 아니므로, 개개인의 학습 경험에 적합한 내용과 방법으로 교수 전략을 구사해야 한다.

🖐 kolb의 경험 학습 이론 모형

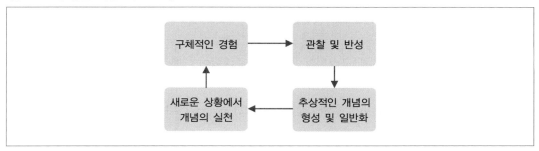

🖐 경험 학습의 4단계

1단계	구체적이고 실제적인 '경험'을 하는 단계
2단계	구체적 경험을 해석하고 반성하는 '반성적 관찰'의 단계
3단계	반성적 관찰을 논리적으로 통합하는 '추상적인 개념화 단계'
4단계	문제 해결과 의사 결정을 위해 개념화한 이론이나 학습을 활용하는 '행동적인 실험 단계'

(4) **자기주도학습** ★

① 학습 환경, 학습 과정, 학습 결과 등에서 학습자 자신이 주체가 되는 것에 주목하는 학습이론이다.

② 자율적이고 지속적으로 학습하는 학습자의 주도적 역할을 강조한다.

③ 스스로 학습할 목표를 결정하고, 학습에 필요한 자원을 선택하여, 학습 전체 과정을 자율적으로 계획, 실천, 평가하는 학습 과정을 설명하는 이론이다.

🖐 자기주도학습의 3요소

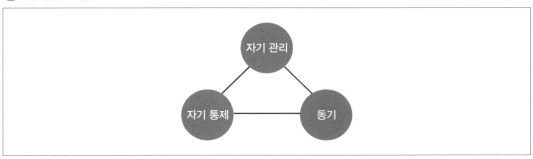

(5) **조직학습**(organization learning)

① 조직학습이란 조직이 가진 문제를 해결해 나가는 과정으로, 그 결과로 구조나 성과에 변화가 일어나게 된다.

② 조직의 전반적인 문제에 대해 구성원의 통찰력이 증대되어 이를 성공적으로 재구성할 수 있는 능력이 고양됨으로써 조직 구조 및 조직 성과에 변화가 추구되는 과정이다.

③ 조직학습은 공개적 성찰, 의미 공유, 공동 계획, 협동과 실천의 과정으로 이루어진다.

> **알아두기**
>
> 학습조직(learning organization)
> - 조직 전체의 차원에서 지식이 창출되고 이에 기초하여 환경 적응력과 경쟁력을 증대시켜 가는 조직 자체를 의미한다.
> - 조직 구성원들이 진실로 원하는 성과를 달성할 수 있도록 지속적으로 역량을 확대시키고, 새롭고 포괄적인 사고 능력을 함양하며, 학습 방법을 서로 공유하면서 지속적으로 배우는 조직을 의미한다.
> - 학습조직은 전체 시스템에 의해 작동하고, 조직 안팎으로 혁신적이고 공동체적인 직원 네트워크가 형성되어 있다.
> - 학습조직 구성원들은 조직의 현재 및 미래의 성공을 위해 계속 진행되는 전 조직에 걸친 학습의 중요성을 인식하고 있다.
> - 학습조직은 구성원들이 끊임없이 기업의 성공을 위해서 중요한 정보 및 자료에 접근이 가능하고, 개인 및 그룹의 학습을 고무하고, 이에 대한 보상이 주어지는 분위기를 가지고 있다.
> - 학습조직은 변화를 수용하며 예기치 않은 결과나 실패 또한 학습의 기회로 받아들인다.

교육훈련의 종류와 방법

출제 & 학습 포인트

★★★ 최빈출 ★★ 빈출 ★ 필수

출제포인트

2장 교육훈련의 종류와 방법에서는 교육훈련의 종류와 집단 특성에 따른 교수법에 대한 문제가 주로 출제됩니다.

학습포인트

1 교육과 훈련의 차이를 이해하고, 교육훈련의 목적을 기업의 측면과 직원의 측면으로 구분하여 학습합니다.

2 직장 내 교육훈련과 직장 외 교육훈련의 개념의 차이를 이해하고, 장점과 단점을 비교하여 학습합니다.

3 집단 특성에 따른 교수법은 모든 내용이 기출문제로 출제되었으므로 신입 사원, 작업자, 관리자로 구분하여 그 목적과 내용, 교육기법을 전반적으로 학습합니다.

1 교육훈련의 이해

(1) 교육훈련의 의의 ★

① 인적 자원은 기업의 중요한 자산으로 그 가치를 높이기 위해 지속적인 교육훈련이 필요하다.

② 교육훈련의 투자는 기업과 직원 개개인에게 많은 효용을 창출한다.

③ 교육훈련은 경제 환경의 불확실성이 증가하는 상황에서 직원에게 고용 만족도를 높이고 고용 안정성을 확보하는 데 중요한 역할을 한다.

(2) 교육훈련의 목표

① 인재 육성을 통한 기술 축적

② 원활한 의사소통

③ 자기 발전의 욕구 충족을 통한 동기 유발

(3) 교육과 훈련의 차이

구분	목표	기대되는 효과
교육	인간적, 보편적, 장기적 목표(기본적인 이론, 소양과 태도 등)	보편적 지식의 학습, 장기적 효과
훈련	직무 고유의 단기적 목표(직무 지식, 기능)	특정 직무의 기능 습득과 숙달, 단기적 효과

(4) 교육훈련의 목적 ★★

기업의 측면	직원의 측면
• 능력과 자질을 갖춘 인재의 확보 • 직원의 잠재적, 현재적 능력 개발 • 기능 향상을 통한 생산성 향상과 원가 절감 • 자질 향상을 통한 인력 배치의 유연성 제고 • 후계자 양성 • 외부 노동 시장에 대한 의존도 축소 • 사내 협동 및 커뮤니케이션 제고 • 경영 문제에 대한 통찰력 제고 및 극복 • 조직 목표와 개인 목표의 일치를 위한 지원 • 기업 이미지 개선 • 근무 의욕과 동기 향상 • 학습 문화의 정착	• 경력 개발을 통한 승진과 자기 개발 기회의 증가 • 노동 시장에서 경쟁력 확보와 강화 • 기술 변화에 대한 적응 능력 증대 • 높은 수준의 직무 수행 기회를 통한 성장 욕구 충족 • 창의성 개발과 책임 확대 • 능력 향상을 통한 보상의 증대 • 인간관계 및 커뮤니케이션의 활성화 • 조직 문화 인식 및 공유 • 직무 만족 및 조직 몰입도의 증가 • 자기 실현 및 성장 욕구의 충족

2 교육훈련의 종류

분류 기준		종류
대상	신분별	신입 직원 교육훈련, 경력 직원 교육훈련, 임시직 교육훈련
	계급별	작업자 교육훈련, 감독자 교육훈련, 경영자 교육훈련
실시 장소	사내 교육훈련	직장 내 교육훈련(OJT)
		직장 외 교육훈련(Off-JT)
	사외 교육훈련	대학, 관련 교육 기관
내용	신입 사원	입직 훈련, 기초 직무 교육훈련
	경력 직원	직무 교육훈련 : 직업 학교 훈련, 도제 훈련, 실습장 훈련
		교양 교육훈련 : 일반 교양 강좌, 기초 교양 교육훈련

(1) 직장 내 교육훈련(OJT : On the Job Training) ★★★

① 직장 내 교육훈련(OJT)은 업무 현장에서 동료 선배가 피교육자에게 과업 수행 방법을 보여 주고, 피교육자에게 실행 연습의 기회를 제공하며, 그 결과에 대해 피드백하는 훈련 기법이다.

장점	• 직무 수행과 동시 실시로 내용이 현실적 • 교육훈련과 업무가 직결 • 특정 장소로의 이동 없음. • 상사나 동료 간의 이해와 협동 정신 강화 • 비용의 감소 • 구성원의 능력과 그에 상응한 훈련 가능
단점	• 상사와 환경이 훈련에 부적합할 가능성 • 업무 수행에 지장 • 많은 직원을 동시에 훈련하기 어려움. • 통일된 내용과 같은 수준의 훈련이 어려움. • 상사의 능력과 전문 지식의 차이로 통일된 전문적인 지식과 기능의 전수 어려움.

② 직장 내 교육훈련 시 유의점

    ㉠ 최고 경영자는 '직장 내 교육훈련'의 중요성을 인식해야 한다.

    ㉡ 직장 내 교육훈련의 기본 방침과 중요성에 대해 전 구성원의 인식이 필요하다.

    ㉢ 감독자 및 관리자의 직장 내 교육훈련 계획을 구체적으로 지원해야 한다.

    ㉣ 직장 내 교육훈련을 구체적으로 계획하고 실시할 수 있는 조직 분위기를 조성해야 한다.

    ㉤ 직장 내 교육훈련의 실시 사항을 인사 고과 항목으로 반영하여 적극적인 실시와 동기를 부여해야 한다.

(2) 직장 외 교육훈련(Off-JT : Off the Job Training) ★★★

OJT 외의 모든 사내 교육훈련이 직장 외 교육훈련(Off-JT)이다.

장점	• 많은 직원들에게 동시에 통일적인 교육 실시 가능 • 전문가의 지도 아래 교육훈련에 전념 가능 • 직무 부담에서 벗어나 새로운 교육훈련에 전념 가능 • 참가자 간 선의의 경쟁을 통한 교육 효과 증대
단점	• 업무 수행 과정에 즉시 활용하기 어려움. • 현업 중단의 어려움 • 경제적 부담

3 집단 특성에 따른 교수법 ★★

(1) 신입 사원 교육훈련

목적	• 새로운 환경에 대한 적응과 회사에 대한 친근감 및 직무에 대한 흥미 환기 • 직장 생활을 통한 장래의 발전 가능성에 대한 희망 부여 • 회사의 경영 이념과 분위기 등 조직 문화를 익히는 기회 제공 • 직무 수행 능력 제고
내용	• 조직의 기본 목표 • 조직에서 기대되는 역할과 역할 행동 • 조직에 존재하는 규칙 및 규범 • 집단 활동의 동료, 상사 및 고객에 대한 매너 교육 • 직업 생활상의 공통적 일반 지식 • 조직 몰입의 제고 • 조직 생활에 필요한 협동 의지의 제고
기법	• 멘토링 시스템 • 강의식 방법

(2) 작업자 교육훈련

목적	부여받은 직무의 성공적인 수행	
내용	구성원에 주어진 직무 관련 지식, 기능, 태도 등을 교육훈련	
기법	• 실습 훈련 • 직업 학교 훈련 및 대학 학위 위탁 교육제	• 강의식 방법 • OJT

(3) 관리자 교육훈련

목적		기업 경영과 관련된 의사 결정과 부여받은 권한과 책임을 행사하고, 부하 직원에 대한 관리 감독을 수행	
내용	하위 관리자 교육훈련	• 작업 지도, 작업 방법 개선 등 기술적 능력에 대한 교육 • 직장의 인간관계에 대해 교육	
	중간 관리자 교육훈련	• 비교적 광범위한 경영 문제 취급 • 경영 원칙과 관리자로서 필요한 관리 기술의 지도 • 하위 관리자보다 상대적으로 인간관계 능력에 대한 교육이 많이 요구됨.	
	최고 경영층 교육훈련	중간 관리자에 비해 상대적으로 경영의 개념적인 능력에 대한 교육이 많이 요구됨.	
기법	• 모의 훈련 • 역할 연기법 • 세미나	• 사례 연구법 • 행동 모델법 • 감수성 훈련	

4 롤플레잉(Role Playing) 교육훈련 ★★

(1) 정의

① 특정한 역할을 수행하는 놀이를 통해 고객 및 서비스직원의 성격이나 상황 등을 설정한 후 교환하여 실연해 봄으로써 상대방의 성격을 이해하고, 객관적으로 자신을 통찰하면서 문제를 해결하여 배우는 것을 의미한다.
② 서비스접점에서 직원은 신입 사원일지라도 그 방면의 전문가여야 하므로 이를 위해 현장과 동일한 상황을 가정하여 서비스 현장과 고객에 대해 배울 수 있어야 한다.

(2) 장점

① 서비스 현장 실무 지식 습득 가능
② 고객 상황에 대한 이해력 증대
③ 고객 커뮤니케이션 역량 증대
④ 교육생의 관심과 몰입 상승
⑤ 훈련 결과 즉시 확인 가능

(3) 진행 방법

1단계	동기 유발	롤플레잉 교육이 필요한 이유를 설명하고 직원들 간 공감대를 형성한다.
2단계	진행 절차 확정	총 소요 시간, 총 필요 인원, 개선이 필요한 요소 등 진행 절차를 확정하고 상황에 따라 그룹을 지정한다.
3단계	실습 시간	실제 롤플레잉을 시현하기 전에 연습 시간을 갖는다. 신입 직원이거나 현장 직원이 없는 경우 활용한다.
4단계	프레젠테이션(발표)	• 발표하는 내용이나 고객 상황 등을 미리 알 수 있도록 공유한다. • 직원들이 노력한 결과에 대해 인정하고 적극적으로 참여할 수 있도록 유도한다.
5단계	피드백	• 피드백은 전체 구성원, 발표 직원, 교육자 모두에게서 피드백이 나오는 것이 이상적이다. • 피드백 순서는 전체 구성원 ⇨ 발표 직원 ⇨ 교육자 순으로 한다.

5 교육훈련의 방법

강의식 방법	교육자가 일정 장소에 집합한 피교육자를 주제에 대하여 일방적으로 강의하는 방법
통신 훈련 방법	강의록이나 인쇄물을 이용한 방법
회의식 방법	토의 방법으로, 주제에 관해 각자의 견해나 지식 등을 발표, 교환하고 문제점을 토론하는 방법
시청각 훈련 방법	비디오, DVD, 슬라이드, 오디오, 모형, 도표 등 시청각 교재를 사용하는 방법
사례 연구법	주제에 관한 사례를 작성, 배부하고 이에 대해 토론하는 방법
역할 연기법	주제에 따르는 역할을 실제 연출시켜 공감과 체험을 통하여 교육훈련을 높이는 방법
실습 방법	직접 사물에 접하여 관찰, 실험하고 사실을 수집, 검증, 정리하여 직접 경험에 의해 지도하는 방법
브레인스토밍 (brainstorming)	다수의 피교육자가 집단 회의를 열고 자유로운 분위기에서 아이디어를 창출함으로써 질보다 양에 치중한 아이디어를 개발하게 하는 방법
인턴 사원제	정식 입사 전 잠정적인 수습 기간 동안 조직의 가치와 개인의 가치가 적합한 인재를 정식 사원으로 선발하는 제도
멘토 시스템	신입 사원 행동의 준거 기준이 되고, 지도·후원하며 조직 내 의사 결정자들에게 이들의 존재를 알려 주는 역할을 하도록 하는 제도
대학 학위 위탁 교육제	국내외 학위 과정에 위탁시켜 정식 학위를 취득하도록 지원하는 제도
교육 이수 학점제	각 직급별, 직종별로 이수해야 할 교육 학점을 설정해 놓고, 그 결과를 승진이나 승격 시 일정 부분 반영시키는 제도
온라인 학습	웹 기반으로 가상 강의실에서 원거리 학습을 시키는 방법
모험 학습	일종의 극기 훈련 방식으로, 자기 인식, 문제 해결, 갈등 관리, 위기 관리와 같은 집단 유효성과 관련된 능력을 개발하는 데 목적이 있는 방법

✎ **알아두기**

교육훈련 과정에서의 동기 부여
• 학습의 중요성을 강조한다.
• 학습 내용에 교육의 이점이나 결과의 기대감을 반영한다.
• 교육생들이 알고 있는 내용으로부터 화제를 꺼낸다.

서비스 코칭의 이해/실행

출제 & 학습 포인트

★★★ 최빈출 ★★ 빈출 ★ 필수

출제포인트
3장 서비스 코칭의 이해/실행에서는 서비스 코칭의 개념과 GROW 코칭 모델에 대한 문제가 주로 출제됩니다.

학습포인트
1 서비스 코칭의 의의를 정확히 이해하고, 조직 내에서 서비스 코칭의 이점을 학습합니다.

2 코칭의 실행 1단계를 실행하기 위한 SMART 목표 설정하기를 학습합니다.

3 GROW 코칭 모델의 단계를 이해하고, 단계별 사용하는 질문의 예시를 함께 학습합니다.

1 서비스 코칭의 이해

(1) 서비스 코칭의 의의 ★★

① 서비스 코칭이란 관리자나 상사가 성과 관련 문제를 해결하거나 직원의 능력을 개발하기 위한 상호 과정이다.

② 인적 자원이 경쟁력이 되는 오늘날에 코칭은 핵심 인재 양성에 가장 효과적인 방법이다.

③ 빠르게 변해 가는 사회에서 스스로 생각하고 움직이는 인재를 양성하는 데 코칭은 매우 중요한 관리 방법 중 하나이다.

④ 관리자에게 직원들의 능력을 함양하고 촉진시키기 위해 직원들을 격려하고, 학습시키는 새로운 관리 역량, 즉 코칭 스킬이 요구된다.

(2) 조직 내에서 서비스 코칭의 이점 ★★

직원을 진실되게 만든다	• 직원이 현재 어디에 있고, 무엇을, 어떻게, 왜 하고 있는지를 탐구하게 한다. • 직원 스스로가 무엇이 중요하고, 어떤 결과를 초래하는지를 지각하게 한다.
전체적인 맥락을 이해하도록 도와준다	• 업무와 관련된 복잡한 역학 관계에 대해 적절히 질문, 교환함으로써, 직원이 전체적인 관점에서 문제를 이해하게 한다. • 좀 더 객관적인 견해를 갖고서 이해 당사자들 간의 관계 개선에 도움을 제공한다.
직원을 좀 더 새롭게 만들 수 있다	• 적절한 피드백을 통해 전체 삶 속에서 일의 의미, 일에 대한 새로운 관점을 갖도록 해 준다. • 자신 안에 있는 무한한 잠재력을 깨닫고 스스로 활용 가능하게 해 준다.
미래 지향적이다	과거의 잘못을 가리는 것보다 미래 변화에 초점을 둔다.
행동 변화를 중시한다	보다 나아지기 위해 새로운 변화를 추구한다.

(3) 서비스 코칭 활동의 어려움

시간적 제약 조건	코칭의 장점을 알고 있지만, 현재 직면하고 있는 긴급한 업무 또는 문제들에 매몰되어 코칭을 활용하지 못하고 있다.
관리자의 태도	관리자들은 지시하고 감독하는 데 익숙하여서, 코치로서의 역할에 부정적인 태도를 갖기가 쉽다.
경직된 조직 문화	관리자들은 부하 직원을 육성하는 데 대한 적절한 보상을 받고 있지 못하다.

(4) 코치의 역할 ★★

후원자(sponsor)	직원들이 개인적인 성장과 경력상 목표를 달성하는 데 도움이 되는 업무가 무엇인지 결정하는 것을 도와주는 사람
멘토(mentor)	어떤 분야에서 존경받는 조언자이며 기업의 정치적 역학 관계에 대처하는 방법 및 영향력의 행사를 통해 파워를 형성하는 방법을 알고 있는 사람
평가자(appraiser)	특정한 상황하에서 직원의 성과를 관찰하여 적절한 피드백이나 지원을 하기로 직원과 약속한 사람
역할 모델(role model)	역할 모델은 맡은 바를 행동으로 보여 주는 역할을 수행하면서 직원들의 기업문화에 적합한 리더십 유형을 제시하는 사람
교사(teacher)	직원들이 자신의 업무를 효과적으로 수행할 수 있도록 업무상 비전, 전략, 서비스 및 제품, 고객 등에 관한 정보를 제공하는 사람

2 서비스 코칭의 실행

(1) 코칭의 5가지 스킬 ★

질문 스킬	• 직원의 잠재력을 끌어올리기 위해 질문의 형태를 각각의 목적과 특성에 따라 적절히 사용한다. • 질문은 사고의 전환을 유도하여 상대방의 사고와 행동, 삶을 변화시키는 도구이다. • 질문에 대한 대답은 스스로 자기 자신을 동기 부여할 수 있는 강력한 자기 설득의 효과를 가진다.
경청 스킬	• 적극적, 공감적 경청을 통해 코칭 과정에서 상대방의 마음을 열고 신뢰를 형성할 수 있다. • 객관적인 관점을 가지고 상대방의 입장을 듣는 동시에 자기반성과 자기 성찰의 기회를 준다.
직관 스킬	• 코치 자신의 직관을 활용하여 코칭하는 기술이다. • 코치는 생각하지 않고, 리드하지 않는다.
자기 관리 스킬	코치가 자기 자신을 관리하는 것이다.
확인 스킬	피코치에게 있어서 중요한 사항을 확인하기 위한 기술로, 피코치의 미래와 현재, 과거를 확인한다.

(2) 적극적(반영적) 경청

① 상대방의 이야기에 집중하여 듣고 있음을 상대방이 인식할 수 있도록 외형적인 표현을 하면서 듣는 자세이다.

② 상대방의 말을 적극적으로 듣고 있음을 표현함으로써 호감을 불러일으키며 말하는 사람이 이해받고 있다는 느낌을 받게 하여 열린 대화를 가능하게 한다.

③ 잘못된 경청의 예

여과하여 듣는 경청	사람들은 생활 환경을 거치면서 알게 모르게 습득한 문화적 여과 장치들이 다양한 형태의 편견을 주입시켜 경청을 왜곡시키는 것을 말한다.
평가하면서 듣는 경청	• 상대방의 말을 들으면서, 상대방의 말이 좋다 또는 나쁘다, 맞다 또는 틀리다고 먼저 판단을 하는 경우이다. • 평가적인 경청을 할 때에는 대화의 본질을 이해하기에 앞서 자신의 평소 가치관에 의해 대화를 하게 되고, 그에 따라 쉽게 충고를 하게 된다.
정형화된 경청	분류에 의한 Case Study를 통해 대화의 유형을 정형화하게 되어 대화의 내용을 경청하기보다는 정형화된 상황에 맞추어 상대의 이야기를 듣게 된다.
다 듣기 전에 가로막는 경청	• 듣는 사람이 상대와의 대화 도중에 해야 할 중요한 말이 있다고 하여 가로막게 되면 대화는 중단이 되고, 이는 상대와 내가 동일한 위치에서 대화를 해야 한다는 것을 망각하는 것이다. • 듣는 사람이 부드러운 제스처와 더불어 본인이 이해를 잘하고 있는지를 확인하면서 개입하는 것은 가능하다.

3 GAPS 코칭 모델

(1) 코칭의 실행 1단계 – 목표 설정하기(Goal setting)

① '목표 설정하기'의 개념
  ㉠ 구성원 스스로 목표를 설정할 수 있도록 이끌어 주면서 목표나 방향을 명확히 제시해 주어야 한다.
  ㉡ 목표 설정하기는 구성원 개인 또는 업무와 연관된 비전과도 관련이 있다.

② SMART 목표 설정하기 ★★

S	Specific	구체적인 문제를 다루고 있는가
M	Measurable	측정 가능한가
A	Achievable	달성 가능한 목표인가
R	Relevant(Realistic)	현실적이고 프로젝트와 관련성이 있는가
T	Time Bound	정해진 시간 내에 달성 가능한가

③ 질문하기

    ㉠ 과거 질문은 미래 질문으로

    ㉡ 부정 질문은 긍정 질문으로

    ㉢ 폐쇄형 질문은 개방형 질문으로

④ 경청하기

⑤ 말하기

    ㉠ 의도하는 메시지가 제대로 전달되었는지를 확인한다.

    ㉡ 상대방에게 당신의 이야기가 미치는 영향에 대해 인식하고 있어야 한다.

⑥ 관찰하기

(2) 코칭의 실행 2단계 – 현재 진행 과정 평가하기(Assessing current progress)

① '현재 진행 과정 평가하기'의 개념

    ㉠ 구성원이 수행한 결과를 진지하고 공정하게 평가하고 피드백(feedback)하는 것

    ㉡ 건설적인 피드백을 통해 행동 실행 과정 및 결과 그리고 개선점을 확인하고 구성원 스스로 마무리하도록 이끌어야 하는 것

② 다양한 시각에서 자료 수집하기

③ 피드백 제공

④ 성과 달성 여부에 대한 이유 탐색

✎ **알아두기**

피코치가 성과를 내지 못하는 숨겨진 이유	
역량 이슈	• 너무 많은 양의 일 • 자신의 능력을 제대로 파악하지 못하고 많은 일을 수행 • 자신의 시간을 효율적으로 관리하지 못하는 상황
능력 이슈	필요한 지식과 스킬을 보유하지 못한 상황
태도 이슈	• 다른 업무나 개인적인 문제가 특정 도전 과제에 대한 태도나 마음가짐에 영향 • 내면에 있는 좌절감이나 분노감의 원인을 파악하는 것이 중요 • 피코치에게 동기 부여가 되는 적합한 일인지 확인 필요
자원 이슈	• 필요한 시간이나 자금, 지원 인력이나 도구의 보유 여부 • 피코치가 수행하는 데 있어 어떤 것이 필요한 것인지를 확인
문제 구성 이슈	• 코치와 피코치가 문제를 구성하는 방법의 불일치 상황 • 코치가 생각하는 문제와 피코치가 해결하려고 하는 문제가 다른 경우

(3) **코칭의 실행 3단계 – 다음 단계 계획하기**(Planning the next steps)

① '다음 단계 계획하기'의 개념

ㄱ 목표를 수정할 것인지, 더 많은 지원을 할 것인지에 대해 논의한다.

ㄴ 발전되지 않은 원인과 대안 전략을 찾아내기 위해 브레인스토밍을 하는 것이다.

② 다음 단계에 무엇을 할지, 어떻게 할지에 대해 고려하고 계획

③ 현재 상태에 대한 점검

④ 대안에 대한 브레인스토밍

⑤ 선택 대안들의 폭을 좁혀서 현재의 상황이나 문제를 해결할 수 있는 가장 좋은 대안을 고려

⑥ 행동 변화가 필요한 시기이므로 지시나 조언, 제안 등 필요

(4) **코칭의 실행 4단계 – 변화 행동 지원하기**(Supporting the action)

① '변화 행동 지원하기'의 개념

ㄱ 개발은 구성원의 재능, 역량, 기술 등을 향상하여 더 높은 성과를 올릴 수 있도록 도와주는 것이다.

ㄴ 코치는 구성원에게 배우는 환경을 조성해 주고, 정보나 자료를 제공해 주어야 하며, 필요한 지식을 잘 가르쳐 주어야 한다.

② 지원의 수준과 방향을 결정한다.

③ 피코치를 이해하고 있음을 표현한다.

④ 역할 모델이 되어 준다.

4 GROW 코칭모델 ★★★

(1) GROW 모델 개념

성공적 코칭을 위한 4단계 질문 프로세스를 제시한 모델이다.

Goal	**목표 설정**(코칭 주제 설정) • 상대방 스스로 자신의 목표를 이끌어 낼 수 있도록 돕는다.
Reality	**현실 점검**(변화를 위한 현재 위치 파악) • 현실의 문제점과 현황을 스스로 인식하게 하고, 객관적으로 파악하게 한다.
Option	**대안 탐구**(실행 가능 대안 브레인스토밍 진행)
Will	**실행 의지 확인**(최적의 옵션을 선택해 실행계획을 수립하고, 행동에 옮김.)

(2) 단계별 질문 예시

Goal	• 어떻게 되기를 원하십니까? • 목표를 성취했을 때의 모습을 설명해 보시겠습니까? • 최근 관심있는 분야는? 새롭게 시작한 것은 무엇입니까?
Reality	• 자신의 현재 위치에 대해 어떻게 생각하십니까? • 예상되는 장애/위협 요인은 무엇입니까? • 무엇에 가장 열정을 느끼고, 당신을 즐겁게 만듭니까?
Option	• 실행 가능한 해결책은 무엇이고, 그중 가장 중요한 것은 무엇입니까? • 해결책을 실행하기 위해 어떠한 자원이 필요하십니까?
Will	• 어떤 해결책을 언제까지 할 수 있다고 생각하십니까? • 당신 스스로 평가한 후, 이를 개선하기 위해 어떤 지원이 필요하십니까? • 목표를 달성했다는 것을 어떻게 알 수 있을까요?

5 상황별 서비스 코칭 전략

(1) 피코치가 저항하는 경우

① 피코치 저항의 유형

개인적 선호나 견해 때문에 발생하는 저항	• 거만함 • 변화의 필요성 인식 못하는 맹점 • 자기 개념의 심층적 부분에 대한 조언 거부 • 작업량 • 두려움 • 오해 • 불편감
관리자나 코치에 대한 피코치의 생각으로 인한 저항	• 관리자의 능력에 대한 지각 • 관리자의 가용성, 작업량에 대한 지각 • 접근 가능성에 대한 지각 • 피코치에 대한 관리자의 태도 • 다른 코치에 대한 선호
조직의 문화와 관련한 저항	• 코칭 제도가 조직 문화에 흡수되지 못했을 때 • '죽느냐, 사느냐'의 조직 문화 • 지나치게 위험을 감수하는 조직 문화 • 자원의 부족 • 학습조직이 아닌 경우

② 코치의 대처 스킬

ⓐ 피코치가 저항하는 근본적인 원인을 이해하려고 노력한다.

ⓑ 코치가 자기중심적인 시각을 버리고, 스스로가 피코치에게 진정 잘 맞는 코치인지를 생각한다.

ⓒ 피코치에 맞추려면 코치의 접근 방법 중 변화시켜야 될 것을 결정한다.

ⓔ 피코치의 이슈가 코칭에 적합한 문제인지 확인한다.

ⓜ 코치로서 적합하고, 이슈가 코칭에 적절한 경우에는 창의적인 접근법이 필요하다.

　ⓐ 더 많은 시간을 투자하여 신뢰 기반을 구축해야 한다.

　ⓑ 존경할 만한 사람에게 조언을 구하는 것이 좋다.

　ⓒ 피코치의 전임 상사와 비공식적으로 미팅을 하는 것도 좋다.

　ⓓ 코치 자신의 진로 발달 과정, 실수, 시각 등에 대해 폭넓게 이야기한다.

　ⓔ 간접적으로 제안한 것들이 제대로 효과를 거두는지에 대해 세심하게 점검한다.

　ⓕ 마음속 깊이 근본적으로 놓여 있는 문제에 대해 개방적으로 대화한다.

　ⓖ 부드러운 태도를 유지한다.

(2) 동료 코칭 ★★

특징	• 서로 지원을 해 주는 관계를 개발할 수 있고, 동료와 함께 새로운 것을 시도하면서 성장할 수 있다. • 비슷한 압력과 도전 과제, 유사한 관계를 경험하기 때문에 동료들을 잘 이해할 수 있는 위치에 있다. • 협력자이면서 잠재적 경쟁자이다.
코치의 대처 스킬	• 상대방에게 코칭이 필요한지, 코칭을 원하고 있는지, 당신을 적절한 코치로 생각하고 있는지를 파악하기 위하여 개인적인 접근이 필요하다. • 고민과 도전 과제들을 편안하게 공유할 수 있는 수준에서 관계를 형성해야 한다. • 자연스러운 만남의 기회를 만든다. • 상대방에게 도움을 받을 의향이 있는지 물어본다. • 코칭의 목적에 대해 명확히 하는 것이 좋다. • 당신에 대해 이야기를 해야 한다.

(3) 상사 코칭 ★★

특징	• 모든 사람은 코칭이 필요함을 인식한다. • 상사들이 부하 직원들에게 코칭을 받을 수 있는 환경의 조성이 필요하다. • 조직에서 성공하기 위한 확실한 방법 중 하나는 당신의 상사가 최대한 훌륭한 업무 수행을 하도록 도울 수 있는 방법을 찾는 것이다.
코치의 대처 스킬	• 상사가 어떤 것을 잘하고 있는지 알려 준다. • 피드백이나 건설적인 제안을 제공할 때, 상사의 강점이나 상사가 가치 있게 생각하는 목표와 연결하는 것이 좋다. • 부정적인 피드백 제공 시 그 피드백이 얼마나 중요하고 적절한지, 상사가 해당 문제에 대해 어떤 변화 행동을 할 수 있을지에 대해서 생각한다. • 상사가 피드백을 어느 정도 수용할 수 있을지에 대해 미리 파악한다. • 상사가 스스로 아이디어를 생각한 것처럼 만들어 주는 것이 바람직하다.

정서적 노동의 이해 및 동기 부여

출제 & 학습 포인트

출제포인트

4장 정서적 노동의 이해 및 동기 부여는 파트5 코칭/교육훈련 및 멘토링/동기 부여에서 출제 빈도가 높은 부분은 아니지만 감정 노동의 구성 요인과 동기 부여 이론에 대한 문제가 주로 출제됩니다.

학습포인트

1 감정 노동의 구성 요인을 이해하고, 감정 노동의 관리 전략을 학습합니다.

2 동기 부여의 다양한 이론의 개념을 전반적으로 학습하고, 특히 욕구 단계 이론의 5가지 욕구의 개념을 명확히 구분하여 학습합니다.

3 임파워먼트의 개념을 이해하고, 임파워먼트의 수준을 개인과 집단, 조직으로 구분하여 그 차이를 학습합니다.

1 감정 노동

(1) 감정 노동의 정의 ★

① Hochschild(1983)의 'The Managed Heart'라는 책에서 감정 노동(emotional labor)의 개념을 처음으로 사용하면서 감정을 노동의 유형으로 인식

② 외적으로 관찰 가능한 표정이나 몸짓을 만들기 위한 느낌의 관리

③ 조직이 요구하는 감정을 표현함에 있어서 기울이게 되는 노력, 계획 및 통제 정도

④ 고객과의 대면 접촉 과정에서 감정 관리를 요구하고 그것을 수행하지 못했을 경우 경영자 측으로부터 통제를 당하게 되는 노동

⑤ 고객과의 대면 또는 음성 교류를 하는 직무 특성을 가진 서비스 종사자, 경찰관 및 소방관, 간호사 등 직무가 타인에게 도움을 주는 분야의 종사자를 감정 노동자로 볼 수 있다.

(2) 감정 노동의 구성 요인 ★

감정 표현의 빈도	• 직무 차원에서 고객이 요구하는 적절한 감정 표현을 규정하여 이를 준수할 것을 요구할수록 기업의 성과는 향상되었다. • 조직은 규정된 감정 표현의 빈도를 높이려는 노력을 한다.
요구되는 감정 표현 규범의 강도	• 요구되는 감정 표현 규범의 강도가 높을수록 종사자는 이를 준수하기 위해 더 많은 노력과 에너지를 소비하게 된다. • 감정의 강도는 감정이 경험되고 표현되는 정도를 의미한다. • 감정 표현의 강도는 고객의 행동이나 태도 변화에 중요한 영향을 미친다.
요구되는 감정 표현 규범의 다양성	• 요구되는 감정 표현 규범의 다양성이 증가할 경우 종사자는 감정 노동을 높게 지각하였다. • 종사자는 감정 표현 규범을 준수하기 위해서는 특정 상황에 적합한 감정을 표현하기 위한 노력이 필요하였다. • 특정 상황이나 규범이 많아질 경우에는 더 많은 노력과 에너지를 필요로 하였다.
감정적 부조화	• 감정적 부조화는 감정 표현 규범과 종사자 자신의 실제 감정 간의 차이로 인하여 나타나는 심리적인 상태를 의미한다. • 종사자의 실제 감정과 표현 규범에서 요구하는 감정 사이의 차이가 클수록 더 많은 노력과 에너지가 필요하였다.

(3) 감정 노동의 결과

감정 노동의 긍정적 결과	• 안면 환류 가설(facial feedback hypothesis) • 종사자들이 스스로 불쾌한 상황에서 심리적인 거리를 두기 때문에 스트레스를 감소시켜 주고 만족감을 증가시킨다.
감정 노동의 부정적 결과	• 소외 가설(alienation hypothesis): 지속된 부조화는 자신 스스로를 거짓을 표현하는 자아로 인식하고, 평상시 감정 상황에서도 자신의 감정을 드러내기를 두려워한다. 타인과의 감정적 관계 형성에 어려움을 겪게 되어 사회에서 소외된다. • 감정적 부조화가 감정적 고갈(emotional exhaustion)을 경험하게 한다. • 신체적 및 정신적 문제를 야기한다. • 종사자의 직무 만족과 조직 몰입에 부정적 영향을 끼친다. • 직무 스트레스 수준이 상승한다.

(4) 감정 노동의 관리 ★

① 커뮤니케이션을 통해 조직 내 유대감 형성: 다른 직원들과의 대화를 통해 긴장감을 해소한다.
② 정확한 기준과 자율성을 가진 조직의 문화와 분위기
   ⊙ 감독자 지원과 동료 지원
   ⓒ 교육훈련과 상담 제도 운영
③ 직무 특성 관리
   ⊙ 감정의 요구, 시간적 압력, 직무 자율성, 직무 책임감 등과 관련한 유연성
   ⓒ 표현 규칙의 명확성

④ 개인 특성 관리
  ㉠ 개인의 성격과 감정의 적절한 관리
  ㉡ 개인의 자아 통제력 향상
  ㉢ 업무에 대한 진정성 회복

2 직무 스트레스

(1) 직무 스트레스의 개념

① 직무 스트레스의 의의
  ㉠ 스트레스는 원하는 것과 관련된 결과가 불확실하지만 중요하게 인식되는 역동적인 상황
  ㉡ 업무상 요구 사항이 근로자의 능력이나 자원, 바람과 일치하지 않을 때 발생
  ㉢ 직무 내용, 직무 조직 및 작업 환경의 해롭거나 불건전한 측면에 대한 정서적, 인지적, 행동
     적 및 생리적 반응 패턴

② 직무 스트레스의 양면성

유스트레스(eustress)	• 긍정적이고 건설적인 측면 • 개인과 조직의 복리와 관련된 성장성, 적응성, 높은 성과 수준과 관련 • 직원들의 효과적인 성과 달성과 조직의 정상적 기능에 영향
디스트레스(distress)	• 부정적이고 파괴적인 측면 • 다양한 질병, 높은 결근율과 같은 개인적 · 조직적 역기능적 결과를 포함한다.

☞ Yerkes & Dodson의 곡선

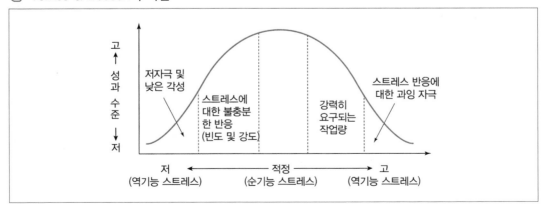

③ 스트레스의 모델

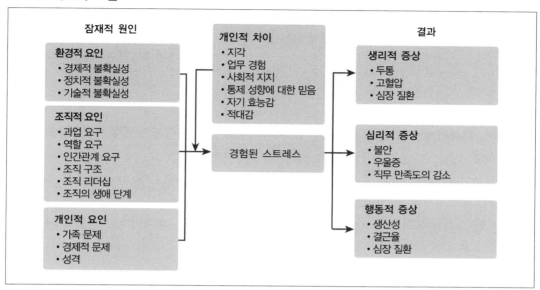

(2) 직무 스트레스의 관리

개인적 접근	• 시간 관리 기법 수행 • 신체적 운동 • 긴장 완화 트레이닝 • 사회적 지원 네트워크(social support network)
조직적 접근	• 직원 선발과 배치 및 업무 재설계 • 훈련 • 구체적이면서 도전적인 목표 설정 • 직원의 참여 늘리기 • 조직적 의사소통 향상시키기 • 회사 복리 후생 프로그램 확립하기 예 직원들의 금연, 음주 관리, 체중 관리, 바른 식습관, 정기적 운동 프로그램 개발 등을 돕는 워크숍 제공

3 동기 부여

> "경영이란 다른 사람들에게 동기를 부여하는 것, 그 이상도 그 이하도 아니다."
> — 前 크라이슬러 회장, 리 아이아코카(Lee Lacocca)

(1) 동기 부여의 개념

① 목표를 달성하기 위한 개인의 집념, 방향 그리고 목표 달성을 위해 노력하는 지속성을 설명하는 과정이다.

② 동기 부여(motivation)는 '움직인다'(to move)는 의미를 지닌 라틴어 'movere'에서 유래했다. 따라서 무엇인가를 움직이는 과정을 포함하는 개념인 것이다.

③ 개인 및 조직의 목적을 달성하기 위해 자신과 타인을 움직이는 과정이며, 사람들의 행동을 일으키고 유지하는 영향력이다.

(2) 동기 부여의 중요성 ★

① 인적 자원의 효과적 관리

    ㉠ 동기 부여는 창조적이고 자발적으로 직무를 수행할 수 있도록 격려해 줄 수 있는 효과적 방안이다.

    ㉡ 유효한 조직을 만들기 위해서는 참여와 일하려는 의사를 자극할 수 있는 동기 부여의 문제를 해결해야 한다.

② 업무 성과 향상 : 동기 부여는 목표 지향적인 행동과 관련되므로 일반적으로 동기가 부여된 직원은 그렇지 않은 직원보다 훌륭한 업무 성과를 위해 더욱 노력하게 된다.

🖐 동기 부여의 기본 모형

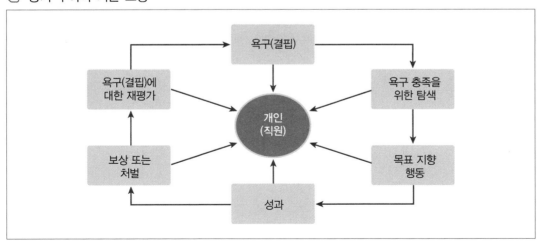

(3) 욕구 단계 이론 ★★★

① 매슬로우는 인간은 다섯 가지의 욕구 단계를 가진다고 가정하였다.

② 각 단계별 욕구가 충분히 만족될 때 그 다음 단계의 욕구가 커진다고 하였다.

③ 타인에게 동기를 부여하고 싶다면 현재 어떤 욕구 단계에 있는지, 어떤 욕구 단계를 만족시키는 중인지, 그리고 그 사람의 상위 단계 욕구는 무엇인지 이해해야 한다.

1단계	생리적 욕구 (Physiological Needs)	• 배고픔, 갈증, 거주, 성욕 등의 신체적인 욕구와 관련된 인간의 가장 기본적인 욕구 • 인간의 생존이 달린 욕구 차원이므로 가장 절대적이고 강력한 욕구수준
2단계	안전 욕구 (Safety or Security Needs)	• 물리적이고 감정적인 해로움으로부터의 신체적 안전과 심리적 안정 욕구 • 외부로부터 자신을 보호하고 사회적 위협으로부터 자유롭고 싶은 욕구 해당
3단계	사회적 욕구 (Social Needs)	• 다른 사람들과의 상호 관계에 의한 애정, 소속감, 인정과 우정 등에 대한 욕구 • 외식, 여가 활동은 종종 이러한 사회적 맥락에서 발생
4단계	존경 욕구 (Esteem Needs)	• 자존심, 자율, 성취감과 같은 내재적인 자존 요소에 대한 욕구 • 위상, 인정, 주목과 같은 외재적인 요소에 대한 욕구 • 인간은 타인에게 자신의 능력과 존재를 인정받고 존경받기를 희망
5단계	자아실현 욕구 (Self-actualization Needs)	• 가능성 실현, 성장, 자기 충족감 등을 포함하여 개인이 되고자 하는 바가 이루어지도록 만들어 주는 원동력 • 자신의 능력과 자신이 추구하는 최종 가치를 실현시키고자 하는 욕구

⑷ Herzberg의 2요인 이론(Two-Factor Theory) ★★

① 인간의 동기를 자극하는 요인에는 만족도를 증대시켜 성과와 연결하는 요인과 불만족을 감소시키는 데 주로 관여하는 요인이 있다는 주장

② 직원들의 동기 부여를 위하여 어떤 요인들이 욕구를 자극하는 동기 요인이 되며, 어떤 요인들이 회피 행동을 관여하는 주된 위생 요인인지에 대한 파악 필요

동기 요인 (motivators)	• 만족도에 관여하는 요인으로 충분한 경우 만족도를 향상시키는 역할 • 부족하다고 불만족을 초래하지는 않음. • 직무 만족과 직무 동기 그리고 직무 태도에 영향 예 성취감과 도전성, 인정과 칭찬, 성장과 발전
위생 요인 (hygiene factors)	• 불만족에 주로 관여하는 요인으로 부족한 경우 불만족을 심화 • 충분히 주어졌다고 만족도를 향상시키는 역할을 하지는 못함. • 불만족스러울 때는 직무 만족도와 직무 동기를 저하 • 만족스럽다고 직무 동기를 유발시키지는 않음. 예 작업 조건이나 회사의 정책과 방침

⑸ X 이론과 Y 이론

1. 더글러스 맥그리거(Douglas McGreger) MIT대 교수가 『기업의 인간적 측면』이란 저서에 "모든 경영의 의사 결정이나 행동의 배후에는 인간 본성과 행동에 대한 가정이 깔려 있다."라고 주장하면서 인간론의 고전이 된 X 이론과 Y 이론을 제시
2. 맥그리거는 Y 이론이 X 이론보다 더 효과적인 가정이라 주장
3. 직원들의 동기 부여를 최대화할 수 있는 방법으로써 참여적 의사 결정, 책임감이 부여되고 도전할 만한 직무, 우호적인 조직 내의 관계 형성 등을 제시

X 이론	• X 이론은 근본적으로 인간의 부정적인 측면을 바라보는 이론 • 인간이란 일을 싫어하고 게으르며, 책임을 회피하려고 하기 때문에 항상 실천을 강요해야 한다는 이론 • X 이론의 핵심은 '통제' • X 이론은 전통적인 경영 이론에서 주장하는 것처럼 직원들은 감시하고 통제해야 할 대상으로 취급
Y 이론	• Y 이론은 근본적으로 인간의 긍정적인 측면을 바라보는 이론 • 일을 좋아하며 창의적이고, 책임을 질 줄 알고 자기에게 주어진 목표를 달성할 줄 안다고 보는 이론 • Y 이론에서는 '직원들은 존중하고 개발해야 하는 자산'으로 간주

(6) Alderfer의 ERG 이론 ★★

① 인간 행동의 동기가 되는 욕구를 존재(Existence), 관계(Relatedness) 그리고 성장(Growth)으로 구분한다.

존재 욕구 (Existence)	• 인간의 생명과 존재를 보장하는 데 필요한 기본적 욕구 • 생리적 욕구와 안전 욕구 그리고 돈과 물질에 대한 소유욕
관계 욕구 (Relatedness)	• 주변 사람들과 의미 있는 인간관계를 형성하고 감정을 공유하고자 하는 욕구 • 소속감과 애정, 존경 등 대인 관계를 통하여 충족될 수 있는 영역
성장 욕구 (Growth)	• 개인이 자신의 능력을 개발하여 자율과 성공을 이루려는 욕구 • 개인의 자아 개념과 존재의 의미를 찾으려는 욕구도 포함

② ERG 이론은 욕구 단계 이론과 많은 공통점이 있지만, 근본적인 차이점도 존재한다.

👆 욕구 단계 이론과 ERG 이론과의 차이점

욕구 단계 이론	ERG 이론
• 특정 시점에 한 가지의 욕구가 지배 • 욕구 단계들 간의 위계가 있어 욕구의 진행이 욕구 충족과 함께 한 단계씩 상향으로 이동	• 다양한 욕구가 동시에 경험 • 상하 쌍방식으로 이행

(7) 목표 설정 이론

목표는 개인에게 의도된 행동과 동기의 기초가 되고, 구체적이고 어려운 목표가 높은 성과를 유발한다는 이론이다.

(8) 강화 이론

① 목표 설정 이론과 대조를 이루는 것으로, 개인의 행동은 그 결과를 통하여 결정되고 유발된다는 이론이다.

② 목표 설정 이론은 개인의 목표가 자신의 행동을 지배한다고 제안하지만, 강화 이론은 자신의 행동에 따르는 결과들에 의해 주어진 일에 노력과 행동을 한다고 주장한다.

(9) 공정성 이론

① 개인들은 자신의 작업 투입량과 생산량을 다른 동료와 비교하여 불공정한 요소들을 제거하려고 한다는 관점의 이론이다.

비율 비교*	견해
$O/I_A < O/I_B$	보상을 제대로 받지 못하므로 불공정성 지각
$O/I_A = O/I_B$	공정성 지각
$O/I_A > O/I_B$	보상을 과하게 받으므로 불공정성 지각

(* O/I_A는 해당 종업원을, 그리고 O/I_B는 관련된 종업원을 의미함.)

② 불공정하다고 인식할 때 직원들의 행동

   ㉠ 필요 이상의 노력을 기울이지 않는다.

   ㉡ 낮은 품질의 성과를 더 많이 생산하게 된다.

   ㉢ 다른 사람들보다 더 많이 일을 했다고 자신에 대한 왜곡을 하게 된다.

   ㉣ 다른 사람들의 성과를 폄하하는 왜곡을 하게 된다.

   ㉤ 다른 준거 대상을 선택한다.

   ㉥ 현 직장을 이탈한다.

③ 공정성 분류

내부공정성	회사 내 자신의 업무와 유사한 업무를 수행하는 다른 사람과의 공정성 비교
외부공정성	동종 타 기업에서 자신과 비슷한 업무를 하는 사람과의 공정성 비교
절차공정성	자신의 처우가 결정되는 과정(절차)이 적절한지에 대한 공정성 비교

(10) 기대 이론

기대 이론은 노력이 높은 성과 평가를 이끈다고 믿을 때 좋은 성과 평가가 보상을 이끌어 내고, 이러한 보상이 개인의 목표를 만족시켜 준다는 이론이다.

🖐 기대 이론 모형

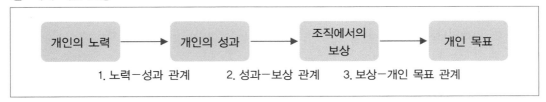

노력 − 성과 관계 (Effort−Performance Relationship)	일정한 노력이 성과를 이끌어 낼 것이라고 개인에 의해 지각되는 가능성
성과 − 보상 관계 (Performance−Reward Relationship)	특정 수준으로 수행하는 것이 바라던 산출물을 얻게 할 것이라고 개인들이 믿는 정도
보상 − 개인 목표 관계 (Reward−Personal Goal Relationship)	조직의 보상이 개인적인 목표와 욕구, 개인을 위한 잠재적인 보상의 매력도를 만족시키는 정도

(11) 동기 부여 시 유의 사항

① 개인차를 인정해 줄 것

② 목표 및 피드백을 이용할 것

③ 종업원을 자신에게 영향을 미치는 의사 결정에 참여시킬 것

④ 보상과 실적을 연계할 것

⑤ 공정성을 위해 시스템을 점검할 것

4 동기 부여의 실행

(1) 목표 관리(MBO : management by objectives)

① 목표 관리의 개념 : 개인의 능력 발휘와 책임 소재를 명확히 하고, 미래의 전망과 노력에 대한 지침을 제공하여 관리 원칙에 따라 관리하고 자기 통제하는 행위의 과정을 말한다.

② 목표 관리의 핵심 요소

목표 특수성 (Goal specificity)	예상 성과에 대한 명확한 진술
참여적 의사 결정 (Participative decision making)	관리자와 부하 직원이 함께 목표를 선정, 측정에 관해 합의
명시적 기간 (An explicit time period)	완수되어야 할 구체적인 기간
성과 피드백 (Performance feedback)	진행 과정에 대한 지속적인 피드백

MBO Cycle

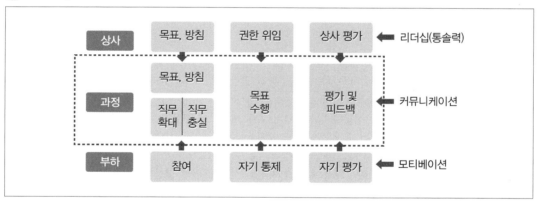

(2) 직원 인정 프로그램

유형	• 개인적인 배려 • 관심 • 인정과 칭찬
효익	• 인정받고 싶어 하는 종업원들의 욕구 충족 • 요구된 행동이 지속되도록 장려 • 그룹/팀의 응집력 및 동기 부여 강화 • 프로세스 개선과 비용 절감을 위한 종업원의 제안을 독려

(3) 임파워먼트(Empowerment)

① 개념
　ᄀ 조직 구성원의 활력을 조성하기 위한 권한의 부여, 조직 내의 일정한 배분, 파워의 배분 과정과 종사원으로 하여금 권력이 있다고 느끼도록 하는 것
　ᄂ 무력감을 조성하는 상황을 파악하여 조직 구성원들에게 자기 효능감(self-efficacy)을 함양시켜 주는 과정

② 임파워먼트의 목적
　ᄀ 임파워먼트는 단지 구성원을 조직의 의사 결정 과정에 참여시키도록 하는 것이 아니고 최선의 의사 결정 방법을 발견하도록 하는 것이 목적
　ᄂ 직원들의 상호 작용을 통해 문제를 해결해 나가고 새로운 아이디어를 창조해 나가는 능력의 증대
　ᄃ 조직 구성원들로 하여금 자신이 담당하고 있는 일이 매우 중요하다는 사명의식을 갖도록 하는 것
　ᄅ 자신이 담당하고 있는 일에 대해 스스로 의사 결정권을 가짐으로써 구성원에게 강한 업무 의욕과 성취감을 주는 것

③ 구성

의미성	• 주어진 과업 활동과 개인의 신념, 태도, 가치 및 행위 간의 적합성 • 개인적으로 의미 있는 과업 활동들은 목적의식이나 열정 에너지를 창출
역량 (Competence)	• 역량이란 직업을 수행하는 데 필요한 능력에 대한 믿음 • 과업 성과를 향상시키기 위해 내적으로 보유할 수 있는 잠재력 • 개인의 잠재성은 업무 능력을 향상시킬 수 있다는 자기 효과성을 갖게 한다.
자기 결정성 (Self-determination)	• 개인이 자신의 행위를 스스로 결정하는 의미 • 실제적인 행동이 자기 자신의 선택에 의해 결정되어지는 것을 자각함을 의미 • 가치 있는 보상에 대한 욕구를 불러일으켜 노력을 하고자 하는 마음의 자세 • 자기 결정성은 행동의 시작과 통제에 대한 선택의 자유를 의미 • 업무 행위의 과정에서 시작과 지속, 업무 방법과 추진도, 노력에 대한 결정권
영향력 (Impact)	• 자신의 능력과 업무에 관한 지식 등을 바탕으로 조직의 성과나 타인의 업무에 영향 • 개인이 조직의 전략적, 관리적 또는 운영적 결과에 영향을 미칠 수 있는 정도 • 의도한 업무의 목적을 달성하는 데 있어서 자신의 행위가 어느 정도 영향을 주고 있는가에 대한 인식 • 목표 달성에 있어서 얼마나 진전을 이루고 있는가에 대한 인식

④ 임파워먼트의 수준 ★

개인 임파워먼트	• 무력감에 빠진 조직 구성원들이 자기효능감(self-efficacy)을 가질 수 있도록 함으로써 무력감을 해소시키는 과정 • 임파워된 개인은 자신의 삶의 공간에 적극적으로 참여 • 개인의 직무수행에 필요한 제반 역량의 증진을 의미
집단 임파워먼트	• 두 사람 이상의 상호관계가 있을 때 존재하는 개념 • 집단 임파워먼트에서의 핵심은 구성원 간의 상호작용 • 조직 내 무력감을 제거하는 파워의 생성, 발전, 증대에 초점 • 집단 수준의 임파워먼트는 상대방의 저항을 극복하는 능력과 관련된 개념
조직 임파워먼트	• 조직의 변화를 통하여 경쟁력을 구축하고 강화하려는 경영 흐름 • 조직 차원에서 지속적인 교육훈련 필요 • 조직의 환경 적합성을 증대시키기 위하여 새로운 지식, 신념, 가치, 능력을 탐색 및 창출하고 이용하는 과정 • 조직의 각종 규정, 제도, 구조 등에서의 변화 필요

⑤ 실천 방법

1단계	정보 공유	• 조직 성과에 관한 정보 공유 • 구성원들로 하여금 사업을 이해하도록 지원 • 중요 정보의 공유를 통한 신뢰감 증진 • 자기 스스로 모니터하는 가능성 형성
2단계	구조화를 통한 자율성 증진	• 비전과 세부 사항을 명확히 설정 • 목표와 역할을 공동으로 설정 및 확정 • 새로운 의사 결정의 절차 형성 • 임파워먼트의 성과 관리 절차를 새롭게 형성 • 훈련을 강화
3단계	팀제 도입	• 새로운 방향과 필요 훈련을 제공 • 변화를 북돋우고 지원 • 점차적으로 관리자의 통제를 줄임. • 리더십 부재 상황에서 작업을 진행 • 두려움의 요소를 인정 및 수용

서비스 멘토링 실행

출제 & 학습 포인트

출제포인트
5장 서비스 멘토링 실행에서는 멘토링의 유형별 실행 방법과 멘토링의 효과에 대한 문제가 주로 출제됩니다.

학습포인트
1 멘토링의 개념을 이해하고, 멘토링의 유형을 경력 개발과 심리사회적 안정으로 구분하여 각 유형별 멘토링의 실행 방법을 학습합니다.

2 멘토링의 효과를 멘토 차원, 멘티 차원, 조직 차원으로 구분하여 차이를 이해하면서 학습합니다.

1 멘토링의 개념

멘토(Mentor)는 오디세이(Odyssey)에 나오는 이타카(Ithaca) 왕인 오디세우스의 친구였다. 왕이 트로이(Troy) 전쟁에 나갈 때 아들 텔레마커스(Telemachus)를 멘토에게 맡겨 지도를 부탁하였고, 20년 후 왕이 전쟁에서 돌아왔을 때 텔레마커스는 왕의 자질을 갖춘 지혜롭고 현명한 사람으로 성장해 있었다. 이후 멘토는 지혜 있는 노인이나 혹은 사람들을 인도하는 목자를 나타내는 말로 사용되었다.

멘토(mentor)	• '스승'이나 '교수'라는 포괄적인 뜻 • 경험과 지식을 전수하는 사람 • 멘토는 조직 내에서 경험이 많은 사람으로 멘티에게 경력 계획과 대인 관계 개발을 위한 후원, 지시, 피드백을 제공하여 그들의 경력 계획에 영향을 미치는 사람
멘티(mentee)	• 멘토로부터 상담을 받는 사람 • 멘토의 지도와 도움을 받는 피교육자
멘토링(mentoring)	• 경험이 풍부하고 유능한 사람이 조직 생활을 시작하는 사람에게 조직의 공식적이거나 비공식적으로 규범에 적응하도록 도와주고 조직의 업무와 관련된 문제를 해결할 수 있도록 도와주는 특별하고 강한 인간관계 • 멘티에게 여러 가지 도움을 주기 위해 감정적 책임 관계에 의해 지속력 있게 결속된 멘토와 멘티 간의 상호 관계 • 일대일 멘토링 외에도 다대다 멘토링 등의 유형 존재

2 멘토링의 유형별 실행 방법

(1) 경력 개발을 위한 멘토링 ★★★

① 경력 개발 기능이 강조되는 경우는 공식적인 멘토링 프로그램이고, 인적 자원 계발 수단으로 실시

② 멘티가 자신의 역할을 적절하고 훌륭하게 수행하는 데 필요한 요령을 습득하게 해 주고, 조직 내에서의 승진 또는 경력 발전을 위해 미리 준비하도록 도와주는 기능

③ 멘토는 멘티에게 업무와 관련된 지식이나 노하우를 제공해 주고 경력 발전을 위해 필요한 훈련을 쌓을 수 있도록 도와주는 것

후원하기 (sponsorship)	• 멘티가 조직 내에서 바람직한 역할을 수행하고 승진을 할 수 있도록 멘토가 여러 가지 직무 기회를 제공해 주거나 승진 의사 결정자에게 영향력을 행사하는 것이다. • 멘티의 업무 성과가 우수하다면 그를 후원한 멘토의 판단력과 지원이 올바르다고 인정됨으로써 멘토에 대한 조직에서의 신뢰도가 높아지게 되므로 멘토에게도 이익이 된다. • 멘티를 후원함으로써 멘토 스스로 만족감과 자부심을 갖게 된다.
노출 및 소개하기 (exposure and visibility)	• 조직 내에서 멘티에게 영향력을 행사할 수 있는 사람과 문서상 또는 직접적인 접촉을 할 수 있도록 기회를 제공해 주는 것이다. • 멘티는 본인이 진입하고자 하는 조직 및 더 높은 수준의 조직 운영에 대한 학습 기회를 갖게 된다.
지도하기 (coaching)	• 멘티가 부여된 업무를 성공적으로 수행하고 다른 사람들로부터 인정을 받으면서 경력 목표를 달성하는 데 필요한 지식 및 기술을 전해 주는 기능 • 조직에서 요구하는 역할, 행동, 규범, 비공식적인 업무 수행 기술 등을 전해주고 멘티의 스타일에 대한 피드백을 제시하는 기능
보호하기 (protection)	• 멘티와 다른 관리자들과의 접촉 시기가 적절하지 않거나 부정적인 영향을 받을 가능성이 있는 경우 그로부터 보호하는 기능 • 멘티가 스스로 조직 생활에 적응해 나갈 수 있을 때까지 멘티의 노출 및 소개를 유보시키고 멘티의 평판을 위협하는 불필요한 위험을 줄여 주는 기능
도전적인 업무 부여 (challenging assignment)	• 업무와 관련된 지식이나 기술 전수, 성과에 대한 피드백을 제공함으로써 멘티의 능력을 향상시키고 성취감을 맛볼 수 있도록 도와주는 기능 • 다른 경력 개발 기능이 업무와 승진에 대한 가능성을 열어 주는 기능이라면 도전적 업무 부여 기능은 직접적인 업무 처리를 위한 능력을 신장시켜 준다는 점에서 차이가 있다.

(2) 심리사회적 안정을 위한 멘토링 ★★★

① 심리사회적 기능은 멘티가 조직 생활을 하는 데 심리적 안정감을 갖게 하고 개인적인 고민 상담을 해 주며 호의적인 관계를 형성하고 자신의 자아에 대한 명확성을 확립하도록 도와주는 기능

② 심리사회적 기능은 관계의 기반이 되는 상호 관계의 질과 감정적인 밀접함 등에 따라 차이 발생

③ 멘토와 멘티의 관계에서 존재하는 신뢰의 정도에 따라 기능의 차이 발생

④ 심리사회적 기능에 영향을 주는 요인에는 상호 간의 유대, 유사성, 친밀감, 멘토에 대한 존경 및 만족, 멘토의 상담 기술 등이 포함

수용 및 확인하기 (acceptance & confirmation)	• 멘티의 업무 수행 중 실수를 용서하고 해결 방안을 제시, 자아 의식을 높여 주는 기능 • 멘토가 멘티를 하나의 인격체로 대해 존중하고 인정해 주는 기능
상담하기 (counseling)	• 멘티의 고민이나 갈등에 대해서 멘토의 경험을 바탕으로 해결 방안을 제시해 주는 기능 • 멘티의 고민을 진정으로 들어 주고 서로의 생각과 관심을 교환함으로써 심리적인 안정과 만족감을 찾아가도록 도와주는 기능
우정 형성하기 (friendship)	• 멘토와 멘티가 조직을 떠난 사적인 비공식적 관계를 통하여 서로를 이해하고 호의적인 관계를 유지하는 기능 • 멘토와 멘티가 서로를 이해하며 업무 및 이외의 관심 사항에 대해 비공식적인 관계를 맺는 것 • 업무로 받은 스트레스를 해소하고 이를 통하여 과업 수행 능력을 향상
역할 모형(Role Model) 제시하기	• 멘티가 조직 내에서 업무를 수행하거나 역할을 이행할 때 역할 전수자로서 적절한 행동 방식과 태도, 가치관을 전해 주고, 멘티는 이러한 멘토를 바람직한 역할 모형이나 준거의 틀로 설정하여 닮아 가는 것 • 조직 내 멘티의 역할 수행에 있어서 효율성을 고취시켜 주는 기능 • 멘토에 대한 관찰을 통해 특정한 행동 양식과 바람직한 가치관, 태도 등을 습득함으로써 조직에 빨리 적응할 수 있도록 도와주는 기능

3 멘토링의 효과 ★★★

멘토 차원에서 얻게 되는 멘토링 효과	• 새로운 지식과 기술 확보 가능 • 다양한 인간관계 형성 • 리더십 역량 강화 및 경력 향상 • 회사로부터 인정과 보상 • 정보를 재확인하거나 점검할 수 있는 기회
멘티 차원에서 얻게 되는 멘토링 효과	• 담당 분야에 대한 전문 지식 및 노하우 습득 • 회사 생활에 대한 자신감 • 경력 개발과 경력에 대한 열망 • 폭넓은 대인 관계 형성 • 멘토와의 관계로 인한 안정감
조직 차원에서 얻게 되는 멘토링 효과	• 회사의 비전, 가치관, 조직 문화의 강화 및 유지 • 성장 가능성이 높은 핵심 인재의 육성 및 유지 • 구성원들의 학습 촉진, 지식 이전을 통한 경쟁력 강화 • 신입 사원의 회사 및 업무에 대한 신속한 적응 유도 • 개인과 조직 목표의 통합 • 이직 감소, 생산성 향상 • 조직의 의사소통 향상

✎ 알아두기

리더십 유형

거래적 리더십	하위자에게 각자의 책임과 기대하는 바를 명확하게 제시하며, 각자의 행동에 어떤 대가가 돌아갈 것인지 합의하며 행동하는 리더십
변혁적 리더십	• 강한 카리스마를 가지고, 구성원들이 문제를 인식하고 해결책을 만들어 낼 수 있도록 지적 자극을 주며, 일을 잘 수행할 수 있도록 개인별 배려를 하는 리더십 • 구성원들에게 높은 기대를 가지고 의사소통하여 폭넓게 동기 부여를 하는 리더십
서번트 리더십	타인을 위한 봉사에 초점을 두고, 종업원과 고객의 커뮤니티를 우선으로 그들의 욕구를 만족시키기 위해 헌신하는 리더십
자유 방임형 리더십	• 지도자가 스스로 결정하지 않고 권력을 거의 행사하지 않으며, 오히려 구성원들의 재량을 최대한도로 허용하는 리더십 • 구성원의 능력이 고루 우수하고 업무의 내용이 고도로 전문적인 성격을 가지는 경우 효과적
권위형 리더십	• 지도자가 조직의 의사나 정책을 혼자서 결정하고 부하들로 하여금 이에 따르게만 하는 리더십 • 전쟁이나 경제 공황과 같은 일대 위기에 직면하게 된 상황이거나 아직 권위적 생활 양식이 지배하고 있는 전통 사회에는 권위형 리더십이 효율적
민주형 리더십	• 의사 결정과 업무 수행 과정에서 부하의 참여를 권장하는 리더십 • 개인주의 및 민주주의적 문화가 지배하는 사회에서 구성원의 창의를 살리고 근무 의욕을 높일 수 있는 장점

핵심 키워드 정리

성인 학습	교육 대상을 분류 기준으로 한 용어로써 성인을 대상으로 하는 모든 형태의 교육 활동을 총칭하는 말
앤드라고지	그리스어의 '성인(andros)'이라는 말과 '이끄는, 지도하는(agogus)'이라는 말의 합성어로, 좁은 의미로는 성인을 돕는 기술 과학이라는 뜻이며, 넓은 의미로는 성인 학습의 정책, 제도 및 실시 과정 전체를 체계적으로 연구하는 학문을 의미
관점 전환 학습	경험에 대한 비판적 사고, 반성, 반추 등을 통해 학습자가 관점이나 의식을 재형성하는 것을 주목하는 학습 이론
개조주의 학습	관점 전환 학습의 의미를 포괄하는 광의의 개념으로써, 비판적 사고를 통해 이루어진 개인의 삶과 행동의 변화가 사회적 차원의 전환으로 이어지는 것을 주목하는 이론
경험 학습 이론	• 학습자의 과거 경험이 학습 방법에 방대한 영향을 미치는 것에 주목하는 학습 이론 • 경험 학습론에서는 경험적 특성이 학습자로 하여금 학습 과정에 적극적으로 참여하고, 학습 경험을 활용하여 자기개발을 위한 반성을 촉진하는 요인으로 인식
자기주도학습	학습 환경이나 과정, 결과에 있어 학습자 자신이 주체가 되어 움직인다는 이론
조직학습	조직이 가진 문제를 해결해 나가는 과정으로, 조직의 전반적인 문제에 대해 구성원의 통찰력이 증대되어 이를 성공적으로 재구성할 수 있는 능력이 향상됨으로써 조직 구조 및 조직 성과에 변화가 추구되는 과정
학습조직	조직 전체의 차원에서 지식이 창출되고 이에 기초하여 환경 적응력과 경쟁력을 증대시켜 가는 조직 자체를 의미
교육훈련	조직이 그 목표를 보다 효율적으로 달성하기 위하여 조직 구성원으로 하여금 직무 수행에 필요한 지식과 기술을 연마케 하는 한편 가치관·태도 등의 바람직한 방향으로의 변화를 촉진케 하는 활동
OJT	업무 현장에서 동료 선배가 피교육자에게 과업 수행 방법을 보여 주고 피교육자에게 실행 연습의 기회를 제공하며, 그 결과에 대해 피드백하는 훈련 기법
롤플레잉 교육	특정한 역할을 수행하는 놀이를 통해 고객 및 서비스직원의 성격이나 상황 등을 형성한 후 교환하여 실연해 봄으로써 상대방의 성격을 이해하고, 객관적으로 자신을 통찰하면서 문제를 해결하며 배우는 것을 의미
브레인스토밍	다수의 피교육자가 집단 회의를 열고 자유로운 분위기에서 아이디어를 창출함으로써 질보다 양에 치중한 아이디어를 개발하게 하는 방법
인턴 사원제	정식 입사 전 잠정적인 수습 기간 동안 조직의 가치와 개인의 가치가 적합한 인재를 정식 사원으로 선발하는 제도
모험 학습	일종의 극기 훈련 방식으로, 자기 인식, 문제 해결, 갈등 관리, 위기 관리와 같은 집단 유효성과 관련된 능력을 개발하는 데 목적이 있는 방법

코칭	개인의 잠재 능력을 최대한 개발하고 뛰어난 결과를 성취할 수 있도록 하는 협력적인 관계로, 관리자나 상사가 성과 관련 문제를 해결하거나 직원의 능력을 개발하기 위한 상호 과정
SMART 기법	목표 설정 기법으로 잘 조직된 목표는 구체적이고(Specific), 측정 가능하며(Measurable), 도전적이고(Achievable), 현실적이며(Realistic), 달성 기한이 있어야(Time Bound) 한다는 것을 말함.
GROW 모델	성공적 코칭을 위한 4단계 질문 프로세스를 제시한 모델로, GROW는 Goal(목표 설정), Reality(현실 점검), Option(대안 탐구), Will(실행 의지)
동료 코칭	• 코칭 방법의 하나로, 서로 지원/경쟁 두 가지 모두를 해 주는 관계 • 동료와 함께 새로운 것을 시도하면서 성장할 수 있고 비슷한 압력과 도전 과제, 유사한 관계를 경험하기 때문에 동료들을 잘 이해할 수 있는 위치에 있다는 장점이 있음.
내부 마케팅	서비스 마케팅의 한 부분으로, 기업과 직원 간에 이루어지는 마케팅
감정 노동	조직이 요구하는 감정을 표현함에 있어서 기울이게 되는 노력, 계획 및 통제 정도
감정적 부조화	감정 표현 규범과 종사자 자신의 실제 감정 간의 차이로 인하여 나타나는 심리적인 상태
감정 노동의 구성 요인	감정 표현의 빈도, 요구되는 감정 표현 규범의 강도, 요구되는 감정 표현 규범의 다양성, 감정적 부조화
유스트레스	직원들의 효과적인 성과 달성과 조직의 정상적 기능에 영향을 주는 긍정적이고 건설적인 스트레스
디스트레스	다양한 질병, 높은 결근율과 같은 개인적, 조직적 역기능적 결과를 낳는 부정적이고 파괴적인 스트레스
직무 스트레스	업무상 요구 사항이 근로자의 능력이나 자원, 바람과 일치하지 않을 때 발생하는 스트레스
2요인 이론	인간의 동기를 자극하는 요인에는 만족도를 증대시켜 성과와 연결하는 요인과 불만족을 감소하는 데 주로 관여하는 요인이 있다는 주장
ERG 이론	• 매슬로우의 욕구 단계설이 직면한 문제점들을 극복하고자 실증적인 연구에 기반을 두어 제시한 수정 이론 • 인간 행동의 동기가 되는 욕구를 존재(Existence), 관계(Relatedness), 성장(Growth)으로 구분
X 이론	더글러스 맥그리거가 제시한 동기 부여 관련 이론으로, 인간은 선천적으로 일을 싫어하고, 가능한 한 일을 하지 않고 지내려고 하며 기업 내의 목표 달성을 위해서는 통제·명령·상벌이 필요하다는 이론
Y 이론	더글러스 맥그리거가 제시한 동기 부여 관련 이론으로, 오락이나 휴식과 마찬가지로 일에 심신을 바치는 것은 인간의 본성이고, 상벌만이 기업 목표 달성의 수단은 아니며, 조건에 따라서 인간은 스스로 목표를 향해 전력을 기울이려고 한다는 이론

B Part 05

강화 이론	목표 설정 이론은 개인의 목표가 자신의 행동을 지배한다고 제안하지만, 강화 이론은 자신의 행동에 따르는 결과들에 의해 주어진 일에 노력과 행동을 한다고 주장
공정성 이론	개인들은 자신의 작업 투입량과 생산량을 다른 동료와 비교하여 불공정한 요소들을 제거하려고 한다는 관점의 이론
기대 이론	노력이 높은 성과 평가를 이끈다고 믿을 때, 좋은 성과 평가가 보상을 이끌어 내고, 이러한 보상이 개인의 목표를 만족시켜 준다는 이론
동기 부여	개인 및 조직의 목적을 달성하기 위해 자신과 타인을 움직이는 과정이고, 사람들의 행동을 일으키고 유지하는 영향력
동기 요인	2요인 이론에서 만족도에 관여하는 요인으로 충분한 경우 만족도를 향상하는 역할
목표 관리	목표 특수성, 참여적 의사 결정, 명시적 기간, 성과 피드백으로 이루어지는 것으로 개인 목표와 조직 목표의 통합을 지향하는 경영관리기법
목표 설정 이론	목표는 개인에게 의도된 행동과 동기의 기초가 되고, 구체적이고 어려운 목표가 높은 성과를 유발한다는 이론
위생 요인	2요인 이론에서 불만족에 주로 관여하는 요인으로 부족한 경우 불만족을 심화하는 역할
임파워먼트	권력이 많은 상위 경영자가 적은 하위 종사자에게 권한을 주는 것으로, 직원들에게 업무 수행의 자주성을 부여하는 것
멘토링	조직의 초년생을 위해 경험자가 규범 적응과 업무 관련 문제 및 업무 외적인 문제의 해결을 도와주는 특별하고 강한 인간관계
멘티	멘토로부터 도움과 상담, 지도를 받는 피교육자
멘토	경험과 지식을 전수하는 사람으로, 조직 내에서 경험이 많은 사람으로 멘티에게 경력 계획과 대인 관계 개발을 위한 후원, 지시, 피드백을 제공하여 그들의 경력 계획에 영향을 미치는 사람
거래적 리더십	하위자에게 각자의 책임과 기대하는 바를 명확하게 제시하며, 각자의 행동에 어떤 대가가 돌아갈 것인지 합의하며 행동하는 리더십
변혁적 리더십	조직 구성원들로 하여금 리더에 대한 신뢰를 갖게 하는 카리스마는 물론, 조직 변화의 필요성을 감지하고 그러한 변화를 이끌어 낼 수 있는 새로운 비전을 제시할 수 있는 능력이 요구되는 리더십
서번트 리더십	타인을 위한 봉사에 초점을 두고, 종업원과 고객의 커뮤니티를 우선으로 그들의 욕구를 만족시키기 위해 헌신하는 리더십

자유방임형 리더십	• 지도자가 스스로 결정하지 않고 권력을 거의 행사하지 않으며, 오히려 구성원들의 재량을 최대한도로 허용하는 리더십 • 구성원의 능력이 고루 우수하고 업무의 내용이 고도로 전문적인 성격을 가지는 경우 효과적
권위형 리더십	• 지도자가 조직의 의사나 정책을 혼자서 결정하고 부하들로 하여금 이에 따르게만 하는 리더십 • 전쟁이나 경제 공황과 같은 일대 위기에 직면하게 된 상황이거나 아직 권위적 생활 양식이 지배하고 있는 전통 사회에는 권위형 리더십이 효율적
민주형 리더십	• 의사 결정과 업무 수행 과정에서 부하의 참여를 권장하는 리더십 • 개인주의 및 민주주의적 문화가 지배하는 사회에서 구성원의 창의를 살리고 근무 의욕을 높일 수 있는 장점

정답 및 해설 p.314

일반형

01 다음 중 관리자 교육훈련에 대한 설명으로 적절한 것은?

① 광범위한 경영 문제와 관련한 교육훈련
② 직업 생활상의 공통적 일반 지식에 관한 교육훈련
③ 조직에 존재하는 규칙 및 규범에 관한 교육훈련
④ 상위 관리자로부터 지시받은 직무의 성공적인 수행을 위한 교육훈련
⑤ 직장 생활을 통한 장래의 발전 가능성에 대한 희망 부여를 위한 교육훈련

02 다음 중 성인 학습자의 특징 중 심리적 특성에 해당되는 것은?

① 조명을 밝고 일정하게 유지해야 한다.
② 다양한 사회문화적 책임이 부여된다.
③ 책임 이행의 동일선상에서 성인 교육을 요구한다.
④ 충분한 학습 시간을 제공해야 한다.
⑤ 큰 소리로 천천히 발음해야 한다.

03 다음 중 성인을 교육하는 교육자로서 갖추어야 할 특성이 아닌 것은?

① 전문성 : 지식과 준비의 힘
② 명확성 : 내용과 언어 조직의 힘
③ 감정이입 : 이해와 동정의 힘
④ 열정 : 헌신과 감정 표현의 힘
⑤ 문화적 획일성 : 일관된 문화와 분위기 유지

04 다음 중 코치에 대한 설명으로 옳은 것은?

① 선수 뒤에서 부모의 심정으로 바라보는 사람이다.

② 최대의 성과를 내기 위해 감독자의 시선으로 관리 감독하는 사람이다.

③ 특정 분야에 사전 지식이 없는 사람에게 전문 기술을 전수하는 사람이다.

④ 다른 사람을 안내하여 역량을 증대시키고, 더 깊이 헌신하게 하며, 자신감을 키우도록 훈련받고 헌신한 사람이다.

⑤ 다른 사람을 안내하여 역량을 증대시키고, 자신의 이름을 높이며 결국에는 자신이 주인공이 되는 사람이다.

05 다음 중 내부 마케팅의 역할에 대한 설명으로 옳지 않은 것은?

① 직원이 시장 지향적 태도를 지닐 수 있도록 지원한다.

② 조직 내의 인적 자원을 대상으로 통합적인 마케팅 활동을 수행한다.

③ 내부 직원의 만족에 앞서 최종 소비자인 외부 고객을 만족시킬 수 있는 사고를 키운다.

④ 직원들이 조직의 성공을 위해 창조력과 열의를 갖고 일할 수 있도록 지원한다.

⑤ 고객에게 최상의 서비스를 제공하도록 서비스 역량을 개발하고자 하는 동기를 부여한다.

06 다음 중 감정 노동에 대한 설명으로 적절하지 않은 것은?

① 직무 차원에서 적절한 감정 표현을 준수하면 기업의 성과를 향상시킨다.

② 직무가 타인에게 도움을 주는 분야의 종사자를 감정 노동자로 볼 수 있다.

③ 개인의 경험적인 감정을 조직의 표현 규범에 맞게 조절하려는 개인적 노력이다.

④ 감정 표현 규범의 강도보다 감정 표현의 빈도가 높을수록 더 강한 감정 노동을 경험한다.

⑤ 실제 감정 표현과 조직의 감정 표현 규범에 의해 요구되는 감정 표현의 차이로 인하여 발생한다.

07 다음 중 직무 스트레스의 조직적 차원의 관리에 대한 설명으로 적절한 것은?

① 사회적 지원 네트워크를 확보한다.

② 경쟁적이지 않은 신체적 운동을 한다.

③ 중요성과 긴급성에 의해 행동의 우선순위를 계획한다.

④ 구체적이면서 도전적인 목표를 설정하고, 적극적인 피드백을 제공한다.

⑤ 긴장 완화와 평화로운 정신 상태의 유지에 도움을 줄 수 있는 명상을 한다.

08 다음 중 매슬로우의 욕구 단계 이론에 대한 설명으로 적절한 것은?

① 1단계 – 안전 욕구(Safety or Security Needs)
② 2단계 – 생리적 욕구(Physiological Needs)
③ 3단계 – 자아실현 욕구(Self–actualization Needs)
④ 4단계 – 존경 욕구(Esteem Needs)
⑤ 5단계 – 사회적 욕구(Social Needs)

09 다음 중 경력 개발을 위한 멘토링 실천 방법으로 적절한 것은?

① 경력 목표를 달성하는 데 필요한 지식 및 기술을 전해준다.
② 멘토가 멘티를 하나의 인격체로 대해 존중해 주고 인정해 준다.
③ 적절한 행동 방식과 태도, 가치관을 전해 주어 바람직한 역할모형을 제시한다.
④ 사적인 비공식적 관계를 통하여 서로를 이해하고 호의적인 관계를 유지한다.
⑤ 멘티의 고민이나 갈등에 대해 멘토의 경험을 바탕으로 해결 방안을 제시해 준다.

10 다음 중 코칭 스킬에 해당되지 않는 것은?

① 경청 스킬
② 직관 스킬
③ 자기 관리 스킬
④ 질문 스킬
⑤ 그룹 스킬

11 다음 중 코치의 기본자세로 적절하지 않은 것은?

① 경청, 피드백과 질문을 통해 최선안을 탐색한다.
② 열린 마음, 따뜻한 자비심, 겸허한 자세가 필요하다.
③ 상대방과 개방적이고 신뢰적인 인간관계를 맺어야 한다.
④ 코치는 객관적 데이터를 기반으로 코칭을 실행한다.
⑤ 인간관계보다 업무 성과를 우선시 생각한다.

12 다음 중 신입 사원 교육훈련에 대한 설명으로 맞는 것은?

① 상위 관리자로부터 지시받은 직무의 성공적인 수행을 위한 교육훈련
② 직장 생활을 통한 장래의 발전 가능성에 대한 희망 부여를 위한 교육훈련
③ 작업 지도, 작업 방법 개선 등 기술적 능력에 대한 교육훈련
④ 직장의 다양한 인간관계에 대해 교육훈련
⑤ 광범위한 경영 문제와 관련한 교육훈련

13 다음 중 서비스 마케팅에서 내부 마케팅의 성공 전략으로 옳지 않은 것은?

① 직원의 역할과 중요성을 인식한다.
② 직원 만족도의 수준을 측정해야 한다.
③ 통합적으로 인적 자원을 관리한다.
④ 외부 마케팅 이후에 순차적으로 수행해야 한다.
⑤ 경영층의 지원이 필요하다.

14 다음의 멘토링의 효과 중 멘티가 얻는 멘토링 효과로 가장 적절한 것은?

① 회사로부터 인정과 보상
② 담당 분야에 대한 전문 지식 및 노하우 습득
③ 정보를 재확인하거나 점검할 수 있는 기회
④ 조직의 의사소통 향상
⑤ 회사의 비전, 가치관, 조직 문화의 강화 및 유지

15 다음 중 내부 마케팅의 특징으로 옳지 않은 것은?

① 기업과 직원 간에 이루어지는 마케팅
② 직원이 시장 지향적 태도를 지니게 하기 위한 경영 철학
③ 서비스품질관리를 위해 직원을 교육훈련하고 동기를 부여하는 활동
④ 외부 마케팅보다 우선적으로 시행
⑤ 내부 마케팅의 최종 목표는 내부 고객을 만족시키는 것

16 다음 중 성인 학습의 개념에 대한 설명으로 옳지 않은 것은?

① 성인 학습은 개인의 자발적 변화와 학습 노력이 강조된다.
② 성인 학습은 정해진 교수 방법에 맞추어서 진행해야 좋은 결과를 얻을 수 있다.
③ 성인 학습자를 학습 활동으로 유도할 수 있는 분위기와 환경이 제공되어야 한다.
④ 참여자의 문제들을 해결할 수 있는 여러 방안이나 기술들을 제공해야 한다.
⑤ 성인 학습은 학습자의 입장에서 학습을 고려하고 준비해야 한다.

17 다음 중 기업 측면에서의 교육훈련의 목적으로 적절한 것은?

① 기술 변화에 대한 적응 능력 증대
② 인간관계 및 커뮤니케이션 활성화
③ 경력 개발을 통한 승진과 자기개발 기회의 증가
④ 자질 향상을 통한 인력 배치의 유연성 제고
⑤ 직무 만족 및 조직 몰입도의 증가

18 다음 중 직장 내 교육훈련의 장점에 대한 설명으로 옳지 않은 것은?

① 직무 수행과 동시에 실시되므로 교육 내용이 현실적이다.
② 교육훈련과 업무가 직결된다.
③ 많은 직원들에게 동시에 통일적인 교육훈련이 가능하다.
④ 상사나 동료 간의 이해와 협동 정신을 강화할 수 있다.
⑤ 구성원의 능력과 그에 상응한 훈련이 가능하다.

19 다음 중 코칭의 철학에 대한 설명으로 적절하지 않은 것은?

① 코칭은 개인이 삶의 의미를 느낄 수 있도록 격려하고 촉진시켜 주어야 한다.
② 사람들은 관계를 통해 성장한다.
③ 인간은 다른 사람의 이익보다는 자기만의 이익을 쫓아 행동한다.
④ 인간은 자신만의 시각을 통해 세상과 사람을 인식한다.
⑤ 코치는 개인의 성장을 지원하기 위해 무조건적인 사랑을 지녀야 한다.

20 다음 중 피코치의 행동의 변화를 지원할 수 있는 코치의 코칭 스킬로 적절하지 않은 것은?

① 코치는 항상 피코치에게 도움을 줄 수 있는 곳에 있어야 한다.
② 점검해야 할 사항을 명확하게 한다.
③ 피코치가 가장 필요로 하는 지원이 무엇인지를 확인한다.
④ 직접 피코치를 지도할 수도 있고, 구체적인 역할 모델이 되어 줄 수도 있다.
⑤ 코치의 분야가 아닌 문제에 대한 지원은 코칭의 범위에서 제외한다.

21 다음 중 직원들이 스스로 업무 방식을 선택하여 고객 서비스를 할 수 있도록 권한을 위임하는 현상을 설명하는 개념은 무엇인가?

① 조직 시민 행동 ② 권한 수용설
③ 임파워먼트 ④ 제한된 합리성
⑤ 권한 행사설

22 모든 서비스직 근로자들은 정서적 노동을 하기 마련이다. 다음 중 감정 노동자(emotional labor)들에게 요구되는 전시적 감정(displayed emotion)을 설명한 것으로 옳은 것은?

① 근로자 스스로 고객 서비스를 위해 필요하다고 느끼는 감정 상태
② 감정적인 업무 처리나 감정이 개입된 인간관계에서 드러나는 감정 상태
③ 근로자의 감정 상태와 상관없이 고객이 지각하는 감정 상태
④ 제품과 서비스에 대하여 몰라도 안다고 이야기해야 하는 감정 상태
⑤ 기업이 근로자에게 요구하는 감정 상태

23 매슬로우(Maslow)는 직원들이 가지고 있는 5단계의 욕구를 충족함으로써 동기부여할 수 있다고 생각하였다. 다음 중 매슬로우가 제시한 단계별 욕구가 바르게 연결된 것은?

① 1단계 : 생리적 욕구 − 2단계 : 안전 욕구 − 3단계 : 사회적 욕구 − 4단계 : 존경 욕구 − 5단계 : 자아실현의 욕구
② 1단계 : 생리적 욕구 − 2단계 : 안전 욕구 − 3단계 : 존경 욕구 − 4단계 : 사회적 욕구 − 5단계 : 자아실현의 욕구
③ 1단계 : 생리적 욕구 − 2단계 : 사회적 욕구 − 3단계 : 안전 욕구 − 4단계 : 존경 욕구 − 5단계 : 자아실현의 욕구
④ 1단계 : 안전 욕구 − 2단계 : 생리적 욕구 − 3단계 : 사회적 욕구 − 4단계 : 존경 욕구 − 5단계 : 자아실현의 욕구
⑤ 1단계 : 안전 욕구 − 2단계 : 생리적 욕구 − 3단계 : 존경 욕구 − 4단계 : 사회적 욕구 − 5단계 : 자아실현의 욕구

24 기업에서 성취 욕구가 높고 낮음에 따라서 동기 부여 방법은 달라져야 한다. 다음 중 일반적으로 성취 욕구가 강한 사람의 특징으로 가장 적절하지 않은 것은?

① 성과에 대하여 즉각적인 피드백과 코칭을 원한다.
② 문제 해결에 대한 책임을 회피하지 않는다.
③ 스스로 달성할 목표를 설정하고 다른 사람과 함께 과업을 하는 것을 좋아한다.
④ 적당히 어려우면서 노력하면 충분히 달성할 수 있는 목표를 선호한다.
⑤ 정형적이고 반복적인 일보다는 비정형적이고 자율적인 일을 선호한다.

25 다음 중 멘토의 역할과 가장 거리가 먼 것은?

① 멘티의 존재를 조직 구성원에게 알린다.
② 멘티의 개인적이고 사적인 고충을 상담한다.
③ 멘티가 회사에 적응하는 동안 직무 성과에 대한 책임을 진다.
④ 멘티에 대한 역할 모형(역할 모델)을 제시한다.
⑤ 멘티에 대하여 경력 상담을 한다.

O / X형

[26~30] 다음 문항을 읽고 옳고(O), 그름(X)을 선택하시오.

26 다수의 피교육자가 집단 회의를 열고 자유로운 분위기에서 아이디어를 창출함으로써 질보다 양에 치중한 아이디어를 개발하게 하는 방법은 사례 연구법이다. (① O ② ×)

27 목표 관리(MBO)는 목표가 개인에게 의도된 행동과 동기의 기초가 되고, 구체적이고 어려운 목표가 높은 성과를 유발한다는 이론이다. (① O ② ×)

28 개인 임파워먼트는 구성원들이 자기 효능감을 가질 수 있도록 함으로써 무력감을 해소시키고, 직무 수행에 필요한 역량을 증진시키는 과정이다. (① O ② ×)

29 감정 노동은 외적으로 관찰 가능한 표정이나 몸짓을 만들기 위한 느낌의 관리로 조직이 요구하는 감정을 표현하는 데 기울이는 노력이다. (① O ② ×)

30 직장 내 훈련(OJT)은 많은 직원들에게 동시에 통일적인 교육 실시가 가능하다.
(① O ② ×)

연결형

[31~35] 다음 보기 중에서 각각의 설명에 알맞은 것을 골라 넣으시오.

① 2요인 이론   ② X 이론
③ 욕구 단계 이론   ④ ERG 이론
⑤ Y 이론

31 인간 행동의 동기가 되는 욕구를 존재(Existence), 관계(Relatedness) 그리고 성장(Growth)으로 구분하는 이론   (   )

32 인간은 일을 싫어하고 게으르며, 책임을 회피하려고 하기 때문에 항상 실천을 강요해야 한다는 이론   (   )

33 인간은 생리적 욕구, 안전 욕구, 사회적 욕구, 존경 욕구, 자아실현 욕구를 가지고 있다고 가정하는 이론   (   )

34 인간은 일을 좋아하며 창의적이고, 책임을 질 줄 알고 자기에게 주어진 목표를 달성할 줄 안다고 보는 이론   (   )

35 인간의 동기를 자극하는 요인에는 만족도를 증대시켜 성과와 연결하는 요인과 불만족을 감소시키는 데 관여하는 요인이 있다는 이론   (   )

36 다음 예시는 기업의 성공 사례이다. 내부 마케팅의 관점에서 사례를 분석한 것으로 적절하지 않은 것은?

> HCL 테크놀로지(HCLT)는 인도에서 초고속 성장을 하고 있는 세계적 정보 기술 서비스 회사이다. 그러나 2005년 비니트 나야르가 CEO로 부임할 당시 HCLT의 성장률은 지속적으로 둔화되고, 시장 점유율 또한 하락하고 있었다.
>
> 비니트 나야르는 몇몇 핵심 고객으로부터 HCLT에 대한 불만을 면밀히 청취하기 시작했고, 어느 실패한 프로젝트 고객사는 "비니트, 당신의 젊은 직원들은 할 수 있는 데까지 했다. 문제는 그들을 제대로 지원해 주지 못한 조직에 있다. HCLT가 제대로 지원했다면 분명히 당신의 직원들은 목표를 달성할 수 있었을 것이다."라는 얘기를 했다.
>
> 비니트 나야르는 조직 내 가장 중요하고 주목해야 할 집단은 고객과의 최접점에서 실제 업무를 담당하는 직원들이라는 것을 깨달았다. HCLT 경영진은 젊은 실무진에게 실제 업무와 무관한 프레젠테이션과 보고서를 무리하게 요구하고 실제로 필요로 하는 지원에는 관심을 덜 기울이는 등 오히려 업무를 방해해 실무진의 전반적 사기가 저하되고 있었다.
>
> 비니트 나야르는 즉시 조직의 핵심 가치 창출 집단을 젊은 실무진으로 규정하고 "직원이 우선, 고객은 다음, 경영진은 맨 마지막"이라는 유명한 캠페인을 실행했다. 그는 젊은 직원들에게 가슴 뛰는 비전을 제시하고 경영진이 직접 최전선 실무진을 지원하도록 했다. 젊은 세대의 특징을 파악해 경영 전략에 도입, CEO 부임 5년 만에 연 매출 7억 달러의 회사를 연 매출 25억 달러 회사로 바꾸어 놓았다.
>
> − 매일경제 Luxmen 제13호(2011년 10월) 기사

① 직원들의 중요성을 인식하고 동기를 부여하는 내부 마케팅의 목표는 직원들을 만족시키는 것이다.

② 경영층은 기업의 경쟁 우위는 서비스를 창출하고 제공하는 직원들에 의해 좌우됨을 인식해야 한다.

③ 통합적인 인적 자원 관리를 위해서는 최고 경영층, 중간 관리자, 감독자의 역할이 필수적이다.

④ 경영층은 직원에게 적절한 수준의 재량권을 부여하여 고객의 요구에 신속하게 대응할 수 있도록 지원해야 한다.

⑤ 직원들에게 희망적인 비전을 제시함으로써 주인의식과 책임감을 가지고 고객을 응대할 수 있도록 해야 한다.

37 다음은 상사와 부하의 대화이다. 서비스 코칭의 관점에서 코치로서 상사의 태도에 대한 설명으로 적절하지 않은 것은?

상사 : 김 대리. 요즘 해결하고 싶은 과제가 있나?

김 대리 : 다음 주에 있는 프레젠테이션을 잘했으면 좋겠어요.

상사 : 그래? 잘하고 싶다는 것은 어느 정도를 말하는 거야?

김 대리 : 프레젠테이션을 잘해서 계약이 성사되었으면 좋겠어요.

상사 : 그렇구나. 나도 김 대리가 계약에 성공했으면 좋겠다. 그런데 그 목표를 달성하는 데 장애가 될 만한 문제에는 어떤 것들이 있어?

김 대리 : 음, 무엇보다 제가 전달하고자 하는 핵심이 고객의 니즈에 잘 맞을지 모르겠습니다.

상사 : 그럼 그 문제를 극복해서 계약을 성사시키려면 어떻게 해야 할까?

김 대리 : 방법은 여러 가지가 있을 것 같은데, 먼저 … (생략)

① 상사는 부하 직원의 말을 경청하고 질문을 통해 최선안을 탐색하고 있다.
② 상사는 부하 직원의 생각과 상황을 이해하고 개방적인 분위기를 유도하려고 한다.
③ 상사는 성공적인 코칭을 위해 가장 먼저 목표를 설정하고자 하였다.
④ 상사는 부하 직원의 현실을 점검하여 현재 위치를 파악할 수 있는 질문을 하였다.
⑤ 상사는 당면한 문제에 대한 해결책을 제시하려고 노력하였다.

통합형

[38~39] 매출과 수익이 꾸준히 성장하는 A기업의 대표이사인 이한국 사장은 앞으로의 기업 환경을 고려하여 다음과 같은 마케팅 전반에 대한 전략을 구상 중이다.

> 고품질의 서비스를 만들어 내기 위해 직원의 만족도나 업무 집중도가 무엇보다 중요하다.
> (가) 고객이 자사의 서비스를 접하면 타사와 확실히 뭔가가 다르다는 것과 기대 이상의 만족을 느껴야 한다.
> 그렇다면 직원들이 고객과 대면할 때 겉으로만 친절해 보이는 것으로는 부족할 것이다.
> (나) 직원들이 마음 속 회사와 고객에 대한 애정을 높이는 것이 필요하다.
> 그렇다면 일단 (다) 직원들의 회사에 대한 만족도가 어느 정도인지 객관적으로 알아야 한다. 구체적이면서도 효과적인 방법을 찾아 시행해 볼 필요가 있다.
> 또 하나의 문제로 일부 직원들은 주인의식 없이 주어진 일만 대강하려는 경향이 있다. 자율 속에서 보다 강력한 규율도 필요한 것 같다.
> 그렇다면 (라) 오히려 주인의식에 맡기기보다는 시키는 일을 잘 해내는 것이 좀 더 안전한 방법이 아닐까? 아니면 (마) 우리 직원들이 고객의 요구를 확인하고 신속하게 대응하기 위해서 직원들에게 어느 정도의 권한을 부여하는 것이 좋을까?
> 이런 문제들이 반복적으로 발생되지 않기 위해서는 체계화가 필요하다. 고품질의 서비스를 제공하기 위해서는 좋은 인재가 필수적인 요소이다. 선발에서부터 역량을 개발하고 평가, 보상에 이르는 과정들을 좀 더 면밀히 살펴보고 체계화시켜야 한다.

38 이한국 사장의 고민을 통해 내부 마케팅의 역할과 중요성을 이해해 볼 수 있다. 그에 대한 설명으로 적절하지 않은 것은?

① 기업은 성공적인 내부 마케팅을 통해 조직의 자원과 역량에 기초한 경쟁 우위를 확보할 수 있다.

② 내부 마케팅의 주요 목적은 조직의 인적 자원을 대상으로 하여 조직 구성원들이 고객 지향적인 태도를 갖게 하는 것이다.

③ 내부 마케팅에 필수적인 직원의 만족도는 계량적으로 측정하기 어려운 항목이므로 현재의 수준을 확인하기보다는 개선하기 위한 노력에 집중한다.

④ 직원이 고객 의식을 갖고 고객에게 최상의 서비스를 제공하도록 스스로의 서비스 역량을 개발하고자 하는 동기를 부여하는 것은 내부 마케팅의 중요한 역할 중 하나이다.

⑤ 고객 만족(Customer Satisfaction)은 직원 만족(Employee Satisfaction)을 통해 고품질의 서비스로 직결되어 완성될 수 있다.

39 오늘날 기업의 지속적 경쟁 우위는 유형의 재화보다 무형의 서비스 차별화를 통해 달성될 가능성이 점점 높아져 가고 있다. 이한국 사장의 메모에서 내부 마케팅 성공 전략으로 적절하지 않은 것은?

① (가) ② (나)

③ (다) ④ (라)

⑤ (마)

- 일반형
- O/X형
- 연결형
- 사례형
- 통합형

SMAT
Module B
서비스 마케팅·세일즈

FINAL
실전 동형
모의고사

Final 실껀 동형 모의고사 TEST

일반형　24문항

01 다음 중 세일즈 단계로 적절한 것은?

> (A) Approaching　　　　　　　　　(B) Prospecting
> (C) Needs 파악　　　　　　　　　　(D) Presentation
> (E) 반론 극복

① (A) ⇨ (B) ⇨ (C) ⇨ (D) ⇨ (E)　　② (B) ⇨ (C) ⇨ (A) ⇨ (D) ⇨ (E)
③ (B) ⇨ (A) ⇨ (C) ⇨ (D) ⇨ (E)　　④ (B) ⇨ (A) ⇨ (D) ⇨ (C) ⇨ (E)
⑤ (B) ⇨ (C) ⇨ (D) ⇨ (A) ⇨ (E)

02 다음에서 설명하는 고객 세일즈 마무리 기법에 해당되지 않은 것은?

> • "이 상품이 마음에 드신다면 한 번 사용해 보시는 게 어떤가요?"
> • "이 부분은 해결되셨죠? 그럼 다음 단계는 ⋯."
> • "지금까지 설명한 부분 이해되셨나요? 그럼 계약서에 서명하시죠."
> • "그럼 계약서에 성함과 연락처를 적어 주시겠습니까?"

① 2차적 마무리　　　　　　　　　② 권유형 마무리
③ 지시형 마무리　　　　　　　　　④ 승인형 마무리
⑤ 양자택일 마무리

03 빈정거리는 고객과의 상담 시 적절하지 않은 상담기법은?
① 질문법을 활용하여 고객의 의도를 이끌어 내는 것이 좋다.
② 감정 조절을 잘하여 고객의 의도에 휘말리지 않도록 주의한다.
③ 침착성을 유지하고 자신감 있는 자세로 정중하게 응대하여야 한다.
④ 정중함을 잃지 않고 의연하게 대처하여야 한다.
⑤ 대화의 초점을 주제 방향으로 유도하여 문제해결에 접근할 수 있도록 한다.

04 유명 인사나 긍정적인 자료를 제시하여 고객의 저항을 감소시키는 고객만족 화법은?

① 쿠션 화법   ② 후광 화법

③ 맞장구 화법   ④ 아론슨 화법

⑤ 레이어드 화법

05 다음 중 B2C 시장에서의 서비스 세일즈와 비교했을 때, B2B 시장의 서비스 세일즈 특징으로 적절하지 않은 것은?

① B2C 시장보다 감성적 접근이 필요하다.

② 구매자와의 관계가 장기적이고 밀접하다.

③ B2C 시장에 비해 구매 결정에 긴 시간이 필요하다.

④ 구매 결정에 다양한 이해 관계자가 참여한다.

⑤ B2C 시장 대비 한 번에 대량을 구매한다.

06 CRM 실행의 일반적 성공 요인이 아닌 것은?

① 조직 전반에 걸쳐 고객중심문화를 확립해야 한다.

② 불량고객에 대한 명확한 기준을 설정해야 한다.

③ 분류된 고객에 따라 공정한 차별대우가 필요하다.

④ 관련 사업부서 간의 협력체계를 확립해야 한다.

⑤ 성과평가에서 합리적이고 공정한 반영이 이루어져야 한다.

07 고객 가치 측정을 위한 데이터 수집 기술은 '양적' 데이터 수집과 '질적' 데이터 수집의 두 가지로 분류할 수 있다. 다음 중 '질적' 데이터 수집의 특성을 설명한 것으로 가장 적절한 것은?

① 구조적인 조사 방법이다.

② 수집된 자료의 분석이 용이하다.

③ 개요, 서술적 묘사, 요약 등으로 정리된다.

④ 정밀한 측정을 원할 경우 실시한다.

⑤ 평균, 표준편차와 같은 기술 통계치가 가장 중요하다.

08 '범용화 함정(commodity trip)'에 대한 설명으로 적합하지 않은 것은?

① 고객은 제품/서비스에 대한 차별성을 인지하지 못하게 된다.

② 제품/서비스의 비용 구조가 고객에게 잘 드러나 있다.

③ 표준 기술이 정립되고, 진입 장벽이 낮아진다.

④ 기술적 성숙도가 높아져 개발 효용성이 떨어진다.

⑤ 제품의 모듈화로 대규모 고객화(mass customization)가 불가능하다.

09 장기적이고 지속적인 거래관계가 기업에게 주는 이점으로 가장 적절한 것은?

① 서비스제공자에 대한 학습 비용 감소

② 신규고객 확보를 위한 마케팅 비용의 감소

③ 서비스 요청 단계의 간소화

④ 고객과의 친밀감 형성으로 직무만족도 증가

⑤ 고객관계에 대한 이해 증가와 고객갈등요소 감소

10 다음 중 고객관계와 관련된 설명으로 가장 적절한 것은?

① 고객관계는 경제적인 교환의 성공에 의해서만 결정될 수 있는 것이다.

② 고객관계가 시작되는 최초의 구매단계에서 어떠한 구매경험을 하느냐에 따라 고객재구매 의도에 영향을 받는다.

③ 기업은 고객과 장기적이고 대체불가능한 제공자가 되기 위해 공적 관계를 강화하려고 노력한다.

④ 서비스접점의 교환관계에서 경제적 교환관계와 사회적 교환관계는 이분화되어 적용하게 된다.

⑤ 최초구매시점의 서비스접점에서 경제적 교환관계만 긍정적이어도 고객은 긍정적인 서비스경험을 하게 된다.

11 다음 중 서비스 실패에 대한 고객의 반응으로 적절하지 않은 것은?

① 직접 불만을 제기하는 고객이 표현하지 않는 고객보다 더 많다.

② 겉으로 표현하지 않은 고객의 불만이 많으므로 표현되는 고객의 불평행동과 함께 집중해야 한다.

③ 불만족 고객 중 적극적인 해결을 요구하는 경우는 전체 불만고객 중 일부분이다.

④ 불만을 표현하지 않는 고객이 직접 불만을 제기하는 고객보다 부정적인 영향이 더 크다.

⑤ 불만을 표현하지 않는 고객은 관계를 단절시키고 그 대다수는 타인에게 부정적인 영향을 준다.

12 다음의 컴플레인 해결을 위한 기본원칙 중에서 "조직구성원의 일원으로 내가 한 행동의 결과든 다른 사람의 일 처리 결과든 책임을 같이 져야 한다"를 뜻하는 원칙은?

① 피뢰침의 원칙   ② 언어절제의 원칙

③ 감정통제의 원칙   ④ 역지사지의 원칙

⑤ 책임공감의 원칙

13 다음 중 컴플레인의 유형별 분류 및 해결 방법에 대한 설명으로 적절하지 않은 것은?

① 신중하고 꼼꼼한 유형의 경우 분명한 근거나 증거를 제시하여 스스로 확신을 갖도록 유도한다.

② 성격이 급하고 신경질적인 유형의 경우 동작뿐만 아니라, "네, 알겠습니다." 등의 언어적 표현을 함께 사용한다.

③ 깐깐한 유형의 경우 정중하고 친절히 응대하되 고객이 지적하는 잘못 중 오해하고 있는 부분에 대해서는 반론을 펼쳐 바로 잡아 준다.

④ 빈정거리며 무엇이든 반대하는 유형의 경우 대화의 초점을 주제 방향으로 유도하여 해결에 접근할 수 있도록 자존심을 존중해 주면서 응대한다.

⑤ 자기 과시 유형의 경우 우선 고객의 말을 잘 들으면서 상대의 능력에 대한 칭찬과 감탄의 말로 응수하여 상대를 인정하고 높여 주면서 친밀감을 조성한다.

14 다음 중 VOC의 유형 분류에 관한 설명으로 가장 적절하지 않은 것은?

① 내부 형성 VOC는 고객이 직접 기업으로 접수하는 VOC를 의미한다.
② 소비자 단체, 인터넷, 구전 등을 통해 형성되는 VOC는 외부 형성 VOC이다.
③ 불만형 VOC는 고객 상담 부서에 접수된 후에 제안 형태로 전환되어 반영된다.
④ 사내 직원의 VOC는 직원들이 고객의 입장에서 VOC를 제기하는 것으로 불만형 VOC가 주를 이룬다.
⑤ 고객의 VOC는 고객이 기업에 직접 의견을 제기하는 것으로 제안형 VOC와 불만형 VOC를 모두 포함한다.

15 다음 중 VOC에 대한 설명으로 옳은 것은?

① 고객 만족 서비스 교육을 위한 교육 과정 중의 하나이다.
② 콜센터에서 고객의 모든 소리를 저장해 두는 시스템을 말한다.
③ 불만 고객의 소리를 선별하여 저장해 두는 저장 시스템이다.
④ 고객의 소리를 뜻하는 것으로 고객의 불만 접수 통로이다.
⑤ 고객의 승리라는 뜻으로 고객의 권리와 이익이 우선적으로 고려되어야 한다는 소비자 보호와 관련된 것이다.

16 다음 중 VOC 관리 시스템과 관련된 설명으로 가장 적절한 것은?

① VOC 관리 시스템은 VOC 수집을 목적으로 구축된다.
② VOC 관리 시스템에서 고객(Customer)은 외부 고객을 지칭한다.
③ 고객 관계 관리(CRM) 시스템과 VOC 관리 시스템은 분리하여 운영해야 한다.
④ 상품과 고객 중 VOC 관리 시스템은 고객에 초점을 맞추어 구축된다.
⑤ 고객이 전화, 인터넷 등을 통해 의견을 제시하는 형태를 Out-bound VOC라고 한다.

17 전자채널의 장점으로 가장 적절한 것은?

① 서비스가 제공되는 지역을 확장시킴으로써 경쟁이 감소된다.
② 기존 유통채널에 비해 고객의 선택의 폭을 좁혀준다.
③ 이용하는 고객의 범위가 다양해져 일관된 서비스 전달이 가능하다.
④ 저렴하게 광범위한 지역의 고객들에게 서비스를 전달할 수 있다.
⑤ 전자 매체를 통해 유통되므로 대금결재와 고객정보의 보안이 뛰어나다.

18 기업이 중간상을 통해 서비스를 효과적으로 전달하기 위한 전략으로 옳지 않은 것은?

① 통제 전략은 기업이 경제적 파워나 보상력을 보유할 경우에 적합한 전략이다.
② 권한부여 전략은 서비스 품질과 성과의 측정을 바탕으로 보상과 처벌을 제공하는 전략이다.
③ 기업과 중간상이 동일한 목표를 가지는 것은 파트너십 전략의 성공적 활용을 위해 중요하다.
④ 권한부여 전략은 중간상을 통제할 만큼 강력한 유통경로 영향력을 가지지 못한 기업에게 적절하다.
⑤ 기업과 중간상의 능력을 공유하는 데 적합한 전략은 파트너십 전략이다.

19 수요 측면에서 바라본 유통경로의 필요성에 해당하지 않는 것은?

① 다양한 공급원으로부터 제공된 이질적 상품들을 동질적인 집단으로 구성하는 것
② 수합된 동질적인 상품들을 구매자가 원하는 소규모 단위로 나누는 것
③ 단일 공급원으로부터 제공된 상품을 순간순간 즉흥적으로 처리하는 것
④ 동질적 상품들을 구매자가 원하는 단위로 나누어 분배하는 것
⑤ 상호연관성이 있는 상품들을 다양한 공급처로부터 공급받아 일정한 구색을 갖추어 취급하는 것

20 다음 중 코치의 코칭스킬로 적절하지 않은 것은?

① 피코치 스스로 목표를 설정하기 어렵기 때문에 코치가 적절한 목표를 제시해야 한다.
② 피코치의 현재 진행과정에 대한 자료를 다양한 시각으로 수집해야 한다.
③ 피코치의 행동 실행 과정이나 결과를 확인하고 피코치 스스로 마무리하도록 이끌어야 한다.
④ 코치는 자기중심적인 시각을 버리고, 피코치에게 잘 맞는 코치인지 생각한다.
⑤ 피코치가 더 높은 성과를 올릴 수 있도록 다양한 정보나 자료를 제공해 주어야 한다.

21 다음의 멘토링의 효과 중 조직이 얻는 효과로 적절하지 않은 것은?

① 조직의 의사소통 향상
② 성장 가능성 높은 핵심 인재의 육성 및 유지
③ 조직 구성원과 조직 목표의 통합
④ 정보를 재확인하거나 점검할 수 있는 기회
⑤ 구성원들의 지식 이전을 통한 경쟁력 강화

22 다음 중 성인학습자의 사회적 특징을 고려한 내용으로 적절한 것은?

① 성인학습자는 자신감을 높여주는 촉진적인 자세가 필요하다.

② 성인학습자의 노화의 진행에 따라 적절한 학급 환경 조성이 필요하다.

③ 성인학습자를 교육할 때 친근한 사물이나 상황, 도구를 활용해야 한다.

④ 성인학습자는 경직성, 내향성 등의 경향이 있어 새로운 시도에 두려움이 있음을 고려해야 한다.

⑤ 성인학습자는 사회적 책임을 이행해야 할 의무가 있음을 고려해야 한다.

23 다음 중 kolb의 경험학습 이론모형의 4단계 '행동적 실험'의 단계를 잘 설명한 것은?

① 학습자가 실제적으로 경험하는 구체적 경험의 단계이다.

② 학습자가 다양한 관점에서 경험을 반추하고 관찰하는 단계이다.

③ 학습자가 경험을 관찰한 것을 이론으로 통합시킬 수 있도록 원리를 창출하는 단계이다.

④ 학습자가 경험한 것에 대해 논리적으로 통합하는 단계이다.

⑤ 학습자가 경험한 것에 대해 자기통제를 수행해야 하는 단계이다.

24 다음 중 직장 외 훈련(Off the Job Training, OFF-JT)의 장점으로 옳지 않은 것은?

① 경제적인 부담이 적은 교육훈련이다.

② 많은 직원들에게 동시에 통일적인 교육이 가능하다.

③ 전문가의 교육진행으로 교육훈련에 전념이 가능하다.

④ 참가한 교육생 간 선의의 경쟁으로 교육효과가 증가한다.

⑤ 직무 부담에서 벗어나 교육훈련에 전념할 수 있다.

O / X 형 **5문항**

[25~29] 다음 문항을 읽고 옳고(O), 그름(X)을 선택하시오.

25 MOT의 법칙 중 하나인 곱셈의 법칙은 서비스의 한 부분에서 0점을 받으면 다른 부분에서 우수한 서비스를 제공하더라도 결과적으로 불만족한 서비스라고 평가받는 것을 의미한다.

(① ○　② ×)

26 관계마케팅은 조직과 고객 간의 상호 편익을 위해서 장기적인 유대관계를 창출하고 유지, 강화함으로써 기업의 수익 증대를 도모하는 마케팅활동이다.　　(① ○　② ×)

27 불평관리는 서비스 실패가 발생하였을 때 그에 대한 회사의 즉각적인 반응이라는 점에서 서비스실패가 발생하고 기업이 인지한 후에 반응이 나타나는 서비스회복과 차이가 있다.

(① ○　② ×)

28 효율적인 유통관리를 위해서는 중간상에게 재량권을 부여하거나 수평적으로 협력하고 능력을 공유하는 전략이 효과적이기 때문에 강압적이고 통제를 가하는 유통전략은 불필요하다.

(① ○　② ×)

29 내부 마케팅은 기업과 직원 간 이루어지는 마케팅으로, 직원을 교육훈련하고 동기부여하는 활동을 통해 내부 고객을 만족시키는 것이 최종 목표이다.　　(① ○　② ×)

연결형　5문항

[30~34] 다음 설명이 의미하는 적합한 단어를 각각 선택하시오.

① 롱테일 법칙　　　　　　　　　② 고객경험관리
③ 고객포트폴리오 관리　　　　　　④ 프랜차이즈
⑤ 탈중간상화

30 기업이 고객과 만나는 모든 접점에서 고객이 체험하게 되는 다양한 경험을 관리하여 구매의사 결정에 긍정적 영향을 주는 프로세스　　　　　　　　　　　　　　　　　(　　　　　　)

31 하위 80%의 요소가 상위 20%의 요소보다 더 큰 비중을 차지한다는 법칙　(　　　　　)

32 시장과 고객에 대한 분석과 기업이 지닌 서비스 역량을 분석하여 최적의 고객을 찾아내기 위해 작성하는 것　　　　　　　　　　　　　　　　　　　　　　　　(　　　　　　)

33 기업의 지점들을 확대하는 데 따른 높은 투자비용을 부담할 필요 없이 복수의 지점들을 통해 서비스 콘셉트를 전달하는 데 효과적인 서비스 채널 유형　　　　　　(　　　　　　)

34 인터넷을 통한 전자적 유통경로가 확산됨에 따라 기업과 고객 모두 중간상을 배제하고 싶은 니즈를 가지는 현상　　　　　　　　　　　　　　　　　　　　　　　(　　　　　　)

사례형 **10문항**

35 여러 멀티마케팅 전략들 중 다음 사례들에 등장하는 전략은?

> (A) 유통업체는 고객들의 원스톱 쇼핑 욕구를 인지하고, 매장의 앞쪽에 미용실, 세탁소, 은행 출장소, 패스트푸드점 등을 구비하여 고객을 만족시킬 새로운 서비스를 추가하였다.
> (B) 주유소는 주유소 내에 마트를 두어 간단한 자동차 용품에서 패스트푸드에 이르기까지 다양한 종류의 상품을 판매하고, 택배, 사진현상, 복사 등의 다양한 서비스를 제공하는 등 보조서비스를 추가하고, 자동차 정비소를 설치해 핵심서비스를 추가하였다.
> (C) 피부과는 병원 내 피부관리실을 운영하거나 자체 화장품을 개발하여 판매하는 등 피부개선을 위한 고객들의 다양한 욕구를 충족시키기 위해 노력한다.

① 복수 점포 전략
② 복수 시장 전략
③ 복수 서비스 전략
④ 복수 점포 / 복수 서비스 전략
⑤ 복수 서비스 / 복수 시장 전략

36 다음은 기업의 멘토링 제도에 대한 설명이다. 다음 사례에 대한 설명으로 적절하지 않은 것은?

> 멘토링은 기업에서 활발히 사용되고 있는데, 회사나 업무에 대한 풍부한 경험과 전문 지식을 갖고 있는 사람이 1 : 1로 전담하여 구성원(멘티 : Mentee)을 지도, 코치, 조언하면서 실력과 잠재력을 개발, 성장시키는 활동이라 할 수 있다. 최근에 많은 기업들이 도입하고 있는 후견인 제도가 바로 멘토링의 전형적인 사례이다. 이 제도 역시 신입 사원들의 업무에 대한 신속한 적응을 유도하고 성장 잠재력을 개발시킨다는 면에서 볼 때, 그 기본 사상은 인재 육성에 있다 하겠다.
> 한 기업은 신입 사원이 입사 시, 각 신입 사원에 대하여 선배 직원이 1 : 1로 멘토로 지정되며, 멘토 활동비를 월 10만 원씩 지원하고 있다. 각 멘토와 멘티는 신뢰감 형성을 위한 활동을 하며, 관찰일지, 활동보고서 등을 작성하여 분기별로 우수 멘토팀을 뽑아 포상하며, 인사고과 시 가점을 부여하고 있다.

① 멘토링 제도가 잘 적용될 경우, 조직차원에서는 신입 사원의 회사 및 업무에 대한 신속한 적응을 유도하는 효과를 얻을 수 있다.
② 멘토링 제도를 통하여 멘토는 리더십 역량이 강화되고 경력이 향상될 수 있다.
③ 멘토링 제도를 통하여 신입 사원이 폭넓은 대인관계를 형성하는 데 도움을 줄 수 있다.
④ 멘토링 제도를 통하여 멘토와 멘티는 서로를 이해하며 업무 및 비공식적 관계를 통해 우정 형성 등이 가능하다.
⑤ 멘토링 제도는 신입 사원인 멘티 입장에서는 회사로부터 인정과 보상이라는 멘토링 효과를 얻을 수 있다.

37 다음은 고객 단계에 따른 직원의 응대 전략이다. 다음 중 최초구매 단계 고객에 맞는 전략은 무엇인가?

> (A) 구매를 마친 고객에게 재방문을 위한 약속을 제시한다.
> (B) 고객이 다른 기업의 상품으로 전환되지 않도록 추가적인 혜택을 제공한다.
> (C) 고객이 상품개발이나 혁신에 참여할 수 있는 기회를 제공한다.
> (D) 거래에 집중해서 충실히 접근하고, 고객과의 거래에서 신뢰를 형성하는 것이 중요하다.
> (E) 지킬 수 있는 것만을 약속하고, 그 기대를 만족시키는 것에 먼저 집중한다.

① (A), (C), (E)　　　　　　　② (A), (D), (E)
③ (B), (C), (E)　　　　　　　④ (B), (C), (D)
⑤ (C), (D), (E)

38 아래의 보기에서 구매사이클에 맞춰 적절한 순서를 나열한 것은?

> (A) 고객은 A사의 제품을 지인의 소개로 알게 되었다.
> (B) 고객은 지인이 말대로 효율적인 제품임을 알게 되어 다음에도 A사의 제품을 구매하겠다고 다짐했다.
> (C) 지인의 긍정적인 상품평을 들은 고객은 A사의 제품을 처음 구매했다.
> (D) 고객은 A사의 제품을 구매한 것에 대해 만족했다.
> (E) 고객은 A사의 제품을 구매하라는 직원에게 구매하겠다는 의사를 전달했다.

① (A) ⇨ (B) ⇨ (C) ⇨ (D) ⇨ (E)　　② (C) ⇨ (B) ⇨ (A) ⇨ (E) ⇨ (D)
③ (A) ⇨ (C) ⇨ (D) ⇨ (B) ⇨ (E)　　④ (B) ⇨ (C) ⇨ (A) ⇨ (E) ⇨ (D)
⑤ (C) ⇨ (A) ⇨ (B) ⇨ (D) ⇨ (E)

39 다음 사례에서 택배기사의 가장 근본적인 문제점은 무엇인가?

택배기사

택배기사 : ○○택배 배달기사입니다. 고객님 앞으로 택배가 왔는데, 집에 아무도 안 계세요?

고객 : 집에 있는데요.

고객

택배기사 : ○○동 A아파트 101동 302호에 왔는데 아무도 없는데요.

고객 : 거기는 예전 살던 집이고, 지금은 XX동 B아파트 201동 104호에 삽니다. 예전 주소로 잘못 배송된 것 같네요. 제가 20분 내로 거기 도착할 수 있는데, 받으러 갈까요?

택배기사 : 아니오. 저는 빨리 다른 곳을 배달해야 하니까 내일 이후 저희 물류센터로 오셔서 찾아가세요.

고객 : 그곳은 저희 집과 거리가 너무 멀어 제가 갈 시간이 없습니다. 내일 XX동 B아파트로 배송해주면 안 되나요?

택배기사 : 저는 ○○동만 담당이라 배송이 어렵습니다.

고객 : 그렇게 큰 택배회사에 XX동 담당자는 없나요?

택배기사 : 물론 있습니다.

고객 : 그럼 XX동 담당자에게 전달해서 배송해 달라고 부탁드려 주세요.

택배기사 : 네. 그렇게 하죠.

① 고객을 기다리지 않았다.
② 고객의 의견을 무시하였다.
③ 고객에게 회사로 찾아오게 하였다.
④ 고객보다 자기 중심으로 생각하였다.
⑤ 사전에 고객의 주소를 확인하지 않았다.

40 다음 충성고객의 사례 중 '인센티브 로열티 충성고객'의 특징적인 행동을 제시한 것으로 적절한 것은?

> (A) '업계 최저가격 보증제'를 실시하는 A할인점을 이용한다.
> (B) B통신회사의 요금제가 더 합리적임에도 불구하고 단지 옛날부터 사용하고 있다는 이유로 C통신회사의 서비스를 이용한다.
> (C) 붐비지 않는 이른 저녁 시간대에 실속 있는 가격으로 식사를 할 수 있는 해피 아워를 진행하는 D식당을 이용한다.
> (D) 조금만 걸어가면 30% 할인된 콜라를 구입할 수 있는 할인마트가 있지만, 집 근처 24시간 편의점을 주로 이용한다.
> (E) 카드사용을 통해 적립한 마일리지를 항공권 결제에 사용하는 등 개방형 마일리지 시스템이 적용된 신용카드를 이용한다.

① (A), (B), (C)   ② (A), (C), (E)
③ (B), (D), (E)   ④ (B), (C), (D)
⑤ (C), (D), (E)

41 다음은 패키지여행 상품을 이용한 고객이 여행일정에 문제가 생겨 적절한 서비스를 받지 못한 부분에 대해 컴플레인을 제기하는 장면이다. 이 상황에서 가이드와 여행사의 박 과장의 적절하지 못한 컴플레인 대응 방법은?

> ○○투어를 통해 뉴질랜드 패키지여행을 김○○ 고객은 뉴질랜드 크루즈 투어를 위해 퀸스타운에서 배에 탑승했고 출발한 지 10분 만에 기상악화로 회항하게 됐다. 당시 가이드는 여행객들과 상의 한마디 없이 일정 자체를 취소해 버리고 퀸스타운 내 관광지 한 곳을 구경한 후 쇼핑센터로 데려간 게 끝이었다. 그러나 다른 여행사의 여행객들은 이후 기상상황이 나아지자 예정보다 시간은 좀 미뤄졌지만 밀포드사운드 크루즈 투어를 마치고 돌아왔다.
> 고객은 크루즈 투어는 여행 중 메인 일정이었음에도 현지가이드와 여행사는 천재지변이라 어쩔 수 없었으며 비슷한 조건의 대체 일정을 제시했으니 문제가 되지 않는다는 입장을 보여 매우 불쾌해했다.

① 천재지변 상황이라 어쩔 수 없다는 점을 강조해서 설득한다.
② 문제 해결 시 고객과 대화를 통해 대안을 모색한다.
③ 고객과의 약속을 지키지 못한 것에 대하여 정중히 사과한다.
④ 약속된 서비스를 이용하지 못한 고객의 마음을 충분히 이해하고 있음을 표현한다.
⑤ 이러한 문제가 재발되지 않도록 새로운 고객 응대 매뉴얼을 만든다.

42 다음 제시된 사례에서 활용되고 있는 유통전략에 적합한 서비스 종류는?

> 대부분의 시중은행들은 점포의 수를 늘려서 많은 고객들이 은행서비스에 대해 접근하기 쉽게 하고자 한다. 각 은행들은 소비자들이 찾기 쉬운 곳에서 여러 대의 기점을 설치하고, 출장소라는 형태의 소규모의 지점을 운영하고 있기도 하다. 현금자동지급기도 고객의 이용가능성과 접근가능성을 높여 자사의 유통망을 확대하기 위한 수단이다.

① 핵심서비스　　　　　　② 선택서비스
③ 편의서비스　　　　　　④ 부가서비스
⑤ 전문서비스

43 아래의 보기는 매슬로우의 욕구단계이론을 실제 생활에서 나타낸 것이다. 욕구단계를 순서대로 나열한 것은 무엇인가?

> (A) 현재 많은 업무로 인해 매우 피로한 상태로 편안한 수면을 취하고 싶다.
> (B) 일주일에 한 번 일과 후에 자전거 동호회 활동을 통해 체력을 관리하고 싶어 한다.
> (C) 노후에 해외봉사 활동을 배우자와 함께 아프리카에 학교를 세우고 싶어 한다.
> (D) 비료와 농약 사용을 제한한 유기농제품을 구입하고 싶어 한다.
> (E) 서비스 평가에서 1등을 하여 회사와 상사에게 인정받고 싶어 한다.

① (A) ⇨ (D) ⇨ (B) ⇨ (E) ⇨ (C)
② (D) ⇨ (B) ⇨ (E) ⇨ (C) ⇨ (A)
③ (A) ⇨ (C) ⇨ (E) ⇨ (B) ⇨ (D)
④ (C) ⇨ (E) ⇨ (A) ⇨ (D) ⇨ (B)
⑤ (B) ⇨ (C) ⇨ (D) ⇨ (A) ⇨ (E)

44 아래의 사례는 코칭 과정에서 코치의 잘못된 질문으로 상호 이해하는 데 실패한 상황이다. 코치의 질문에 있었던 오류로 적절한 것은?

① 개방형 질문, 과거 질문, 부정 질문
② 폐쇄형 질문, 과거 질문, 부정 질문
③ 폐쇄형 질문, 미래 질문, 긍정 질문
④ 개방형 질문, 미래 질문, 부정 질문
⑤ 폐쇄형 질문, 미래 질문, 부정 질문

통합형 | 6문항

[45~46] 다음은 고객 불만 상황과 관련된 2개의 대화 장면이다.

[대화 A]

상담자

상담자: 이것은 원래 기본 계약이 아니라 특약 사항입니다. 고객님이 특약에 가입하지 않으셨어요.

고객: 계약이 왜 이렇게 복잡한지 모르겠네. 왜 미리 말하지 않았어요?

고객

상담자: 너무 복잡하게 여기셨다면 죄송합니다. 그런데 고객님. 기본 계약과 특약 사항은 차이가 있으며, 보험료도 차이가 있습니다. 만일 필요하시다면 추가로 계약할 수 있도록 도와드리겠습니다.

[대화 B]

서비스
기사

서비스 기사: (약속시간이 10시인데 10시 15분에 도착하며) 늦어서 죄송합니다.

고객: 10시 30분으로 예약하는 것이 더 나으면 그렇게 말씀하지 그러셨어요.

고객

서비스 기사: 아, 죄송합니다. 오는데 차가 막혀서요.

고객: 그러니까 오실 시간을 여유 있게 잡으셨어야죠.

서비스 기사: (고객의 말을 이해하지 못하며) 아, 늦어서 죄송합니다.

45 [대화 A]와 [대화 B]의 상황에서 불만응대 상담자([대화 A]에서는 '상담자', [대화 B]에서는 '서비스 기사')의 대화를 서비스 세일즈 관점에서 해석할 때 가장 적절치 않은 것은?

① [대화 B]에서 불만응대 상담자는 진실한 웃음이 아닌 포장된 웃음 혹은 형식적인 친절한 태도를 보여 주고 있다.

② [대화 A]와 [대화 B] 모두 고객 불만 상황에서 불만응대 상담자가 어떻게 응대하고 있는지 보여 주는 사례이다.

③ [대화 B]의 불만응대 상담자는 고객의 요구와 감정을 정확하게 파악하고 대응해야 한다는 점에서 적절한 상담의 모습을 보여준 것은 아니다.

④ [대화 B]에서 불만응대 상담자는 계속적으로 사과의 표현을 함으로 인해 고객의 불만을 누그러뜨리는 데는 성공한 것으로 보인다.

⑤ 상담자는 기본적으로 인간을 존중하며, 특히 고객의 감정을 존중할 줄 알아야 하는데 고객의 감정을 최대한 이끌어내는 것에 [대화 B]의 불만응대 상담자는 실패한 것으로 보인다.

46 [대화 A]와 [대화 B]의 상황을 서비스 세일즈 관점에서 해석할 때 적절하지 않은 것은?

① [대화 A]의 불만응대 상담자는 설명을 통해 고객의 기대치를 낮추고 귀인 오류를 수정할 수 있도록 유도하고 있다.

② 고객서비스 차원에서 고객의 불만에 대해 보상하거나 또는 불만을 유발했던 욕구나 기대의 좌절을 회복시켜 주는 것이 가능하다.

③ 어떤 고객은 고객감정의 적절한 수용과 사과만으로 더 이상의 보상을 요구하지 않는 경우도 있다. 이에 따르면 [대화 B]에서 불만응대 상담자는 다소 아쉬운 응대 태도를 보이고 있다.

④ 고객의 불만 문제를 해결하는 방법으로는 몇 가지가 있는데 [대화 A]의 불만응대 상담자는 좌절된 고객의 욕구나 기대를 충족시켜 주고 보상해 주는 방향으로 상담을 진행하고 있다.

⑤ 고객이 잘못 생각한 부분에 대해 알려주며 오해를 푸는 과정에 있어서도 일단 불만에 대한 공감, 그리고 고객의 속상하거나 섭섭한 마음을 알아주고 이해해 주는 작업이 선도적으로 이루어져야 제품이나 서비스를 반품하거나 환불하는 대신 자신의 구매행위를 정당화하고 제품을 그냥 사용할 가능성이 높다.

[47~48] 다음은 고객들의 다양한 컴플레인 유형들이다.

> 고객은 ○○ 호텔에 숙박하면서 객실의 상태와 이에 불만을 제기한 고객에 대한 직원의 미흡한 응대 방식으로 불만족이 생겼다. 고객이 3시 30분쯤 체크인을 하고 객실을 보니 변기는 내려가지 않고 세면대와 샤워기에서는 찬물이 나오지 않았다. 문제가 있는 것을 발견하고 바로 컨시어지에게 이야기를 하니 컨시어지는 무례한 표정과 무시하는 듯한 자세로 엔지니어를 보내주겠다고 답하였다. 고객은 엔지니어를 기다렸지만 아무도 오지 않았고 4시쯤 고객이 나가야 할 일이 있어 컨시어지에게 이야기를 하니 컨시어지는 조치를 취해놓겠다고 이야기 하였다. 하지만 고객이 7시 30분에 다시 객실로 돌아와 보니 아직도 고쳐지지 않은 상태였고, 컨시어지는 미안하다는 말 한마디 없이 엔지니어를 다시 보내겠다고 하였다. 결국 8시쯤 엔지니어가 룸에 도착하여 문제는 해결되었다.
> 고객은 이러한 서비스에 대해 장문의 편지를 써 총지배인에게 전달해 달라고 남기고 왔지만 어떠한 답변도 받지 못했다.

47 다음 중 컴플레인 고객을 이해하는 효과적인 관점으로 가장 적절하지 않은 것은 무엇인가?

① 컴플레인 고객은 기업의 서비스 품질 향상에 관한 유용한 정보 제공자의 역할을 한다.
② 고객의 컴플레인은 상품의 결함이나 문제점을 파악하여 문제의 확산을 막을 수 있는 기회를 제공한다.
③ 고객의 컴플레인은 불만족을 다른 고객이 아닌 기업에 직접 불평하게 함으로써 더 큰 부정적 구전을 예방할 수 있다.
④ 컴플레인 고객은 불만이 해결된다고 해도 재구매할 가능성은 떨어지는 고객이므로 보수적 관점에서 불만 해결을 진행하는 것이 효율적이다.
⑤ 불만이 있어도 침묵하는 고객은 그대로 기업을 떠나게 되므로 컴플레인이 없다고 해서 문제가 없는 것은 결코 아니다.

48 위 컴플레인 사례를 회복할 수 있는 응대 방법 중 가장 적절하지 않은 응대는?

① 고객의 불만 사항에 대해 경청과 공감으로 응대하고, 정중한 사과를 한다.
② 고객이 제시한 불만과 문제점을 신속하게 해결하도록 조치를 취한다.
③ 컨시어지가 직접 수행할 수 없는 상황에 대해 약속을 하는 것은 적절치 않은 대응이다.
④ 불만 사항의 처리에 대한 사후 확인 절차를 안내하여 고객 불만의 확대를 예방해야 한다.
⑤ 불만 해결 방안의 처리 상황을 적극적으로 안내하여 고객이 또 다른 불만이 발생하지 않도록 한다.

[49~50] 다음 사례를 읽고 문제에 답하시오.

> 서비스는 (A) _____이라는 특성 때문에 고객이 서비스를 구매할 때 제공되는 서비스품질수준이 항상 일정할 수 없다. 서비스는 인적 자원에 의해 생산되는 경우가 많기 때문에 생산 및 인도 과정에서 다양한 가변적 요소가 발생할 수 있다. 서비스를 제공하는 사람의 수행능력의 차이에 따라 동일한 서비스도 차이가 발생할 수 있고, 같은 직원이 서비스를 수행하더라도 시간과 상황에 따라 그 내용과 질이 달라질 수 있다.
> 예를 들어 (B) 헬스장 또는 PT숍에 있는 각각의 트레이너마다 실력 또는 서비스적인 제공들이 다를 수 있다. 그리고 한 트레이너가 수많은 개인회원들을 보유하고 있을 때 피로도나 감정의 변화에 따라 회원마다 티칭의 질이 달라질 수 있다.

49 다음 다양한 서비스의 특성들 중 밑줄 친 (A) 부분에 들어갈 특성은?

① 무형성   ② 이질성
③ 소멸성   ④ 다양성
⑤ 비분리성

50 밑줄 친 (B)의 문제를 해결할 수 있는 방안으로 적절하지 않은 것은?

① 표준화된 서비스제공을 위해 직원의 서비스 교육
② 서비스직에 적합한 직원 선발
③ 표준화 또는 개별화 전략 시행
④ 올바른 고객의 유치
⑤ 고객의 행동유형에 따른 적절한 응대스킬 향상

SMAT
Module B
서비스 마케팅·세일즈

정답 및 해설

정답 및 해설

PART 01 실전 예상 문제

| p.55 |

01 ④	02 ③	03 ④	04 ①	05 ②	06 ⑤	07 ⑤	08 ②	09 ③	10 ②
11 ③	12 ④	13 ③	14 ④	15 ④	16 ⑤	17 ④	18 ④	19 ③	20 ④
21 ③	22 ③	23 ②	24 ④	25 ②	26 ⑤	27 ②	28 ③	29 ③	30 ①
31 ①	32 ③	33 ⑤	34 ②	35 ①	36 ②	37 ②	38 ①	39 ①	40 ①
41 ②	42 ①	43 ③	44 ④	45 ⑤	46 ②	47 ⑤	48 ③	49 ③	50 ⑤
51 ⑤	52 ⑤	53 ⑤							

01 ④ 서비스는 생산과 소비가 분리되지 않고 동시에 일어난다. 그래서 서비스품질은 서비스 현장에서 직접 고객을 응대하는 접점 직원에 의해서 서비스가 실행되는 순간 평가된다.

02 ③ 가격이 비싸다고 할 때는 먼저 고객의 말을 인정하고 다른 제품과의 차이점을 설명하되 본 제품의 기능이 돋보이도록 한다.

03 ①, ③ 빈정거리는 고객 상담 기법
②지나치게 사교적인 고객 상담 기법
⑤ 우유부단한 고객 상담 기법

04 ① 개방형 질문은 '네/아니요'로 대답할 수 없는 질문으로 상대로 하여금 자유롭게 생각이나 느낌을 표현하게 할 때 사용한다. 좀 더 다양한 정보를 얻을 수 있으며 상담 초기에 많이 활용할 만한 질문 유형이다.

05 ② 서비스제공자와의 접점 순간이 MOT프로세스 개선 대상이다.

06 ⑤ 서비스 세일즈는 판매 전 활동과 판매 후 활동까지 모두 포함하는 것으로, 고객 관리를 위한 사전, 사후 활동이 모두 이루어지는 것이다.

07 ⑤ 주도형은 목표 달성을 위해 자신이 주도권을 잡고 리더가 되는 것을 중요하게 생각하는 유형으로, 자기결정권을 중요하게 생각하기 때문에 고객이 주도형이라면 지나치게 강권하기보다는 스스로 의사 결정을 하도록 시간을 주는 것이 효과적이다.

08 ② 세일즈 현장이 아닌 다른 곳에서 고객을 돕는 방법을 찾는다. 도움을 받은 사람들은 그만큼의 도움을 돌려준다.

09 ③ 적게 약속하고 많이 제공한다. 서비스 세일즈맨들이 범하는 가장 큰 실수 가운데 하나는 너무 많이 약속하고 제대로 이행하지 않는 것이다.
① 세일즈맨 스스로 고객 서비스 수준을 정한다. 자신의 기준을 정하고 자기 자신에 대한 기대 수준을 알아야 한다. 고객 서비스 수준을 정하는 것은 전적으로 서비스 세일즈맨의 선택에 달려 있다.

10 ① 전문가적인 고객 상담 기법
③, ④ 빈정거리는 고객 상담 기법
⑤ 지나치게 사교적인 고객 상담 기법

11 ③ 곱셈의 법칙은 각 서비스 항목의 점수를 처음부터 우수하게 받았더라도, 어느 한 항목에서 0점을 받았다면 그 결과는 0으로 형편없는 서비스가 된다는 것이다. 즉, 처음부터 끝까지 각 단계마다 잘해야 한다는 뜻이다.

12 MOT차트의 분석 5단계

1단계	서비스접점(MOT) 진단하기
2단계	서비스접점(MOT) 설계하기
3단계	고객 접점 사이클 세분화하기
4단계	나의 고객 접점 시나리오 만들기
5단계	일반적인 표준안에서 구체적인 서비스 표준안으로 행동하기

13 ③ 서비스 세일즈에서 신규고객을 개척하는 판매 활동도 중요하지만 기존고객과의 장기적인 신뢰 관계를 토대로 고객을 창조하고 유지하는 고객관계관리도 매우 중요하다.

14 ① 서비스는 시간적인 소멸성을 가진 상품이다.
② 제품은 물건인 반면 서비스는 아이디어 혹은 개념이다.
③ 서비스는 경험하기 전에는 눈에 보이지 않는다.
⑤ 공장은 고객의 수요 변동을 흡수할 수 있는 재고를 가진 폐쇄 시스템인 반면에 서비스는 수요 변동이 시스템에 직접적으로 영향을 미치는 개방 시스템으로 운영된다.

15 ④ 세일즈 에이드(Sales Aids) : 세일즈맨이나 점원이 행하는 판매 활동을 효과적으로 하기 위한 자료와 도구의 총칭

16 ① 고객은 호감 가는 사람과 거래하기를 원한다.
② 판매와 상관없이 돕겠다는 의지를 보인다.
③ 고객은 서비스 세일즈맨이 자신보다 더 많이 알고 있을 것이라고 기대한다.
④ 말하는 양의 2배로 들어야 한다.

17 ① 일정한 기간 동안 다수의 구매를 한 경우에 제공된다.
② 구매에 대해서 포인트를 누적하는 공식적인 수단이 있다.
③ 표준화된 보상 절차가 있다.
⑤ 단기적인 판촉 수단의 부정적인 측면을 보완한다.

18 ① 6단계 나의 인맥에게 도움 주기
② 4단계 나의 메시지를 전달해 줄 인맥 찾기
③ 2단계 구매 당위성 개발
⑤ 3단계 세일즈 소구점 개발

19 ①, ④ 사교형 고객
② 주도형 고객
⑤ 해당 고객 없음

20 ④ 고객이 중요하다고 말하는 기준은 바꾸기 어려우며, 이를 충족시키기 어려울 때 고객에게 그것이 중요하지 않다고 설득하려는 실수를 범해서는 안 된다. 그러한 시도는 대부분 실패로 끝나며, 오히려 그 기준을 더욱 강화하는 결과를 초래한다.

21 ③ 고객의 주장에 동조하면서 상대방의 입장을 파악하고 탐색한다.

22 ① Prospecting : 잠재 고객 발굴하기
② Approaching : 타깃 고객에게 다가가기
④ Presentation : 상품에 대해 설명하기
⑤ Closing : 세일즈 상담을 마무리하기

23 ② MOT차트의 왼쪽 칸에 기록할 내용은 플러스 요인에 대한 설명으로, 담당자가 문제 예방 방법을 설명해 주면 담당자에 대한 신뢰가 더욱 생기는 응대가 된다.

24 ① Feature(특징)에 대한 설명
②, ⑤ Benefit(이득)에 대한 설명
③ Evidence(증거)에 대한 설명

25 ② 사업을 시작하는 회사들이 '업계 선두주자'라는 식의 문구를 쓰는 경우에 효과도 없고 거짓말을 하는 것으로 오해할 수 있다.

26 ⑤ 서비스접점에서만 고객 갈등이 발생되는 것은 아니다. 고객 갈등은 서비스접점 이외에 다양한 곳에서 발생된다.

27 ② 서비스접점은 상호적 관계이다.

28 ③ 기술기반서비스접점에 대한 고객의 이해 부족은 서비스 패러독스의 발생 원인이 될 수 있다.

29 ③ 시민행동은 역할 외 행동이다. 고객이 자신이 수행해야 하는 고객역할 이외에도 다른 고객을 도와주거나 서비스제공자를 지원하는 등의 이타적인 행동도 포함된다.

30 ① 고객 역할 내(in-role)에서 역기능적 행동은 회피 행동이다.

31 ① 셀프서비스 기술이 다른 대안인 대인서비스보다 더 나은 경우 고객은 셀프서비스 기술의 사용에 대한 가치성을 인식하여 만족하게 된다.

32 ⑤ 고객은 서비스의 수동적 수혜자라는 인식은 전통적 관점이며 고객관여를 인식하는 기업들은 고객에게 더 많은 역할과 책임 및 권한을 부여하려 한다.

33 ⑤ 고객관여에 대해서는 효과적인 보상을 해야 하며, 관여수준에 따라 공정한 보상을 해야 한다. 고객이 수행한 역할수준에 합리적인 보상수준이 제공되어야 하며, 과도한 보상은 고객관여에 대한 동기를 변질시킬 수 있다.

34 ② 서비스의 전체 만족도는 MOT 각각의 만족도 합이 아니라 곱에 의해서 결정됨을 주지해야 한다.

35 ① 서비스 세일즈의 핵심은 서비스 직원이고, 서비스라는 상품의 가치를 향상시키기 위해서 직원에 투자하는 것이 상품 개발과 같은 것이다.

36 ② 21세기의 세일즈에는 상품의 경쟁력보다 고객과 서비스 세일즈맨의 관계 형성 및 관계 강화가 더 많은 영향을 미친다.

37 ② FABE 화법은 고객에게 상품을 설명할 때 상품의 특징, 장점, 이익, 증거를 들어 설명하는 기법이다.

38 ① 동행이 있는 경우 동행인으로 인해 상담이 방해받지 않도록 동행인도 응대의 범위로 포함하여 분위기를 살핀다.

39 ① 서비스접점에서 인적요소는 기능적 요소와 인간관계적 요소를 포함한다. 기능적 요소는 서비스 직무가 포함하고 있는 직무적 기능성을 말하며, 인간관계적 요소란 서비스 생산자와 고객 사이의 인간관계적 측면을 의미한다.

40 ① 전통적 관점에서 고객은 서비스의 수동적 수혜자로 인식되었다. 그러나 현대적 관점에서 고객은 직원과 마찬가지로 일정 역할을 수행하고 있으므로 준직원, 인적자원, 혁신 촉진자로 인식되고 있다.

41 ② 회피행동은 서비스 생산과 전달에 필요한 고객역할과 책임행동에 대해 비협조, 태만, 회피의 모습을 보이는 것이며, 반생산행동은 서비스제공자에 대한 욕설, 폭행 등과 같은 폭력적이고 불법적인 행동을 말한다.

42 ① 빈정거리는 고객은 문제 자체에 집중하지 않고 특정한 문구나 단어를 가지고 항의하는 등 국소적인 문제에 집착한다.

43 ③ 전문가적인 고객은 자신이 가진 생각이 최선이고 스스로 전문가라고 생각해서 좀처럼 설득되지 않는다.

44 ④ 같은 말을 되풀이하는 고객은 자아가 강하고 끈질긴 성격의 고객이다.

45 ⑤ 저돌적인 고객은 상대방의 말을 자르고 자신의 생각을 주장하며 분위기를 압도하려는 경향이 있다.

46 ② 우유부단한 고객은 본인이 바라는 내용을 정확히 표현하지 않는다.

47 ⑤ 고객과의 방문 약속은 고객의 입장에서 접근하기보다는 세일즈맨의 입장에서 주도권을 가지고 시간 약속을 정해야 한다. 자신의 시간 계획에 맞게 방문 시간을 조율하는 능력이 필요하다.

48 ③ Approaching은 타깃 고객에게 다가가는 것인데, 이때 관계 형성을 위한 친밀감을 유도하는 것이 매우 중요하다.

49 ③ 상황(정보) 질문 – 문제 질문 – 확대 질문(문제 확대 질문, 해결 확대 질문) – 해결 질문

50 ⑤ 자신의 전문적인 지식으로 상대방을 가르치려는 식의 상담을 하면 저돌적인 고객을 더욱 흥분시켜 일을 그르치기 쉽다.

51 ⑤ 행동이 민첩하고 빨리 말하는 고객을 응대할 때는 고객의 속도에 맞춰 업무 처리에 대해 신속하고 간결하게 전달해야 한다. 정확한 업무 처리를 위해 핵심을 정리하여 전달하거나 추후 확인을 하는 방법이 적절하다.

52 ⑤ 비분리성은 서비스가 생산과 동시에 소비되는 특성으로 서비스 현장에서 서비스가 실행되는 순간 고객이 서비스를 소비하고 평가한다.

53 ⑤ 서비스가 실행되는 순간 고객이 서비스를 잘 이해하고 소비할 수 있도록 교육해야 한다.

PART 02 실전 예상 문제

| p.106 |

01 ④	02 ②	03 ③	04 ⑤	05 ⑤	06 ①	07 ④	08 ①	09 ②	10 ④
11 ①	12 ①	13 ③	14 ④	15 ②	16 ①	17 ③	18 ⑤	19 ⑤	20 ④
21 ①	22 ①	23 ⑤	24 ①	25 ②	26 ③	27 ②	28 ①	29 ②	30 ①
31 ②	32 ②	33 ①	34 ④	35 ②	36 ①	37 ③	38 ①	39 ②	40 ④
41 ③	42 ①	43 ⑤	44 ④	45 ①	46 ⑤	47 ⑤	48 ②		

01 ④ 서비스요청단계의 간소화는 장기적이고 지속적인 거래관계가 '고객'에게 주는 이점이다. '기업'에게 주는 이점은 서비스제공단계의 간소화이다.

02 ② 서비스제공자와 고객과의 관계는 공적 계약관계이다.

03 ③ 공적 관계에서 상대방에 대한 정보 수준은 피상적이다.

04 ⑤ 일시적/단기적 고객관계에서는 서비스의 추가적 가치 인식을 시도할 가능성이 '낮다'.

05 ⑤ 관계효익은 장기적인 고객관계를 통해 기업과 고객에게 발생되는 효익이다. 관계효익에는 경제적 효익, 사회적 효익, 심리적 효익, 특별대우 효익이 있다. 일시적 관계는 관계효익을 발생시키는 데 제한적이다.

06 ① 신규고객 확보를 위한 마케팅비용의 감소는 장기적 고객관계가 '기업'에게 주는 이점이다.

07 ④ 장기적 결과물이 같으면, 즉시 결과가 도출되는 대안을 선택한다.

08 ① 사회적 자본은 거래관계나, 거래 시점, 제공하는 서비스의 종류 등과 같이 상황이나 맥락에 따라 선호하는 구성이 달라진다. 금융회사의 대인매력도는 신뢰성이 높게 나타나지만, 놀이공원의 대인매력도는 친절함, 쾌활함 등이 더 높게 선호될 것이다. 따라서 이상적인 사회적 자본의 구성은 상황과 업종에 따라 달라질 것이다.

09 ② 강제적 파워는 거래 구성원 A의 영향력 행사에 B가 따르지 않을 때 A가 처벌을 가할 수 있다는 B의 기대에 의해 발생되는 파워이다. 서비스제공자가 고객에게 몰랐던 정보를 인식시킴으로써 갖게 되는 영향력은 정보적 파워에 적합한 설명이다.

10 ④ 충성고객은 경쟁사로부터 빼앗아 오는 것이 아니라 거래고객에 집중하여 내부적으로 육성되는 것이다.

11 ① 고객발달단계는 잠재고객 — 가망고객 — 신규고객 — 재구매고객 — 충성고객으로 이루어진다.

12 ① 고객화된 맞춤 제공을 개발하는 것은 충성고객에 대한 대응 방법이다.

13 ③ 고객획득비용은 고객을 획득하는 데에 소요된 직접비용뿐만 아니라, 간접적으로 지출된 비용까지 모든 비용을 포함하여 계산한다.

14 ④ 제품이나 브랜드의 구매빈도가 높을수록 부조화 상태는 약화된다.

15 ② 충성고객이 보여 주는 충성행동을 몇 가지 나열하면 아래와 같다.
- 지속적인 반복구매행동
- 구매량의 확대
- 구전활동으로 주변 사람에게 추천을 하는 행동
- 경쟁사의 유혹에 대해 전환행동을 보이지 않음.
- 현재 사용하는 상품/서비스 이외에도 기업이 제공하는 다른 상품/서비스 라인에 대해 관심을 갖고 시도하는 행동
- 현재 사용하는 상품/서비스를 제공하는 기업의 운영과 문화 등에 대한 포괄적인 관심을 보이는 행동

16 ① 기술표준과 대량생산으로 효율성은 증가되나, 범용화 함정은 고객들에게 차별적 인식을 제공하지 못하게 되어 애호도나 충성행동을 유도하지 못하게 되는 것을 설명하는 현상이다.

17 ③ 고객관계관리는 기존고객을 대상으로 실현되는 경영이며, 고객경험관리는 기존고객과 잠재고객을 모두 대상으로 한다.

18 ⑤ CRM의 차별화 대상은 고객의 차별화이다.

19 ⑤ 고객경험관리는 고객관계관리를 대체하는 수단이 아니라 보완하는 수단이다.

20 ④ 고객관계관리는 전사적 관점에서 수행되어야 한다.

21 ① CRM 시스템은 고객 획득에 대한 비용을 절감시킨다.

22 ① CRM을 기술에 기반한 것이라고 보는 인식은 대표적인 실패의 원인이다.

23 ⑤ 과거 고객 재활성화를 위해서는 과거 거래 데이터베이스를 통해 거래 중단 고객의 재거래를 유도해야 한다.

24 ② 사업의 수익성 악화와 전략적 포지션 악화는 외부지향적 접근법의 한계점이다.
③ 수익지향적 접근법에서 전략적으로 집중할 대상은 매출규모도 크고, 공헌이익도 큰 고객군이다.
④ 수익지향적 접근법은 목표, 자원, 역량의 분산으로 인한 혼란을 유발시키는 한계점이 있다.
⑤ 가치지향적 접근법은 사업 포트폴리오 확장에 따른 자원과 역량의 투입 요구 증대와 사업 기회가 발생되는 장점을 지닌다.

25 ① 공정가치선의 상단 영역은 고객이 비용에 비해 높은 인지적 가치를 제공받고 있음을 표시한다.
③ 공정가치선의 하단 영역은 고객이 비용에 비해 낮은 인지적 가치를 제공받고 있음을 표시한다.
④ 공정가치선은 고객과 기업 간의 거래에서 고객이 인지하는 가치를 양적 개념과 질적 개념 모두 포함한 인지적 가치를 통해 비교할 수 있도록 표시한다.
⑤ 기업이 고객과의 관계를 통해 얻게 되는 고객순자산가치는 기업 관점의 고객가치를 의미한다.

26 ③ 고객가치는 고객이 처한 상황에 따라 판단이 달라진다.

27 ② 고객관계의 대체가능성은 '제공되는 서비스가 희귀성이 높을수록', '제공되는 서비스의 결과 품질이 높을수록', '제공되는 서비스의 관계 품질이 높을수록' 낮아진다.

28 ② 서비스접점은 크게 대인서비스접점, 음성서비스접점, 기술기반서비스접점으로 구분한다.

29 ② 고객시민행동은 역할 내에서 고객이 스스로 해야 할 역할을 성실히 수행함은 물론이고, 역할 외에서도 순기능을 찾아서 수행해야 한다. 타 고객에 대한 긍정적 구전, 타 고객의 서비스 역할 수행 지원 등의 이타적 행동도 포함되어야 한다.

30 ① 고객자산의 구성요소는 가치자산, 브랜드자산, 관계자산이 있다. 고객자산은 개별고객의 생애가치를 현재가치로 할인하여 전체 고객의 값을 합한 값이다.

31 ② 고객포트폴리오 관리는 시장과 고객에 대한 분석과 기업이 지닌 서비스 역량을 분석하여 최적의 고객을 찾아내기 위한 것이다.

32 ② 고객포트폴리오를 작성하는 목적은 적합고객을 정의하는 데에 있다.
• 고객포트폴리오의 관리는 시장과 고객에 대한 분석과 내부 서비스역량을 분석하여 최적의 고객을 찾아내기 위한 것이다.

33 ① RFM에서 R=최근성(recency), F=구매빈도(frequency), M=구매액(monetary)의 앞 머리 글자이다.

34 ② 고객경험관리는 기존고객과 잠재고객을 모두 대상으로 한다. 고객경험 개선을 통해 잠재고객의 신규구매 촉진이 가능하다.

35~38 인간관계에 대한 구분은 아래의 기준에 따라 공적 관계와 사적 관계로 구분한다.

분류기준	35 (② 사적 관계)	36 (① 공적 관계)
관계상대의 대체가능성	대체가능성이 낮음	대체가능성이 높음
상호의존도	상호의존적	자율적 혹은 독립적
상대방에 대한 정보수준	구체적	피상적
행위규칙	개별규칙	38 (④ 사회규범)
관계의 성격	37 (③ 감정적)	실용적
관계의 목적	내적보상	외적보상

39 ② 인지경험은 인지과정을 통해 이루어지는 경험으로, 새로운 것을 알게 되는 과정에서 느끼는 교육적 경험이나 탐닉과정에서 발생되는 쾌락적 경험 등이 예가 된다. 자부심, 유능감 등으로 경험될 수 있다.

40 ④ 관계경험은 고객 간의 사회적 관계나, 고객과 기업이 포함되는 관계를 통해 얻게 되는 경험이다. 주로 사용자 모임, 온라인 관계, 사용자 활동 등에서 촉진되는 경험으로 사용자들 간의 모임을 통해 관계경험을 체험하게 된다.

41 ③ 행동경험은 라이프스타일에서 발생되는 경험이다. 서비스의 사용이 고객의 라이프스타일에 변화나 경험을 유발하여 발생되는 경험이다.

42 ① 감각경험은 오감의 감각기관에 자극으로 인지되는 경험으로 시각, 청각, 후각, 미각, 촉각 등의 감각적 경험 요소이다.

43 ⑤ 입소문이나 추천으로 인하여 확보된 신규 고객은 기업의 비즈니스 활동에 큰 영향을 미친다. 이는 기업의 마케팅 자원 투자 없이도 나타나는 '고객들의 간접적 기여 가치'라고 할 수 있다.

44 ④ 불만 고객들의 컴플레인 내용을 잘 경청하면 회사가 미처 파악하지 못한 사항을 발견할 수 있기도 하지만, 이 사례에서는 언급되지 않았다.

45 ① ⓒ 인지 ⇨ ⓐ 최초구매 ⇨ ⓑ 구매 후 평가 ⇨ ⓓ 재구매 약속 ⇨ ⓔ 재구매

46 ⑤ 노드스트롬은 고객에게 절대로 'No'라고 얘기하지 않는다. 조건 없는 반품 수용 정책으로 고객이 전 세계 어느 지점에서 거래하든 제품과 서비스에 신뢰성을 가질 수 있도록 하였다.

47 ⑤ 재방문을 요청할 수 있도록 한다.

48 ② 컴플레인 처리 단계에서 처리 확인과 재사과 후에는 미래 개선 방안을 수립한다. 고객이 제기한 문제의 재발 방지책을 수립하는 단계이다.

| PART 03 | 실전 예상 문제 | | | | | | | | p.162 |

01 ⑤	02 ②	03 ⑤	04 ⑤	05 ④	06 ①	07 ④	08 ⑤	09 ⑤	10 ⑤
11 ③	12 ②	13 ④	14 ④	15 ③	16 ①	17 ⑤	18 ④	19 ⑤	20 ②
21 ②	22 ①	23 ①	24 ⑤	25 ④	26 ④	27 ③	28 ③	29 ④	30 ③
31 ④	32 ⑤	33 ②	34 ①	35 ①	36 ④	37 ③	38 ②	39 ②	40 ①
41 ②	42 ②	43 ②	44 ①	45 ②	46 ①	47 ①	48 ②	49 ③	50 ①
51 ④	52 ⑤	53 ②	54 ④	55 ④	56 ①	57 ①	58 ⑤		

01 ⑤ 경영활동 전반에서 VOC가 활용되는 용도
- 서비스 및 업무프로세스의 개선
- 고객 니즈를 반영하여 상품수준 개선
- 신속한 불만처리와 재구매율 향상
- Risk의 사전예방 가능
- 인적 자원 관리

02 ② VOC 관리시스템의 중요속성은 서비스의 즉시성, VOC 수집채널의 다양성, VOC 정보시스템의 통합성, 고객 및 내부프로세스의 피드백이다.

03 ⑤ 빅데이터의 특징은 데이터의 양 증가, 데이터 생성속도의 증가, 데이터 형태의 다양성, 데이터 가치, 데이터 복잡성 증가이다. 높은 저장비용은 빅데이터 환경에 적합하지 못한 특징이다. 빅데이터 환경은 저장비용의 하락이다.

04 ⑤ 기존 VOC시스템의 한계점은 비정형 데이터에 대한 파악을 하지 못한다(데이터의 80%는 비정형 데이터임).

05 ④ 컴플레인을 잘 처리했을 경우 직원은 자신감을 회복하고, 업무 능력이 향상된다.

06 ① 역지사지의 원칙 : 고객을 이해하기 위해서는 반드시 그의 입장에서 문제를 바라보아야 하며, 관심을 기울이고 공감해 주는 능력이 필요하지만, 감정을 적절히 통제하여 문제 해결의 원칙에 따라 고객이 불만을 해소할 방안을 제시하는 것이 중요하다.

07 ①, ②, ③, ⑤는 양적 데이터 수집의 특성이다.
④ 질적 데이터 수집은 비구조적 조사 방법으로 최근에 우선시되는 수집 방법이고, 개요, 서술적 묘사, 요약 등으로 정리된다.

08 ⑤ 고객 직통 전화(Hot Line)를 설치하여 신속하게 고객의 컴플레인을 접수하는 통로를 열어 놓거나, 고객 건의함, 고객 초청 간담회, After Call을 통해 고객에게 직접 서비스에 대한 불만 사항이 있는지 질문하는 것도 컴플레인 마케팅으로 활용할 수 있는 좋은 방법이다.

09 ⑤ 고객 서비스에 대한 오만을 버려야 한다. 고객 불만 관리의 최대 적은 고객 서비스에 대한 '오만'이다. 기업들은 자신의 서비스 수준을 과신하는 경향이 있는데 기업들은 자신들이 생각하는 자사 제품 및 서비스의 수준, 고객이 인식하는 수준 간에 큰 차이가 존재한다는 사실에 주목할 필요가 있다.

10 ⑤ 고객 자신의 문제는 해결하기 어렵다. 제품과 서비스에 관련한 문제는 상대적으로 개선하기 쉽다.

11 ③ 고객들의 반응 중 가장 부정적인 결과를 가져오는 반응은 불만을 표현하지 않고 관계를 단절시키는 것이다. 서비스제공자에게 직접 불만을 제기하는 고객 불평 행동보다 부정적인 영향이 훨씬 더 커진다.

12 ① 불만 관리에 대한 설명이다.
③, ④, ⑤ 서비스 회복에 대한 설명이다.

13 ④ 고객 불만 처리를 통해 고객의 재구매율을 높일 수 있다.

14 ④ 실패한 고객 서비스에 대응하여 고객의 불만을 해소시키기 위한 체계적인 활동을 서비스 회복이라 한다.

15 ③ 고객에게 흥분 상태를 인정하고 진정할 것을 직접적으로 요청하기보다는 고객 스스로 감정을 조절할 수 있도록 유도하는 우회적인 화법을 활용한다.

16 ① 컴플레인(complain)은 '불평하다'라는 뜻으로 고객의 주관적 기준으로 불만을 제시하는 것을 말한다. 클레임은 '사실을 주장하다.'라는 뜻으로 누가 보아도 객관적인 잘못이 발생했을 경우 강하게 해결책을 요구하는 상황이다.

17 ⑤ 복구과정은 복구수단을 전달하는 방법으로 복구 과정에 의해 효과가 달라질 수 있으므로 복구수단보다 더 노력을 기울여야 하는 서비스 복구의 주요 핵심 요소이다.

18 ② 컴플레인이 발생한 경우 불편한 감정적 요인을 빨리 파악하고 신속히 사과하는 것이 중요하므로 채널을 다양화하여 고객의 입장에서의 좋은 해결 방안을 찾도록 노력한다.

19 ⑤ 전문가처럼 보이고 싶어 하는 고객은 칭찬과 감탄의 말로 응수하며 고객의 능력을 인정하고 높여주는 것이 좋다. 되도록 정면 도전을 피하고 고객이 주장하는 내용의 문제점을 스스로 느낄 수 있도록 그 분야의 전문가와 상담이 이루어지도록 한다든지, 대안과 개선 방안을 제시하여 자연스러운 분위기를 만들어 상호 협의하는 것이 좋다.

20 ② 해피콜로 미리 예약 확인을 하는 서비스는 좋은 서비스에 해당한다.

21 ② 적극적으로 문제를 경청한다. ⇨ 사과한다. ⇨ 대안을 제시한다. ⇨ 신속히 바로 처리한다. ⇨ 고객의 감정을 확인하고 감사 표시한다.

22 ① 제이커스터머는 무례하거나 험담을 하는 등의 행동을 하는 고객으로 기업, 종업원, 다른 고객에게 부정적 영향을 준다. 유형은 도둑형/위반형/호전형/내분형/파괴형/부랑자형이 있다.
② 서비스접점에서 큰소리로 소리치거나 욕설, 외설, 위협, 모욕 등의 행동을 하는 고객
③ 가구를 망가뜨리거나 의자 시트를 찢는 등 서비스 시설과 장비를 파괴하는 불량 고객
④ 정부의 규정, 서비스 시설 이용 규칙 등을 준수하지 않는 고객
⑤ 지불을 못하는, 지불 능력을 갖지 못한 유형의 고객

23 ① 일반적으로 VOC라 하면 고객의 불만과 동일시하는 경향이 있는데 제안, 칭찬과 같은 제안형 VOC도 있다.

24 ⑤ text mining에 대한 설명이다. 오피니언 마이닝은 소셜 미디어 등의 정형/비정형 텍스트의 긍정, 부정, 중립의 선호도를 판별하는 기술이다.

25 ④ 지나치게 관대한 혹은 많은 보상은 비용 지출이 크고 고객이 기업의 보상 동기에 대해 의심하게 할 수 있다.
① 효과적인 서비스 회복 시스템(계획된 서비스 회복 절차)
② 효과적인 서비스 회복 시스템(적극적인 서비스 회복 절차)
③ 효과적인 서비스 회복 시스템(권한 위양된 서비스 회복 절차)
⑤ 서비스 회복에서 적절한 보상 정도(기업 이미지)

26 ④ 블랙컨슈머에 대한 설명이다.

27 ① VOC 시스템의 핵심은 고객 지향적인 기업 철학이다.
② 고객 불만은 해결보다 예방이 바람직하다.
④ VOC 분석은 결국 VOC 활용을 위한 것으로서, 모두 중요하다.
⑤ 고객 활성화를 위해 채찍보다 당근이 바람직하다.

28 ③ 컴플레인이 발생할 수 있는 요소를 항상 MOT를 통해 점검하고 사전 예방하는 것이 가장 우선되어야 한다.

29 ④ 호전형 고객 : 사소한 일을 가지고 종업원 등에게 거칠게 항의하는 고객이다. 이러한 고객은 감정 분출형, 감정 표출형 고객이라고도 한다.

30 ③ 특정 키워드와 관련된 내·외부 빅데이터를 분석하여 정보들의 연관 관계를 한눈에 파악할 수 있으며, 인지하지 못했던 이슈를 발견할 수 있다.

31 서비스 보증은 ① 단일 속성 수준의 구체적 보증, ② 다속성 수준의 구체적 보증, ③ 완전 만족 보증, ⑤ 결합된 보증으로 나눌 수 있다.

32 ⑤ 직원의 역할과 책임에 대한 범위는 기업의 고유한 권한이므로 고객의 의견을 반영하는 데 한계가 있다.

33 ① VOC 분석 시 활용되는 빅데이터(Big Data)는 단지 '많은 데이터'를 의미하는 것이 아니고, 다양한 형태(정형, 반정형, 비정형)의 데이터를 의미한다.
③ 대표적인 빅데이터(Big Data) 수집 방법으로 최근 SNS가 적극적으로 활용되고 있다.
④ 기존의 VOC와 다른, 새로운 기회를 발견할 수 있는 VOC 빅데이터는 기업과 고객의 적극적인 상호작용 데이터로 구성되어야 한다.
⑤ VOC 빅데이터 수집을 위해서 다양한 정보 원천과 이러한 정보 원천에 대한 깊이 있는 파악 모두 필요하다.

34 ② VOC 분석을 통해 고객이 말하지 않는 불만까지 파악할 수 있다.
③ VOC 분석을 통해 품질에 대한 고객 요구를 파악할 수 있으며, 파악된 고객 요구에 근거하여 품질 관리가 이루지는 것이 바람직하다.
④ 다수의 고객 의견뿐만 아니라 소수의 고객 의견도 경우에 따라서는 중요한 시사점을 제공할 수 있다.
⑤ 군집화는 VOC 분석에서 중요하게 활용되는 분석 기법이다.

35 ② 대부분의 불만족 고객은 불평하지 않는다.
③ 고객 불평은 서비스 개선에 도움된다.
④ 서비스 회복은 고객이 불평하기 전부터, 적극적이어야 한다.
⑤ 서비스 회복에 즉시성이 중요하며, 이를 위해 권한 이양이 반드시 필요하다.

36 ① 불평하는 모든 고객이 옳은 것은 아니다. 경우에 따라서는 정당하지 않은 측면도 존재한다.
② 불량 고객은 가능하면 회피하는 것이 바람직하다.
③ 불량 고객들 중 호전형에 대해서는 즉각적인 판단과 대처가 바람직하다.
⑤ 서비스품질이 매우 우수하다면 불량 고객의 발생이 감소할 것이다.

37 ③ 회피 고객은 고객 참여 행동에 대한 고객으로 숙련도에 대한 설명으로 적합하지 않다.

38 ② 고객 적대 행동을 보이는 고객은 서비스 거래를 lose-lose로 인식한다.

39 ② 제3자 행동이란 소비자보호단체, 언론, 사법기관 등 제3의 기관에 기업을 고발 또는 처벌을 요구하는 행동이다.

40 ① VOC 처리는 VOC의 수집-처리-분석-공유-반영의 프로세스로 처리된다.

41 ② Over the VOC란 '고객이 기대하는 이상 혹은 자신도 모르고 있었던 니즈에 대한 충족을 통해 제기되는 고객의 감동'이다.

42 ② 숙련고객은 고객역할을 수행할 때 역할수행에 필요한 역량이 우수하고 역할을 수행하고자 하는 태도가 우수한 고객을 의미한다.

43 ② 서비스 실패는 주변의 잠재 고객에게 영향을 미쳐 미래의 고객을 잃게 하는 결과를 초래한다.

44 ① 고객불평행동의 이유는 보상의 획득, 분노의 표출, 서비스개선에 대한 도움, 다른 고객을 위해 자신의 불만을 제기해서 같은 문제로 다른 사람들이 피해를 보지 않도록 해야 한다는 등의 이유가 있다.

45 ② 행동의 원인을 그 사람의 내적인 요소(예 기질, 성격, 태도 등)로 귀인하는 것을 내적 귀인(INTERNAL ATTRIBUTION)이라고 한다. 서비스실패의 원인을 본인 스스로에게 돌리는 것으로 자신의 결정, 취향, 실수 등으로 추론하고 불만족에 대해 스스로에게 책임이 있다고 추론한다.

46 ① 서비스 회복은 서비스 실패가 발생했을 때 그에 대한 회사의 즉각적인 반응에 초점을 두기 때문에 불만 관리, 혹은 불평 관리와는 그 의미를 달리하므로 잘 구분하여야 한다.

47 ① 컴플레인 해결을 위한 5가지 기본 원칙이다.

48 ① MTP를 바꾸면 대화가 잠시 중단되어 기분을 전환시켜 대화가 새롭게 시작되면서 상황이 호전될 가능성이 있다.

49 ③ 고객 확보 전략 MGM(Member Get Member) 기법

50 ① MTP 기법으로 응대하는 사람, 시간, 장소를 바꾸면 교착 상태에 빠진 컴플레인 상황의 새로운 돌파구를 만드는 계기가 된다.

51 ④ 제안형 VOC는 제품 및 서비스 개발에 중요한 기초 데이터로 유용하게 활용될 수 있다.

52 ⑤ 불만형 VOC는 고객 상담 부서에 접수된 후에 제안 형태로 전환되어 상품이나 서비스 개선에 반영된다.

53 ② 군집 분석은 유사 특성의 군을 발굴하는 데 사용된다.

54 ④ 불만 고객과의 난처한 상황을 모면하기 위하여 지나치게 과장된 약속을 하게 되면 자칫 더 큰 문제를 야기할 수 있으므로 유의해야 한다.

55 ④ 불만 고객 응대는 어려운 직무다. 특히 이 사례처럼 구조적인 문제를 안고 있는 경우는 더더욱 그렇다. 그렇다고 해서 문제가 해결될 때까지 마냥 손 놓고 기다려서는 안 된다.

56 ① 전화 통화 시 작은 소리라도 고객에게는 민감하게 들릴 수 있다. 매뉴얼을 숙지하고 직원 교육을 시행하여 올바른 고객 응대를 할 수 있도록 해야 한다.

57 ① 개인정보 보호법을 위한 서류 제출을 안내하고 이에 대한 고객 불만 및 고객 불편 사항 처리를 위해 적절히 응대하고 있다. 고객의 요구를 무리하게 수용해서는 안 된다.

58 ⑤ 합법적 파워는 고객이 서비스제공자의 말을 따를 의무가 있다고 믿기 때문에 발생하는 파워이다. 그 예로 번호표를 뽑고 대기하거나 서비스 제공을 위해 필요한 자료를 제출하는 것 등이 있다.

PART 04 실전 예상 문제 | p.211 |

01 ①	02 ②	03 ④	04 ⑤	05 ⑤	06 ④	07 ④	08 ③	09 ⑤	10 ④
11 ④	12 ③	13 ③	14 ⑤	15 ①	16 ⑤	17 ④	18 ⑤	19 ②	20 ③
21 ②	22 ①	23 ③	24 ①	25 ②	26 ③	27 ④	28 ②	29 ②	30 ②
31 ①	32 ②	33 ①	34 ②	35 ②	36 ①	37 ①	38 ①	39 ③	40 ②
41 ④	42 ④	43 ③	44 ⑤	45 ③					

01 ① 유통경로의 효용은 시간효용, 장소효용, 소유효용, 형태효용이다.

02 ② 특정 상권 내 일정 수준의 경영능력, 입지, 이미지를 구축한 소매점을 선별하여 제한된 판로를 이용하는 전략은 선택적 유통전략이다.

03 ④ 선택적 유통은 가전제품이나 전자제품 등에 적합하며, 특수품이나 고관여품은 전속적 유통전략이 적합하다.

04 ⑤ 서비스유통 장소와 시간에 대한 의사결정에 고려되는 것은 고객의 기대, 경쟁자의 활동, 서비스운영, 후방서비스요소, 전방서비스요소 등이 있다.

05 ⑤ 직접유통은 직접채널을 운영하는 데 많은 재무적 비용이 부담된다.

06 ④ 하나의 경로만으로 고객에게 접근하기 어려워진 상황으로, 전통적 경로와 새로운 경로 사이의 시너지 창출이 중요하다.

07 ④ 고접촉 서비스에 대한 설명이다.

08 ①, ④ 에이전트에 대한 설명이다,
② 판매 에이전트는 일반적으로 하나의 서비스 공급자만을 대행하는 것이 아니라 다양한 서비스 공급자의 상품을 취급하여 선택의 폭이 넓어진다. 구매 에이전트의 경우도 유사하다.
⑤ 브로커에 대한 설명이다.

09 ⑤ 전자적 의사소통의 효과에 대한 설명이다. 전자적 중개 효과는 전자적 상호 작용 시스템의 발전에 따라 거래 상대를 찾는 과정이 전자적으로 해결되는 것이다.

10 ④ 서비스와 채널에 대한 확신과 지식이 높을수록 비인적 채널이나 셀프서비스 채널을 선호한다.

11 ① 성장 지향적인 서비스 기업은 프랜차이징을 선호한다.
② 소비자 측면에서 프랜차이징의 장점은 표준화되고 일관된 품질의 서비스의 제공이다.
③ 프랜차이징은 직영점의 설치에 비해 상대적으로 적은 투자로 유통망을 확대할 수 있는 대안이 된다.
⑤ 프랜차이징 가맹점은 사업에 대한 위험 부담이 자영업자보다 낮다.

12 ① 복수 점포 전략은 전문적인 서비스에 적합하다.
② 멀티 마케팅의 중요한 다양화 대상에는 서비스, 점포, 표적 시장 등이 포함된다.
④ 필요한 경우 멀티 마케팅 전략에 포함된 다양한 전략을 혼합하는 것이 필요하다.
⑤ 현재의 설비를 충분히 활용하지 못하고 있는 기업에게 복수 시장 전략이 적합하다.

13 ① 서비스의 무형성을 극복하도록 도움을 준다.
② 서비스 기업에 대한 충성도에 직접적인 영향을 미치지 않는다.
④ 바람직한 물리적 환경은 직원의 생산성, 직무만족 등에 긍정적인 영향을 미친다.
⑤ 물리적 환경은 서비스 기업의 분위기에 영향을 미치며, 고객의 구매 결정에 영향을 미친다.

14 ① 중간상이 포함되지 않더라도 서비스 전달이 가능하다.
② 기업 고객이 목표 고객인 경우 방문 서비스 형태가 바람직하다.
③ 고객이 서비스 기업을 방문할 경우 입지 선정과 운영 스케줄의 결정이 가장 중요하다.
④ 서비스유통경로를 설계할 때 서비스가 제공되는 지점의 수를 고려해야 한다.

15 ① 베이커(Baker, 1987)는 소비자들에 의해 지각된 물리적 환경을 주변 요소, 디자인 요소, 사회적 요소의 세 가지 범주로 분류하였다.

16 ⑤ 분류 기능은 등급, 수합, 분배, 구색화의 수행을 한다.

17 ④ 물리적 환경의 역할은 패키지, 편의 제공, 사회화, 차별화를 말한다.

18 ① 일반적으로 서비스가 제공되는 지점과 접촉 형태를 기준으로 서비스유통경로의 유형을 구분한다.
② 사업의 확장이 용이한 유통경로는 프랜차이징이다.
③ 프랜차이징은 계약에 의한 협력 관계에 의존하여 운영된다.
④ 고객이 서비스 기업을 방문하는 경우에 서비스 기업의 위치가 중요하다.

19 ① 규모의 경제에 대한 고려는 장소 선정에 영향을 미친다.
③ 전문 서비스의 경우 서비스 접근성은 상대적으로 중요하지 않다.
④ 서비스에 있어서 다목적 시설의 설치는 고객의 접근성을 향상시킬 수 있는 방법이다.
⑤ 서비스 운영의 전반부와 후반부의 분리를 통해 지리적 범위를 넓힐 수 있다.

20 ① '고객에 대한 신속한 피드백의 가능'으로 수정해야 하며, 장점에 속한다.
② '표준화된 서비스의 일관된 전달'로 수정해야 하며, 장점에 속한다.
④ 프랜차이징의 단점에 속한다.
⑤ 직영 채널의 단점에 속한다.

21 ① 서비스 프로세스 관리에 있어 중간상에게 재량권을 부여하기에 적합한 전략은 권한부여 전략이다.
③ 기업과 중간상이 동일한 목표를 가지는 것은 파트너십 전략의 활용에 중요하다.
④ 서비스품질과 성과의 측정을 바탕으로 보상하는 전략은 통제 전략이다.
⑤ 권한부여 전략은 중간상의 교육과 훈련을 지원하고, 중간상은 의견 제시의 기회를 갖는다.

22 ② 서비스 기업을 경쟁사와 차별화시켜 준다.
③ 물리적 환경은 맞춤화와 다소 거리가 있다.
④ 특정 기업에 대한 고객 충성도 향상과 상관없다.
⑤ 서비스 회복과 상관없다.

23 ③ 현대의 많은 기업들은 다이렉트로 직접 움직이는 것보다 특정 과업에 대해 외주를 주는 것이 더 비용 효과적인 것으로 판단하고 있다.

24 ① 상권이란 '한 점포가 고객을 흡인할 수 있는 지역 범위'를 말한다.

25 ② 신규 점포의 입지 선정 과정은 지역 상권(regional analysis), 지구 상권(area analysis), 점포 상권(최종 점포 부지, site analysis) 순으로 분석한다.

26 ③ 지역 시장의 수요 잠재력을 총체적으로 측정할 수 있는 지표로 가장 많이 이용되는 것은 소매 포화 지수(IRS : index of retail saturation)이다.

27 ④ 고매력 시장은 시장 성장 잠재력과 소매 포화 지수가 모두 높은 시장이다.

28 ② 경로배열의 원칙은 '경로구성원은 배제할 수 있어도 경로기능의 흐름은 배제할 수 없다'는 것이다. 유통경로 배열에 있어 경로구성원은 제거되거나 대체될 수 있다.

29 ② 점포상권은 1차상권, 2차상권과 한계상권으로 구분된다.

30 ② 낮은 IRS가 수요보다 공급이 상대적으로 많은 것을 의미한다.

31 ① MEP값이 크다는 것은 지역시장이 미래에 시장성 장잠재력이 크다는 것을 의미하며, 거주자들이 타 지역에서 구매하는 정도가 높다는 것을 의미한다.

32 ② 고위험서비스 즉, 경제적, 사회적, 신체적으로 위험도가 높은 경우 고객은 인적채널을 선호한다.

33 ① 전자적 유통경로의 도입은 유통 단계의 축소와 유통 단계별 부가되는 비용 감소로 판매 기능을 고객에게 이전시켰다.

34 ② 물리적 환경은 경쟁사로부터 차별화할 수 있고 서비스의 흐름에 맞춘 시장 세분화를 할 수 있도록 한다.

35 ② 서비스에 대한 소유권을 갖고 있지 않다.

36 ① 유통경로는 제품이나 서비스를 고객이 사용 또는 소비하도록 하기 위해 필요하다.

37 ① 서비스제공자가 논리적으로 시장 상황을 설명할 수 있는 능력을 뜻하는 정보적 권력도 이에 해당한다.

38 ① 프랜차이징은 서비스 주요 특성인 서비스 표준화의 어려움을 해결하는 데 유용한 경로 조직이다.

39~40 에이전트와 브로커는 해당 서비스 분야에 대해 전문적 지식과 기술을 갖고 있기 때문에 의뢰자가 수행해야 할 마케팅 기능을 보다 효과적이고 효율적으로 대행할 수 있다는 장점을 가진다.

41 ④ 전자 채널을 도입하면 직원에 의해 전달되는 서비스에 비해 상대적으로 저렴하게 광범위한 지역의 고객들에게 서비스를 전달할 수 있지만, 치열한 가격 경쟁을 유발한다.

42 ④ 회원제는 회원들의 정보 수집과 활용이 가능해서 밀착 관리가 쉽기 때문에 제품만 뒷받침된다면 재구매율을 높이는 것이 그다지 어렵지 않다.

43 ③ 단순한 예금 및 인출과 같은 은행서비스는 소비자가 많은 시간과 노력을 소비하려고 하지 않는 서비스 종류이고 이를 편의서비스라고 하며, 편의서비스에는 개방적 유통 전략이 적합하다.

44 ⑤ 중간상을 통한 서비스유통경로 관리의 이슈는 일관성과 통일된 품질 통제에 있다.

45 ③ 일종의 통제전략으로 본사의 강력한 파워를 활용하는 전략이다.

PART 05 | 실전 예상 문제 | p.268 |

01 ①	02 ④	03 ⑤	04 ④	05 ③	06 ④	07 ④	08 ④	09 ①	10 ⑤
11 ⑤	12 ②	13 ④	14 ②	15 ⑤	16 ②	17 ④	18 ③	19 ③	20 ⑤
21 ③	22 ⑤	23 ①	24 ①	25 ③	26 ②	27 ②	28 ①	29 ①	30 ②
31 ④	32 ②	33 ③	34 ⑤	35 ①	36 ①	37 ⑤	38 ③	39 ④	

01 ②, ③, ⑤ 신입 사원 교육훈련에 대한 설명이다. ④ 작업자 교육훈련에 대한 설명이다.

02 ①, ⑤는 학습자의 특징 중 신체적 특징에 해당하고, ②, ③은 사회적 특징에 해당한다.

03 ⑤ 문화적 감수성 : 존중과 사회적 책임의 힘

04 ④ 코치는 다른 사람을 안내하여 역량을 증대시키고, 더 깊이 헌신하게 하며, 자신감을 키우도록 훈련받은 사람이다.

05 ③ Schlesinger & Heskett(1991)는 "고객의 만족은 직원의 만족에서 온다."라고 말하면서, 내부 마케팅의 중요성에 대해 언급하였다. 내부 마케팅의 목표는 직원의 고객 지향적 사고를 통해 최종 소비자인 외부 고객을 만족시키는 것으로, 외부 고객의 만족에 앞서 내부 고객의 만족을 달성하고자 한다.

06 ④ 감정 표현 규범의 강도와 감정 표현의 빈도는 모두 감정 노동의 구성 요소로 감정 표현 규범의 강도와 감정 표현의 빈도가 높을수록 더 강한 감정 노동을 경험한다.

07 ①, ②, ③, ⑤는 직무 스트레스의 개인적 차원의 관리에 대한 설명이다.

08 매슬로우의 욕구 단계 이론

1단계	생리적 욕구(Physiological Needs)
2단계	안전 욕구(Safety or Security Needs)
3단계	사회적 욕구(Social Needs)
4단계	존경 욕구(Esteem Needs)
5단계	자아실현 욕구(Self−actualization Needs)

09 ②, ③, ④, ⑤는 심리사회적 안정을 위한 멘토링 실천 방법에 대한 설명이다.

10 ⑤ 코칭 스킬에는 경청 스킬, 직관 스킬, 자기 관리 스킬, 질문 스킬, 확인 스킬 등이 있다.

11 ⑤ 서비스 코칭은 업무 성과와 인간관계의 균형을 잡는 것이 목표이며, 훈련을 받는 구성원들이 일을 잘하도록 가정, 재정, 일 등에 균형을 이루게 하는 작업이다.

12 ①은 작업자 교육훈련이고, ③, ④, ⑤는 관리자 교육훈련이다.

13 ④ 내부 마케팅은 외부 마케팅보다 우선적으로 수행한다.

14 ①, ③은 멘토 차원에서 얻게 되는 효과이고, ④와 ⑤는 조직 차원에서 얻게 되는 효과이다.

15 ⑤ 내부 마케팅의 최종 목표는 직원의 고객 지향적 사고를 통해 최종 소비자인 외부 고객을 만족시키는 것이다.

16 ② 성인 학습은 다양한 특성을 지닌 학습자들을 대상으로 그들의 다양한 욕구와 흥미를 만족시키기 위해 프로그램, 지도자나 교수, 교육 장소와 시간, 교육 목표와 과정 평가에 이르기까지 모든 활동이 융통성을 가지고 있어야 한다.

17 ①, ②, ③, ⑤는 직원의 측면에서의 교육훈련의 목적이다.

18 ③은 직장 외 교육훈련의 장점이다.

19 ③ 인간은 누구나 자기 이익을 쫓아 행동한다. 여기서 자기 이익을 추구한다는 것은 다른 사람 이익도 존중하면서 자신에게 도움이 되는 쪽으로 행동을 선택한다는 것을 의미한다.

20 ⑤ 코치의 분야가 아닌 문제를 해결하거나 자원을 얻기 위해서는 피코치와 파트너가 되어 함께 해결 방안을 모색해야 한다.

21 ③ 임파워먼트는 권한 위임 혹은 권한 위양을 의미하는 개념으로 부하에게 업무 수행 시 자율성을 부여하되 그 결과에 대해 책임지도록 하는 관리 방식을 말한다.

22 ⑤ 서비스직 근로자들은 자신의 실제 감정 상태와 다르게 조직이 요구하는 감정 상태인 전시적 감정을 유지하여야 한다. 실제 감정 상태와 전시적 감정 상태의 괴리로 인하여 감정 노동자의 직무 스트레스가 발생한다.

23 ① 매슬로우(Maslow)의 욕구 단계 이론 혹은 욕구 5단계설은 대표적인 동기 부여 이론이다. 매슬로우는 하위 욕구와 상위 욕구를 구분하였으며, 하위 욕구를 충족한 이후 상위 욕구를 추구한다고 주장하였다. 이때 하위 욕구부터 상위 욕구의 단계는 생리적 욕구 − 안전 욕구 − 사회적 욕구 − 존경 욕구 − 자아실현의 욕구로 구성된다.

24 ① 성취 욕구가 높은 사람은 스스로 자신의 업무를 수행하고 그 결과에 대하여 책임지기를 원한다. 따라서 도전적인 업무 수행 및 자율성을 선호하며, 다른 사람과 함께 높은 성과를 달성하고자 한다. 성취 동기가 높은 사람은 구조화된 일이나 즉각적인 피드백 등 타인의 간섭을 상대적으로 좋아하지 않는다.

25 ③ 멘티의 직무 성과를 멘토가 책임지지 않는다.
① 멘토의 역할 중 조직적 개입 활동에 해당한다.
② 멘토의 역할 중 개인적 고충 상담 활동에 해당한다.
④ 멘토의 역할 중 역할 모델 기능에 해당한다.
⑤ 멘토의 역할 중 경력 상담 활동에 해당한다.

26 ② 다수의 피교육자가 집단 회의를 열고 자유로운 분위기에서 아이디어를 창출함으로써 질보다 양에 치중한 아이디어를 개발하게 하는 방법은 브레인스토밍이다.

27 ② 목표 관리(MBO)는 목표 특수성, 참여적 의사 결정, 명시적 기간, 성과 피드백으로 이루어지는 것으로 개인 목표와 조직 목표의 통합을 지향하는 경영 관리 기법이다.

28 ① 개인 임파워먼트는 개인의 직무 수행에 필요한 역량의 증진을 의미한다.

29 ① 고객과의 대면 또는 음성 교류를 하는 직무 특성을 가진 서비스 종사자, 경찰, 간호사 등을 감정 노동자로 볼 수 있다.

30 ② 직장 내 훈련(OJT)은 업무 현장에서 선배가 후배에게 업무 수행 방법을 보여 주고 실습의 기회를 제공하며, 결과를 피드백하는 훈련 기법으로 많은 직원을 동시에 훈련하기가 어렵다.

31 ④ ERG 이론은 욕구 단계 이론과 많은 공통점이 있지만, 다양한 욕구를 동시에 경험할 수 있다는 부분에서 차이가 있다.

32 ② X 이론은 근본적으로 인간의 부정적인 측면을 바라보는 이론이다.

33 ③ 욕구 단계 이론은 각 단계별 욕구가 만족될 때 다음 단계의 욕구가 커진다는 이론이다.

34 ⑤ Y 이론은 근본적으로 인간의 긍정적인 측면을 바라보는 이론이다.

35 ① 2요인 이론은 직원들의 동기 부여를 위하여 어떤 요인들이 욕구를 자극하는지, 회피 행동에 관여하는지에 대한 파악이 필요하다.

36 ① 내부 마케팅은 기업이 조직 내 인적 자원을 대상으로 한 마케팅 활동으로, 목표는 직원이 고객 지향적인 사고를 통해 최종 소비자인 외부 고객을 만족시키는 것이다.

37 ⑤ 코칭은 당면한 문제를 구성원 스스로 해결하는 과정을 중시하며 그 과정을 서두르지 않는다.

38 ③ 품질 지향적인 기업 전략의 핵심적인 요소 중 하나는 직원 만족을 위한 현재의 직원 만족도 수준의 측정이 필요하다.

39 ④ 직원들이 주인의식을 가지고 고객과 상호 작용할 수 있게 만드는 것은 내부 마케팅에 있어 중요한 성공전략 중 하나인 경영층 지원이다.

| FINAL | 실전 동형 모의고사 | | | | | | | | p.282 |

01 ③	02 ⑤	03 ③	04 ②	05 ①	06 ②	07 ③	08 ⑤	09 ②	10 ②
11 ①	12 ⑤	13 ③	14 ④	15 ④	16 ⑤	17 ④	18 ②	19 ③	20 ①
21 ④	22 ⑤	23 ⑤	24 ①	25 ①	26 ①	27 ②	28 ②	29 ②	30 ②
31 ①	32 ③	33 ③	34 ⑤	35 ③	36 ⑤	37 ②	38 ③	39 ④	40 ②
41 ①	42 ③	43 ①	44 ②	45 ④	46 ④	47 ④	48 ③	49 ②	50 ④

01 ③ 고객 중심 세일즈 판매의 7단계 프로세스는 Prospecting ⇨ Approaching ⇨ Needs 파악 ⇨ Presentation ⇨ 반론 극복 ⇨ Closing ⇨ Follow-up의 순서로 진행된다.

02 ⑤ 양자택일 마무리는 사람들이 선택의 여지가 있는 것을 선호한다는 사실에 근거를 둔 마무리 기법으로 예를 들어 A와 B 중 어떤 것이 좋은지 선택하도록 하는 방식이다.

03 ③ 저돌적인 고객과의 상담 시 침착성을 유지하고 자신감 있는 자세로 정중하게 응대하여야 한다.

04 ① 쿠션 화법은 꺼내기 어려운 말을 하기 전에 '미안함'을 먼저 표현하는 방법이다.
③ 맞장구 화법은 고객의 이야기를 관심 있게 들으면서 이야기에 반응해 주는 화법이다.
④ 아론슨 화법은 부정적 내용을 먼저 말하고 긍정적 언어로 마감하는 화법이다.
⑤ 레이어드 화법은 전하고자 하는 말을 의뢰나 질문 형식으로 바꾸어 전달하는 화법이다.

05 ① B2C 시장은 B2B 시장에 비해 감성적 접근이 필요하고, B2B 시장은 정형화된 구매 절차에 따른다.

06 ② CRM 실행의 성공을 위해서는 우량고객에 대한 명확한 기준이 설정되어야 한다.

07 ③ 질적 데이터 수집은 비구조적 조사 방법으로 서술적, 심층 정보를 원할 경우 실시한다.

08 ⑤ 범용화 함정에 빠져드는 단계를 분석해 보면, 기술과 노하우 측면에서 제품의 모듈화로 대규모 고객화가 가능해져 차별성이 낮아진다.

09 ①, ③은 장기적이고 지속적인 거래관계가 고객에게 주는 이점이고, ④, ⑤는 직원에게 주는 이점에 대한 설명이다.

10 ① 고객관계는 경제적인 교환과 사회적 교환을 상호 적용하여 결정될 수 있는 것이다.
③ 기업은 고객과 공적 관계로 시작하지만 장기적이고 대체불가능한 제공자가 되기 위해 사적 관계 발전을 위해 노력한다.
④ 서비스접점의 교환관계에서 경제적 교환관계와 사회적 교환관계는 이분화되지 않고 통합적으로 적용하게 된다.
⑤ 최초구매시점의 서비스접점에서 경제적 교환관계와 사회적 교환관계 모두 긍정적이라면 고객은 긍정적인 서비스경험을 하게 된다.

11 ① 직접 불만을 제기하는 고객보다 표현하지 않는 고객이 더 많다.

12 ⑤ 책임공감의 원칙은 조직에서 발생한 문제에 대해 책임감을 같이 가져야 한다는 원칙으로, 고객 입장에서는 누가 담당자인지보다 자신의 문제를 해결해 줄 것인지 아닌지가 중요하다.

13 ③ 정중하고 친절히 응대하되 고객이 잘못을 지적할 때는 절대로 반론을 펴지 않는다.

14 ④ 사내 직원의 VOC는 직원들이 상품이나 서비스 개선을 위해 제기하는 VOC이다. 직원들이 고객의 입장에서 VOC를 제기하는 것으로 제안형 VOC가 주를 이룬다.

15 ④ VOC(Voice of Customer) 고객의 소리는 고객 불만이나 제안 등을 접수부터 처리가 완료될 때까지 처리 상황을 실시간으로 관리하고 처리 결과를 부서별로 지표화하여 관리·평가함으로써 고객의 체감 서비스를 향상시키는 고객 관리 시스템이다.

16 ① VOC 관리 시스템은 VOC 수집 및 VOC 분석, 활용 및 VOC 해결 등 다양한 차원에서 의미를 가진다.
② VOC 관리 시스템에서 고객(Customer)은 외부 고객과 내부 고객 모두를 지칭한다.
③ 고객 관계 관리(CRM) 시스템과 VOC 관리 시스템은 통합적으로 운영하여야 한다.
④ VOC 관리 시스템은 상품과 고객 모두에 초점을 맞추어 구축된다.

17 ① 서비스가 제공되는 지역을 확장시킴으로써 경쟁을 더욱 증가시킨다.
② 기존 유통채널에 비해 고객의 선택의 폭을 높여준다.
③ 이용하는 고객의 범위가 다양해져 서비스의 일관성이 떨어지기도 한다.
⑤ 대금결재와 고객정보의 보안에 문제가 발생할 수 있다.

18 ② 서비스 품질과 성과의 측정을 바탕으로 보상과 처벌을 제공하는 전략은 통제 전략이다.

19 ③ 수요 측면에서 유통경로의 필요성은 다양한 공급원으로부터 제공된 상품을 소비과정에서 가치를 창출하고 탐색과정을 촉진하기 위해 계획적으로 처리하는 것이다.

20 ① 목표를 설정할 때 코치는 피코치 스스로 목표를 설정할 수 있도록 이끌어 주어야 한다.

21 ④ 정보를 재확인하거나 점검할 수 있는 기회는 멘토 차원에서 얻게 되는 효과이다.

22 ①, ③, ④는 성인학습자의 심리적 특성에 대한 내용이고, ②는 성인학습자의 신체적 특성에 대한 설명이다.

23 ①은 1단계 경험을 하는 단계이고, ②는 2단계로 반성적 관찰의 단계이다. ③, ④는 3단계로 반성적 관찰을 논리적으로 통합하는 추상적 개념화 단계이다.

24 ① 직장 외 훈련(Off the Job Training, OFF-JT)은 직원을 업무에서 배제하고, 교육장소에 집합하여 전문교육강사의 교육훈련이 실시되므로 이와 관련된 부분의 비용이 발생하게 된다.

25 ① 서비스 전체의 만족도는 MOT 각각의 만족도의 합이 아니라 곱에 의해 결정된다.

26 ① 관계마케팅은 고객관계를 강화하여 장기적인 수익성 증진에 목적이 있다.

27 ② 불평관리는 서비스실패가 발생하고 서비스제공자와 기업이 인지한 후에 반응이 나타나게 된다.

28 ② 기업이 경제적 파워나 보상력을 보유한 기업일 경우 서비스품질과 성과의 측정을 바탕으로 보상하는 방법으로 일부 통제를 가하는 유통전략이 필요하기도 하다.

29 ② 내부마케팅의 목표는 직원의 고객 지향적 사고를 통해 외부 고객을 만족시키는 것이다.

30 ② 고객경험관리는 구매 및 사용 전후의 모든 접점에서 긍정적 경험 전달이 핵심이다.

31 ① 롱테일 법칙은 매력적이지 않은 80%의 상품이 총 매출의 50%를 넘게 차지한다는 법칙이다.

32 ③ 고객포트폴리오는 거래하는 모든 고객들의 구성으로 이를 분석하여 최적의 고객을 찾아내는 것이 중요하다.

33 ④ 프랜차이즈 본사는 제품이나 서비스를 판매할 수 있는 권한을 가맹점에게 허가하고, 가맹점은 그에 대한 로열티를 지급한다.

34 ⑤ 기업과 고객 모두 중간상을 배제하고 거래함으로써 시간과 비용의 절감과 즉각적인 소통을 원하고 있다.

35 ③ 복수 서비스 전략은 고객의 편의를 도모하기 위하여 기존 서비스에 새로운 서비스를 추가하여 제공하는 것이다.

36 ⑤ 회사로부터 인정과 보상이라는 멘토링 효과는 멘토 입장에서 얻을 수 있는 효과이다.

37 (B)는 반복구매 단계의 고객에게 적합한 응대 전략이고, (C)는 충성고객 단계의 고객에게 적합한 응대 전략이다.

38 ③ 구매사이클은 인지 ⇨ 최초 구매 ⇨ 구매 후 평가 ⇨ 재구매 약속 ⇨ 재구매의 순으로 이루어진다.

39 ④ 사례에 나타난 택배기사의 모든 행동의 근본적인 문제점은 자기 중심적으로 생각함으로써 발생하게 된다.

40 (B)와 (D)는 충성고객 중 편의적 로열티 충성고객의 특징적인 행동이다.

41 ① 천재지변 상황으로 약속된 서비스를 제공할 수 없었지만, 다른 여행사는 동일한 서비스를 제공한 상황에서 해당 여행사는 왜 제공하지 못했는지 그 이유를 고객이 이해할 수 있도록 설명해야 한다.

42 ③ 편의서비스는 고객이 이용하기 편하고 선택하기에 가까운 곳에서 서비스를 제공한다.

43 ① 매슬로우의 욕구단계는 1단계 생리적 욕구, 2단계 안전의 욕구, 3단계 사회적 욕구, 4단계 존경의 욕구, 5단계 자아실현의 욕구 순서로 각 단계별 욕구가 만족될 때 그 다음 단계의 욕구가 커진다고 한다.

44 ② 상대방의 생각을 확장시키고 정보를 더 수집하기 위해서는 개방형 질문이 효과적이고, 과거의 문제 상태에서 벗어나 더 나은 방향으로 나아가기 위해서는 미래형 질문과 긍정 질문이 효과적이다.

45 ④ 불만응대 상담자는 진심 어린 사과를 지속적으로 해야 하는데 서비스 기사는 고객의 말을 이해하지 못한 상황에서 사과를 하여 진정성이 결여됐기 때문에 적절한 모습이 아니다.

46 ④ [대화 A]의 불만응대 상담자는 고객의 문제를 수정할 수 있는 방안을 제시하여 불만의 크기를 줄이려고 노력하고 있으며, 기대를 충족시키고 보상하는 방향의 상담이라 볼 수 없다.

47 ④ 처음부터 서비스의 문제가 발생하지 않은 고객보다 서비스 실패를 경험한 뒤 문제가 해결되어 완전히 만족한 고객이 더 높은 재구매행동과 적극적인 구전을 보이므로 불만 해결에 최선을 다해야 한다.

48 ③ 모든 직원은 고객의 불만에 대해 적극적으로 해결하려고 노력하고, 불만을 접수한 직원은 책임감을 갖고 응대해야 한다.

49 ② 이질성은 고객과 서비스 직원의 상호작용이 항상 달라지기 때문에 품질이 균일하지 않고, 차이도 일정하지 않다는 서비스의 특성 중 하나이다.

50 ④ 서비스직원은 고객을 선별해서 서비스하기 어렵다. 따라서 다양한 감정과 행동을 보이는 고객을 적절히 응대할 수 있도록 항상 준비해야 한다.

Reference
참고 문헌

- 김한별, 평생교육론, 학지사, 2014
- 권두승·조아미, 성인학습 및 상담(평생학습사회 실현을 위한), 교육과학사, 2007
- 이수광·이재섭, 서비스산업의 인적자원관리, 대왕사, 2003
- LG경제연구원, 고객 불만 관리의 성공 포인트, 주간경제 918호 2007. 1. 5
- Robbins, Stephen P. 저/김지성 역, 조직행동론, PEARSON EDUCATION KOREA, 2005
- 김성수, 기대-불일치와 서비스공정성 이론에 근거한 리조트 이용 지속행동의 구조적 관계, 경기대학교 대학원 박사학위논문, 2009
- 김영재, 신인적자원관리, 탑북스, 2015
- 박찬욱, CRM 고객관계관리, 청람, 2014
- 정기한·오재신, 내부마케팅이론과 실제, 경상대학교출판부, 2010
- 이상환·이재철, 서비스 마케팅, 삼영사, 2013
- 박찬욱, 고객관계 구축을 위한 영업관리, 청람, 2012
- WILLIAM J. STEVENSON 저/강종열 등역, 생산운영관리, McGrawhill
- 김대철, 서비스운영관리, 한경사
- 김만균, 생산운영관리, 오성미디어
- 김명호, 생산운영관리, 두남
- 김병태·정상철, 서비스시스템 운영관리, 대경(大經)
- 김수욱·김승철·김희탁·성백서, 서비스운영관리, 한경사
- F. ROBERT JACOBS 저/김연성 등역, 생산운영관리, 한경사
- 김태웅, 서비스운영관리, 신영사
- 민동권·손병규·오중산, 생산운영관리, 시그마프레스
- Mogan Swink, Steven A. Melnyk, M. Bixby Cooper, Janet L. Hartley 공저/박승욱 등역, 생산운영관리, 교보문고
- 신현우, 서비스중심 운영관리론, 대명
- 심현철, 생산운영관리, 형지사
- 원석희, 서비스운영관리, 형설출판사
- 이견직, 전략적 의료운영관리, 무역경영사
- 이경환·임재화, 서비스생산관리, 경문사
- 이상범, 현대 생산운영관리, 명경사
- 이왕돈·윤영선, 생산운영관리, 박영사
- 이유재, 서비스마케팅, 학현사
- 전인수, 서비스마케팅, 석정
- 차길수, 서비스인간관계론, 대왕사
- 최응순, 생산운영관리, 대왕사
- James A. Fitzsimmons, Mona J. Fitzsimmons 공저/서비스경영연구회 역, 스마트시대의 서비스경영, McGraw-Hill

김화연 교수

저자 약력
- 숙명여자대학교 식품영양학 학사
- 세종대학교 관광대학원 외식경영학 석사
- 세종대학교 대학원 호텔관광경영학 박사

現, 백석대학교 관광학부 항공서비스 전공 부교수
　　한국생산성본부 파트너 강사

前, 혜음커뮤니스 대표
　　㈜삼국교육문화연구원 이사
　　대한항공 객실 승무원
　　지식경제부 파트너 강사
　　㈜루트컨설팅 파트너 강사
　　백석예술대학 관광학부 겸임 교수
　　세종대학교 호텔관광외식경영학부 외래 교수
　　수원대학교 호텔관광학부 외래 교수
　　수원과학대학교 항공관광과/관광영어과 외래 교수

주요 저서
- SMAT Module A 비즈니스 커뮤니케이션
- SMAT Module B 서비스 마케팅·세일즈
- SMAT Module C 서비스 운영전략
- 항공객실업무론 (백산출판사)

Module B
서비스 마케팅·세일즈

제1판 발행	2014년 1월 10일	제7판 발행	2020년 1월 15일	
제2판 발행	2014년 7월 30일	제8판 발행	2020년 12월 15일	
제3판 발행	2015년 1월 10일	제9판 발행	2021년 11월 15일	
제4판 발행	2016년 10월 25일	제10판 발행	2023년 1월 5일	
제5판 발행	2018년 2월 25일	제11판 발행	2024년 1월 19일	
제6판 발행	2019년 1월 30일	제12판 초판 인쇄	2025년 2월 5일	
		제12판 초판 발행	2025년 2월 10일	

저자와의
협의하에
인지생략

편 저 자　김화연　　　　　발 행 인　박 용
발 행 처　(주)박문각출판　　등　　록　2015. 4. 29. 제2019-000137호
주　　소　06654 서울시 서초구 효령로 283 서경 B/D 4층
전　　화　교재 주문 (02)6466-7202　　팩　　스　(02)584-2927

정가 17,000원
ISBN 979-11-7262-389-0